KB126786

탁월한 팀장의 성과혁신

추천하는 글

　지금 우리를 둘러싼 환경은 급속한 변화를 겪고 있습니다. 지식정보화, 글로벌화, 디지털화라는 큰 흐름 속에서 조직을 이끄는 간부의 위치에 있는 분들은 해야 할 역할과 과업의 방향 설정에서 어려움 못지않게 책임감과 부담감도 무겁게 느끼리라 봅니다.

　기업은 시장에서 경쟁력을 갖추지 않는 한 살아남을 수 없게 되었습니다. 핵심역량을 강화하지 않는 한 성장은커녕 생존 조차도 불확실합니다. 공공기관도 고객 마인드로 재무장을 하고 혁신의 몸부림을 해 오고 있지만, 아직도 많은 도전 과제들에 놓여 있다고 봅니다. 따라서, 리더의 위치에서는 조직의 비전, 전략, 목표에 대하여 새롭게 검토하지 않을 수 없게 되었습니다. 먼저 창출해야 할 성과를 질적, 양적으로 올바르게 정의하고 이러한 성과목표를 달성하기 위해 우선순위 과제를 설정하고 전 조직원의 공감대 형성을 통해 시너지를 만들어내야 합니다.

　한국생산성본부는 지난 50년간 공공기관의 고객만족과 생산성 향상을 위해 교육, 훈련을 통한 인력 양성, 경영 진단 및 지도, 생산성 제고를 위한 조사 · 연구 등의 사업을 통해 우리 산업의 경쟁력 향상에 큰 기여를 해 왔습니다.

이번에 펴낸 '탁월한 팀장의 성과혁신'은 그간 교육훈련 분야에서 쌓아온 노력들의 한 사례라고 봅니다. 최근 많은 기관들이 팀 조직으로 이행하면서 팀장은 조직의 중간 허리를 담당하는 중추 역할자가 되고 있습니다만, 이들이 사명의식을 가지고 올바른 방향과 목표 설정을 할 때 팀을 올바로 이끌어갈 수 있을 것입니다. 그리고 구성원들과 합심하여 목표를 향해 바람직한 성과를 만들어 낼 때 역할을 제대로 평가 받을 수 있을 것입니다.

이 책을 집필한 천상만 교수님은 한국생산성본부에서 지난 5년간 이 분야의 전문가로 활동해 오신 분입니다. 본서는 교육 현장에서 만난 여러 분들과의 현장 경험을 바탕으로 피부에 와 닿는 내용으로 구성되어 있습니다. 또한 경영컨설턴트로서의 필자 경험을 살려 팀제, 균형성과관리 및 조직혁신의 과제들을 쉽고도 재미있게 서술하였습니다. 그러면서도 깊이 있는 이론적 배경을 바탕으로 현업 책임자들이 공감하면서, 특히 성과혁신 분야에서 많은 도움을 받을 수 있을 것으로 봅니다.

2007. 6. 29
한국생산성본부 회장 배성기

시작하는 글

　어떠한 직장이든 조직을 책임지고 있는 자리에 있는 사람이라면 "내가 조직을 제대로 끌어가고 있는가?"를 생각할 것이다. 나아가 "내가 하고 있는 일을 잘했는지?"를 놓고 점검 받고 싶어할 것이다. 그리고 "일을 더 잘하려면 어떻게 해야 하는가?"를 놓고 고민할 것이다. 고과에 즈음해 성과 평가를 받고, 성과급을 받을라치면 걱정이 생길 수도 있다. 주어진 일에 대해 성과를 제대로 내고 있는지 궁금할 것이기 때문이다.

　나는 이런 분들의 고민에 대해 나름대로 적절한 답변을 드리고자 이 책을 집필하게 되었다. 나는 한국생산성본부에서 지난 5년간 전임 교수로 재직하면서 수많은 관리자들에게 강의를 해왔다. 강의에 참여하신 분들은 기업체의 간부나 중간관리자들로서 다양한 자리에 계신 분들이었다. 근무하시는 직장도 중앙정부, 지방자치단체, 대기업, 중소기업, 공기업, 대학, 중고등학교, 병원, 사회단체, 언론기관, 교회, 노조 등 그야말로 다양한 분야의 조직들이었다. 특히 내가 해 온 강의 중 '전략적 목표관리' 과정에 참여하신 분들로부터 많은 질문을 받았다. 나름대로의 어려움에 대해 도움을 얻고 싶었기 때문이었을 것이다. 그리고 이에 대한 컨설팅적 차원의 조언을 해준 경험도 있다.

나는 이러한 경험들을 정리하는 차원에서 이 책을 집필하게 되었다. 가능하면 독자들의 피부에 와 닿게끔 쓰려고 하였다. 그리고 쉽고 재미있게 쓰려 하였다. 경영 분야의 책이긴 하지만 대학에서 가르치는 이론서가 아니기 때문이다. 외국 사례를 소개하기 보다 현장에서 팀 조직을 이끄는 팀장들에게 리얼한 애기를 전하려 하였다. 나름대로 25년여에 걸친 조직생활 경험과 3개에 걸친 석사학위 공부, 그리고 5년 여간 여러 조직의 팀장급 간부들을 현장에서 가르치는 과정에서 익혀진 것들을 제시 하였다고 보기 때문이다. 나는 이 책을 팀 조직을 이끌고 있는 팀장들을 대상으로 써내려 갔다. 팀제가 도입되지 않은 조직의 경우는 일선 단위 조직을 이끌고 있는 부서장, 과장, 실장들이 팀장과 동일한 역할을 하는 사람들이다. 따라서, 본서에서 팀장이라고 하면 팀제를 도입하고 있는 조직에서의 팀장과 더불어, 팀제가 도입되지 않은 조직의 부서장, 과장급을 아우르는 용어로 인식하면 될 것이다. 이들은 기업이나 공공기관 등의 중간관리자로서 조직의 최고경영자와 일선 실무자들을 이어주는 중간 가교 역할을 하는 일선 단위 조직의 책임자들이다.

이 책의 구성은 4개 부분으로 이루어져 있다. 1부는 팀장들이 느끼는 성과 문제에 관련된 현실을 서론적으로 제시하였다. 대부분 조직들이 실시하고 있는 성과급, 성과 평가, 목표관리, BSC도입 등을 중심으로 성과관리 제도 및 운용방식이 어떤 양상을 나타내는지 정리하였다. 그리고 그러한 문제점과 원인, 바람직한 대안을 나름대로 제시하였다. 2부에서는 팀장으로서 숙지해야 할 성과 혁신의 핵심 내용들을 제시하였다. 사명과 비전 세우기 → 전략 수립 → 목표 설정 → 실행과 성과 측정 → 성과평가 → 보상 → 피드백이라는 성과관리의 프로세스에 맞추어 내용을 전개하였다. 특히 성과관리에서 신경 써야 할 구체적 항목들을 기획이나 인사 분야의 실무자 수준 까지 내려가서 세부적으로 짚어보았다. 그러나 이 정도 내용이라면 팀장들이 숙지해야 될 내용이기도 하다. 3부는 성과 혁신을 위해 팀장이 지녀야 할 리더십에 대한 내용이다. 성과 혁신을 위해서는 리더 역량이 무엇보다 중요하다. 팀장의 리더십 수준만큼 팀 성과 혁신이 이루어진다고 보는 것이 필자의 입장이다. 결국 팀장 개개인이 조직의 성과 방향과 목표를 잘 인지하고 팀을 잘 이끌어 나갈 때 좋은 성과가 나는 것은 두말할 나위 없다. 4부에서는 급변하는 시대 환경에서 여러 팀들이 추진하는 업무에서 어떤 방향으로 가야 할 것인가를 전략 과제로 제시하였다. 개별 팀 조직으로는 자신에게 딱 들어맞는 내용이 아닐 수도 있다. 그렇지만 보편적으로 적용될 수 있는 전략 과제들을 보게 될 것이다.

　이 책을 통해 여러 조직의 팀장급 리더들이 보다 좋은 성과를 올리는데 도움을 얻기 바란다. 이 책을 쓰는데 도움을 주신 여러분들이 있다. 특별히 아내와 아들에게 먼저 감사한다. 그리고 이 책의 출판을 도와준 여러 분들에게 감사를 드린다. 특별히 한국생산성본부 교수실의 동료 교수님들, T&D 센터의 센터장을 비롯한 여러 직원들, 한국생산성본부의 배성기 회장님, 박우건 전무님, 출판팀의 노환표 부장님, 김광섭 대리님께 감사를 표한다. 그리고 무엇보다도 오늘이 있기 까지 기쁨과 슬픔, 성취와 시련을 통해 나를 인도하신 하나님께 가장 큰 감사를 드린다.

2007. 5. 31
구기동에서 북한산을 바라보며　천상만

차   례

제1부

성과 돌아보기

1. 성과급의 충격

많은 직장인들이 연말 즈음 성과급이라는 명목으로 보너스를 받는다. 최근에는 공무원뿐 아니라 교사들까지도 성과급을 받는다. 이 때가 되면 직장인들은 기대와 함께 걱정도 하게 된다. 내가 속한 팀이나 부서가 성과급을 얼마나 받을 것인가? 그러나 막상 받고 나서 다른 조직에 비해 덜 받은 것을 알게 되면 기분이 떨떠름해진다. 특히 개인별로 성과급 격차가 나는 곳에서는 이것이 나의 성과평가 결과라고 받아들여지기 때문에 잘 받았든 못 받았든 신경이 더 쓰여지게 된다. 조직의 책임자 자리에 있는 사람일수록 이러한 신경 씀은 스트레스로 까지 이어진다. 그래서 요즘에는 성과급 지급율 및 금액에 관한 사항은 비밀로 붙이는 경우가 대부분이다. 남이 얼마 받았는지 신경 쓰지 말라는 것이다. 궁금해서 남이 얼마 받았는지 묻는 것도 실례일 수 있다. 내가 많이 받았으면 괜히 물어서 미안하고, 내가 적게 받았으면 그것 때문에 열 받게 될 수 있는 것이다.

성과급의 파장
이처럼 성과급이란 것이 직장인들에게 큰 영향을 미치고 있다. 어떤 조직은 상당 금액의 성과급을 받고 나서 얼굴 표정을 관리해야 하는 곳이 있다. 그런 반면 어떤 곳은 기분이 안 좋고 나아가 침체 분위기, 위기의식까지 느끼는 곳이 있다. 최고경영자들은 이런 점을 내심 의도하고 있다고도 볼 수 있다. 성과급 때문에 열 받게 되면 이를 악물며 "두고 보자!"는 식으로 성과창출 의지가 다져지게 된다는 것이다. 성과급으로 인해 성과향상의 동기 부여가 되는 점은 긍정적인 면이라 할 수 있다. 반면에 운용하기에 따라서는 지나친 경쟁의식, 개인주의, 공동체 의식 저하, 조직간 위화감 등 부정적 영향이 생길 수도 있다. 그야말로 "네가 잘 했으니 축하해 줄게!"라기 보다는 "네가 잘 했으니 내가 못한 게 된 거야!"라는 식이 될 수도 있는 것이다. 이러한 점들은 성과급 제도를 얼마나 잘 만드느냐에 따라 긍정적 기대효과를 높이는 반면 부정적 영향은 줄이는 방향으로 갈 수 있을 것이다. 그리고 운용 시에도 조직 형편에 맞게끔 잘 운용하느냐에 따라 파급효과가 달라질 수 있을 것이다.

그러나 성과급 제도를 아무리 잘 운용한다 해도 여전히 어려운 점들은 남는다. 대표적인 것이 평가의 객관성 내지 공정성 문제이다. 많은 조직의 경우 상대평가라는 방식으로 평가대상자의 평가 등급을 강제배분 – 예로서 S 10%, A 20%, B 40%, C 20%, D 10% – 하고 있다. 이러한 강제배분 방식을 쓰면 "나는 목표 대비 실적이 좋은데 어찌하여 C, D냐?"고 반발하는 부류가 생긴다. 평가 결과에 대해서 "업무 실적을 제대로 반영한 것인가?"라는 의문을 제기하는 이들도 생긴다. 혹자는 나는 열심히 했는데 이런 결과를 받아들일 수 없다고 흥분하며, 상사와의 인간적 불화를 드러내는 이들도 생긴다. 자기는 열심히 했고 성과도 좋았는데, 조직 구성원들의 실적 부진으로 인해 자기 팀이 하위 등급을 받았다든가 할 경우 개인적으론 억울해할 수 있다.

오늘날 직장의 현실을 '총알 없는 전쟁'이라고들 한다. 조직이나 개인 간 경쟁이 너무 치열하다 보니 "네가 안 죽으면 내가 죽는다!"는 전쟁 상황으로까지 비유된다. 직장인이라면 누구나 자기 일에서 좋은 성과를 내고 싶어한다. 그리고 자기가 한 일의 실적에 대해 누구나 좋은 평가를 받고 싶어한다. 은행이나 증권사, 보험사와 같은 금융회사의 경우 지점마다 영업 실적이 매일 집계된다. 그리고는 개인별 영업 실적이 주간 또는 월간 단위로 집계, 관리되거나 서열화된다. 특히 영업 분야 조직일수록 심한 곳에서는 일정 기간별 개인 실적을 직원들에게 공개하기도 한다. 이런 것 때문에 스트레스 받기도 하지만, 이런 조직 분위기에 젖어 살다 보면 "저렇게 하는 것이 당연하다!"고 받아들여지기도 한다.

▌기관평가의 곤혹

최근 기업뿐 아니라 공공기관의 경우에도 성과급 바람이 불어오고 있다. 참여 정부는 '정부 혁신'을 주요 정책 과제로 광범위하게 추진하고 있다. 정부 혁신의 주요 아젠다(Agenda)로 성과관리가 손꼽히고 있다. 올바른 일을 하도록 방향을 잡고 이 일의 결과가 제대로 나오도록 지속적으로 관리하겠다는 것이다. 이러한 취지에서 대부분 공공기관은 예산 집행이 제대로 되었는지를 조직 성과와 연결지어 평가받는다. 공기업의 경우도 당해 년도 경영실적을 기획예산처로부터 정기적으로 평가 받게 되어있다. 공기업들은 몇 개의 등급에 따라 자신의 경영실적을 평가 받고 이에 따라 몇 백%에 이르는 성과급을 차등 지급 받고 있다. 기관장의 근무 성적은 기관의 성과 평가와 직결되는 셈이다. 기관 평가 등급이 하위 등급을 받을 경우 기관장이나 해당 기관의 근무 직원 모두는 사기가 낮아지게 된다. 이로 인한 스트레스도 적지 않다.

　기관장뿐 아니라 중간관리자들도 자신이 책임지는 단위 조직의 성과 평가를 받게 되어있다. 그리고 이러한 평가 결과에 따라 팀 성과급이 차등 지급되고 있다. 최근 재정경제부, 행정자치부 등의 부처는 평가 결과에 따라 성과급을 팀 단위로 차등 지급 받았다. 그리고 여러 곳의 정부 부처들은 조직을 팀제로 개편하는 작업을 지속하고 있다. 기업의 경쟁요소 도입을 통한 조직 활력 제고라는 측면에서 이러한 팀 단위의 성과급제 도입은 지속될 것으로 전망된다.

리더로서의 성과 고민

지금 우리나라는 글로벌화, 디지털화, 지식정보화라는 큰 흐름 속에서 엄청난 변화를 겪고 있다. 이러한 변화 속도는 과거 어느 시대와도 비교할 수 없을 만큼의 급속한 변화이다. 변화의 내용을 보면 과거에 예측하기 어려웠던 질적 양적 변화를 동시에 나타내고 있다. 글로벌 시장의 무한 경쟁이라는 여건에 놓여진 기업들은 보다 나은 성과를 내지 못하면 생존 자체가 어려운 지경이다. 오늘과 같이 변화와 경쟁이 치열한 환경 속에서는 관행적으로 해 왔으니까 그냥 해 간다는 식으로는 기존의 자리 지키기 조차 어렵게 될 수 있다. 당신이 어느 조직에서 리더의 역할을 하는 사람이라면 "나는 이 조직에서 책임자로서의 월급 값을 제대로 하고 있나?"를 생각하지 않을 수 없을 것이다. 나아가 "무슨 일을 해야 하며, 이 일을 어떻게 하면 잘 할 수 있을 것인가?"를 고민하지 않을 수 없을 것이다.

일에 대한 재정의 필요 시대

일을 잘하려면 그리고 하는 일의 성과를 잘 내려면 일에 대한 생각을 다시 해볼 필요가 있다. 지금 시대에서는 "해오던 일이니까, 이전에 하던 대로 계속 해가면 되겠지!" 하는 식으로는 일을 잘한다고 말하기 어렵다. 먼저 "이 일을 해야 할 것인가, 말아야 할 것인가? 이 일을 한다면 어떤 방향으로 해야 할 것인가?"를 깊이 생각해 보는 것이 필요하다. 특히 당신이 팀 조직을 끌어가는 팀장의 자리에 있는 사람이라면 이러한 사고가 더욱 요구된다. 장님이 장님을 인도하면 모두 구덩이에 빠진다. 리더의 자리에 있는 사람일수록 조직이 해야 할 일의 방향을 잘 잡아야 한다. 그렇지 않으면 조직은 관성의 법칙에 따라 과거에 하던 관행대로 일을 처리하게 된다. 우리 조직이 해야 할 일의 방향을 올바르게 설정하는 것 그것이야 말로 좋은 성과를 내는 첫 단추라 할 수 있다.

2. 성과관리가 뭐야 ?

조직에는 일과 사람이라는 두 가지 요소가 있다. 조직에는 수행되어야 할 일이 있다. 일이 없이 사람만 모이는 조직이란 친목 모임에 불과하다. 그리고 조직에는 사람이 있다. 이 사람이란 자연인의 집합이 아니라 특정한 일을 하려는 목표의식을 가진 사람들이다. 이들은 조직 차원에서 수행되어야 할 공동의 일을 체계적으로 분담하여 자신에 주어진 일을 수행하는 조직 구성원들이다.

▌조직의 2대 요소 : 일과 사람

관리란 일과 사람을 잘 연결시키는 것이라고 할 수 있다. 일을 하자면 무슨 일을 왜, 어떻게, 언제, 어디에서 해야 할 것인가를 명확히 해야 한다. 조직은 한정된 자원인 사람을 활용하여 해야 할 일을 선정하고 그 일을 효율적으로 해야 한다. 그런데 "무슨 일을 해야 할 것인가? 해야 할 일과 하지 말아야 할 일의 구분 기준은 무엇인가?" 여기에서부터 일에 대한 사고가 시작된다. 성과관리란 일을 잘하기 위한 관리이다. 일을 잘한다는 것은 무엇인가? 일의 성과를 잘 내는 것이다. 성과란 무엇인가? 일의 결과를 말한다. 그래서 성과관리란 일의 결과를 잘 내기 위해 합리적으로 관리하자는 것이다. 합리적 관리란 "무슨(What) 일을 하여야 할 것인가? 그리고 그 일은 왜(Why) 하는 것인가? 한다면 그 일을 어떻게(How) 할 것인가? 누가(Who) 언제 (When) 어디서(Where) 할 것인가?"를 명백히 하고 여기에 맞추어 일을 하자는 것이다.

왜 성과 혁신인가?

조직은 하는 일에서 성과를 내어야 한다. 조직 구성원 개인도 자신에게 주어진 일에 대해 성과를 내야 한다. 그래야만 조직에서 살아남을 수 있다. 오늘과 같이 경쟁이 치열한 여건 하에서 성과를 낸다는 것은 일차적으로 생존의 문제이다. 즉 성과를 내지 못하면 그 자리를 지키기 어렵다는 것이다. 특히 어느 팀을 책임지고 있는 팀장의 입장에서는 자신이 책임지고 있는 팀이 바람직한 성과를 내지 못할 경우 그 자리에서 물러날 수도 있다는 부담감을 느끼지 않을 수 없다.

그간 대부분의 조직들이 나름대로의 목표관리 혹은 성과관리를 해왔다. 그러나 급변하는 환경 하에서 성과관리를 기존의 고정관념이나 시스템 위에서 무반성적으로 하려 한다면 사상누각과 다름없는 접근이 될 수 있다. 이제는 기존 관행 위에서 부분적인 개선을 하려 하기 보다, 기존의 제도 및 운영 방식 틀을 근본에서부터 다시 생각해 보는 점검이 필요하다. 그래서 성과 개선이라는 용어보다는 성과 혁신이라는 표현이 더 적절하다고 봐야 한다. 양적인 접근보다 질적인 접근이 필요하기 때문이다. 그래서 새로운 접근 도구로서 MBO(목표관리, Management By Objective)의 장점을 살리면서 BSC (균형성과관리모델, Balanced Score Card)의 특징을 접목하는 것이 바람직할 것이다. 그간 MBO의 정신이나 기법들이 조직 성과관리에 긍정적 영향을 미쳤지만, 운영상 여러 문제점이 있었던 것도 사실이다. 여기에다가 그간 활발하게 도입되어 온 BSC는 최근 공공부문의 성과관리에 강력한 붐을 일으키고 있다. 따라서, 양자의 장점을 통합시키면서 한국적 조직 문화와 다양성을 살리는 방향으로 접근한다면 보다 나은 성과관리 지침을 만드는데 도움이 될 것이다.

▌외부의 환경 변화를 먼저 보아야

개구리를 강물로 채워진 양동이 안에 넣고, 불을 때우며 양동이 온도를 높여가는 실험을 했다고 한다. 양동이 크기와 높이는 개구리가 헤엄치기 좋도록 하면서, 밖으로 튀어나오기는 어렵도록 하였다. 처음에는 물 온도를 평상시 온도로 해 놓았다가 점차적으로 조금씩 온도를 높여갔다고 한다. 그러자 양동이 안에 있던 개구리들 중 어떤 개구리는 온도 변화를 느끼고 필사적으로 튀어나오는 놈이 있었다. 반면에 어떤 놈은 온도 변화에 둔감했는지, 아니면 양동이 높이가 너무 높았든지 결국은 익혀 죽고 말았다고 한다. 결국 양동이 밖의 불이라는 외부 환경 변화에 적절하게 대응하지 못한 개구리는 죽고 말았다는 얘기이다. 좁은 울타리 안에만 갇혀 지내는 사람을 우물 안 개구리라고 말한다. 우물이나 양동이는 외부 세계와 내부세계를 구분 짓는 벽이다. 그런데 이 벽이 너무 높거나 견고하면 사람들은 바깥 세상을 잊고 살아가게 된다. 또는 우물이나 양동이 안이 너무 편안한 경우에도 이런 현상이 나타날 수 있다. 그러나 이러한 현상이 굳어지면 결국 외부 환경 변화에 치여서 죽는 개구리가 되고 말 것이다.

우물 안 개구리란 우물 밖은 보지 못하고 우물 안이 세상 전부인 줄 알고 착각하며 살아가는 사람을 지칭한다. 조직이 성과 혁신을 하려면 먼저 우물 밖을 볼 줄 알아야 한다. 목표 설정을 할 때 외부 환경 변화는 고려하지 않고, 주먹구구식이나 일률적으로 "전년대비 00%로 한다!"는 식의 접근이야말로 우물 안 개구리 식이라 아니할 수 없다. 양동이 밖에는 불이 활활 타고 있는데, 우물 밖에는 엄청난 천지개벽이 이루어지고 있는데, 양동이나 우물 안에만 머물면서 고정 관념으로 목표 설정을 한들 무슨 소용이 있겠는가?

방향 설정이 먼저

성과관리를 접근할 때는 먼저 속도계보다 나침반을 보는 사고가 필요하다. 우리 조직이 올바른 방향으로 가고 있는지, 정말 해야 할 일을 제대로 하고 있는지를 점검해야 한다. 어느 방향을 향해서 엄청나게 빠른 속도로 달려왔는데, 그곳이 가야 할 곳이 아닌 잘못된 곳이었다면 여태껏 한 노력은 헛수고인 셈이다. 방향을 잘 잡는 것이 특정 방향을 향해 더 많이 또는 더 빨리 달리는 것보다 중요하다. 방향 점검이 필요한 이유는 조직을 둘러싼 외부환경 변화에 적절한 대응이 요구되기 때문이다. 우리는 지금 정치, 경제, 사회, 기술, 문화 모든 면에서 급속한 변화를 겪고 있다. 환경 변화를 민감하게 느끼고 이에 대응하지 않는다면 어느 조직도 생존을 보장받기 어려운 처지에 놓여져 있다. 그래서 리더일수록 우리 조직이 하려는 일이 적절하고도 올바른 일인지를 먼저 생각해 보아야 한다. 나침반을 읽는 사고가 환경과 변화에 따른 전략을 따져보는 사고라면, 속도계를 읽는 사고는 주어진 전략 하에서 효율성을 따져 목표를 관리하는 사고라고 할 것이다.

바람직한 성과관리 프로세스

좋은 성과를 내려면 성과관리 운용상 다음과 같은 점들이 중시되어야 한다. 첫째, 전략과 목표간에 상호 연계가 이루어져야 한다. 이는 목표 설정 이전에 적절한 전략 수립부터 하는 것을 말한다. 그래서 바람직한 성과관리의 절차는 전략 수립 → 목표 설정 → 목표 실행 → 성과 평가 → 성과 보상 프로세스라고 할 수 있다. 전략이 먼저 설정되어야 목표가 설정되는 것이다. 전략은 조직이 나가야 할 방향을 제시하는 것이다. 이는 조직 외부의 환경변화 및 경쟁자와의 경쟁우위 확보 등을 종합적으로 고려한 상태에서 나와야 한다. 그리고 바람직한 목표 설정이 적절한 전략 설정의 바탕 위에 구축되어야만 효과성과 효율성을 이룰 수 있다.

둘째, 부문별 목표 간에 상호 연계성과 일관성을 추구해야 한다. 시기적으로 중장기 목표와 단기 목표 간에 상호 연계성과 일관성이 확보되어야 한다. 1년 내외의 단기적인 목표 설정만을 되풀이 할 경우 조직이 장기적으로 지향해야 할 방향 의식이 불분명해진다. 따라서 단기 목표들이 상호 연결되게끔 이어주는 중장기 목표가 필요하다. 그렇지 않으면 한 해에 추구했던 목표가 다음 해에는 폐기되거나, 전혀 상관없는 다른 목표가 전년도 목표와 관계 없이 등장할 수 있다. 물론 목표란 상황에 따라 변경될 수 있어야 하고, 예기치 못한 상황 변동이 생길 수도 있다. 그러나 상황에 따른 단기 목표만이 중시되고 관리된다면 그 조직은 장기적으로 나아갈 방향을 상실한 조직이 되고 말 것이다.

상 하위 목표 간에도 연계성이 확보되어야 한다. 전사적 차원의 목표와 하위 단계로서의 부문 내지 팀 목표 간에 일관된 흐름이 있어야 한다. 예를 들어 전사적 차원에서의 전략 목표가 고객만족도 제고라면 일선의 영업, A/S 등 고객접점 부서와 후선의 기획, 홍보, 총무, 인사, 전산, 구매, 품실관리 등 모든 부서가 고객만족도 제고와 관련되는 항목을 단위조직의 핵심목표로 설정해야 한다. 국세청이 공평과

세를 전사 목표로 내세웠다면 국세청의 각 국, 과, 일선 세무서는 공평과세를 실현하기 위한 조직 차원에서의 구체적 목표를 설정해야 한다. 부문별 하위 조직 간에도 목표 설정 시 상호 일관성이 추구되어야 한다. 기업의 경우 영업이나 생산, 관리, 기술 등 하위 조직 간에 서로 상충되는 목표를 설정하지 않도록 해야 한다. 이는 사업부문 내에 속하는 팀 조직의 경우에도 마찬가지이다. 영업팀은 고객만족도 제고를 위해 이를 핵심목표로 설정하고 노력하는데, 생산팀은 고객만족도와 직결되는 제품 불량율 감소나 납기준수 등을 목표로서 고려하지 않는다면 영업팀 목표는 제대로 달성되기 어려울 것이다.

셋째 목표 설정에 있어서 균형성을 추구해야 한다. BSC에 준거한 성과관리는 목표 설정 시 네 가지 관점에서 목표 설정을 하도록 한다. 재무 관점과 고객 관점, 비즈니스 프로세스 관점, 학습과 성장 관점이다. 네 가지 관점을 지켜서 목표를 설정한다면 목표 항목 간에 균형성이 확보될 수 있다. 기업의 경우 점차 매출이나 이익이라는 재무 지표만으로는 그 기업의 성과를 제대로 평가하기 어려워지고 있다. 이해관계자와 사회공헌을 중시하는 최근의 경영 추세상 기업은 주주의 이익이나 주가만을 고려할 수 없기 때문이다. 고객 측면에서는 고객만족도를 따져야 한다. 이런 점에서 고객 관점에서의 고객만족도 지표들은 조직의 성과 지표가 재무 쪽으로만 치우치는 것을 보완할 수 있다. 또한 외부적으로 드러나는 재무적 성과만으로는 그 기업의 내부적 개선 활동이 잘 나타난다고 보기 어렵다. 그런 점에서 품질 향상, 물류 개선, 조직의 효율적 개편 정도 등을 나타내는 내부 프로세스 개선이라는 관점 지표가 활용되어야 할 것이다. 이러한 지표는 재무지표가 결과 만으로 치우치고 과정을 잘 반영하지 못한다는 문제점들을 보완하는데 도움이 될 것이다. 나아가 조직 성과를 창출하는 주체인 내부고객으로서 임직원들의 만족도를 나타내는 학습과 성장 관점에서의 지표들은 외부고객 만족이 바로 내부고객 만족을 통해 일어난다는 측면에서 도움이 된다고 할 것이다. 이러한 4가지 관점은 결과와 과정, 외부고객과 내부고객, 재무적 성과와 비재무적 성과를 함께 고려하는 균형과 조화의 관점에서 적절하다.

　네째, 성과 평가와 보상 간에 연계성을 가져야 한다. 목표 실행에 따른 성과를 측정하여 목표 대비 달성도에 대한 평가를 실시해야 한다. 그리고 평가 결과에 따른 적절한 보상을 해야 한다. 보상에는 금전적인 것과 비금전적인 것이 있을 수 있지만, 어떤 형태의 보상이라도 적절한 보상이 뒤따를 때 성과 달성에 긍정적 영향을 가져올 수 있다. 이러한 성과 보상이 이루어질 때 다음 기간의 목표 설정에도 성과 결과치가 적극적으로 피드백될 수 있다. 그리하여 조직원들은 목표 설정 → 실행 → 성과 측정 → 평가 → 보상 → 피드백이라는 사이클 반복에 보다 적극적으로 참여하게 될 것이다.

3. 실패한 목표관리는 무엇 때문인가?

　많은 팀원들이 "목표관리를 한다"하면 긴장한다. 어떤 사람들은 불안해 하기까지 한다. "여태껏 일을 잘 해왔는데 무엇 때문에 법석을 떠는가? 결국 이러한 제도들을 통해 우리를 더 쥐어 짜려는 것이 아닌가?"라고 느낀다. 경영자들이 "목표관리를 하라!"고 하면 "그러면 여태까지 해온 일들은 목표 의식 없이 해왔다는 말인가? 그간에 해온 일의 실적이 제대로 나오지 않았기 때문이란 말인가?" "목표! 목표! 하는데 금액이나 건수 등 숫자로 결과가 나타나지 않는 일의 경우는 어떻게 목표관리를 한단 말인가?" 등의 반응이 나오기 일수이다. 나아가 "장기간의 연구개발 프로젝트와 같이 눈으로 보이는 결과가 당장 나타나기 어려운 일의 경우 어떻게 목표를 잡으란 말인가?"의 문제를 제기하기도 한다. 이러한 류의 거부감이나 부정적 반응을 굳이 나쁘다고만 할 수 없는 배경이 있다. 이러한 반응에는 그럴만한 경험들이 있기 때문이다.

목표관리에 대한 거부감
한국 기업들은 지난 몇 년 간 여러 가지 구조조정을 해 왔다. 이 과정에서 여러 사람들이 다니던 직장을 잃거나 타의적으로 직장을 그만 두게 되는 아픈 경험들을 하였다. 그야말로 많은 직장인들이 명퇴(명예퇴직), 조퇴(조기퇴직), 황퇴(황당한 퇴직) 등을 당한 것이다. 그러한 퇴직 대상자 선발에 개개인의 고과 성적 등이 주요 선발 기준으로 작용한 것은 의심의 여지가 없다 할 것이다. 그러니 각종 평가를 통해 고과 점수가 좋지 않았던 사람들은 퇴출 대상이 되는 아픔을 겪을 수 밖에 없었다. 물론 고과 결과에 상관없이 자발적으로 자신의 진로를 새롭게 열어갈 각오로 적극 선택한 사람들도 있었다. 그러나 이런 경험들을 겪은 직장인들에게 구조조정이라는 칼이 두려움으로 느껴지는 것은 당연하다 할 것이다.

이러한 구조조정과 더불어 기업의 인사 제도에도 큰 변화 바람이 불었다. 신인사제도 및 성과급, 연봉제 등 성과 위주의 제도들이 도입된 것이다. 그러나, 직장 동료들이 일자리를 잃고 떠나가는 모습을 지켜 본 사람들은 새로운 인사제도에 대해 일종의 불안감 내지 거부감을 가지게 된 것이 사실이다. 그 모든 것이 결국은 사람 줄이는 방편이라 인식될 수 있었다. 더 나아가 강성노조 관계자들은 이러한 제도가 "경영자들이 자기 이익만을 추구하기 위한 방편에 불과한 것이다!"라는 반응을 하였다. 화이트 칼라에 적용되던 성과급, 연봉제 등을 생산직 중심의 블루칼라에 확대 적용하려는 회사측 방침을 노조가 적극 거부한 것도 이런 배경에서이다. 공공부문의 경우에도 교사에게 성과급 제도를 도입하려 했으나, 전교조 등이 조직원의 공동체 의식과 단결력을 깬다는 이유로 전면 거부하고 있다. 최근 교원평가 및 성과급 제도 도입을 둘러 싼 찬반 논쟁도 이런 배경과 연결 지을 수 있을 것이다. 그러면 이러한 부정적 반응을 소식의 리너로서는 어떻게 바라보아야 할 것인가? 조직으로서 수행해야 할 정당한 성과를 내지 말아야 한단 말인가? 그렇게 볼 수는 없을 것이다. 올바른 일을 제대로 추진하여 좋은 성과를 내는 것은 조직 자체의 생존, 성장과 직결되기 때문이다.

목표관리의 정신

그간 많은 조직들이 목표관리(MBO, Management By Objective)를 실시하여 왔다. MBO는 1960년대부터 전세계적으로 선진 기업들이 추진해 온 제도이다. 목표관리란 목표에 근거하여 업무를 해가자는 취지에서 추진된 것이다. 목표에 근거하여 업무를 추진할 때 목표는 한정된 자원을 효율적으로 투입하는 기준이 된다. 또한 목표는 어떤 업무를 우선하여야 할 것인지를 결정하는 우선적 업무추진 근거가 된다. 그리고 목표는 업무의 결과로서 성과를 평가하는 기준으로 작용하게 된다. 업무가 제대로 되었는가 여부를 판단하는 잣대로서 기능하는 셈이다.

자율적 업무 수행

무엇보다 목표관리는 자율적 업무 추진 정신을 강조해 왔다. 팀원 스스로 자율적으로 목표에 따라 자기가 해야 할 업무를 하자는 의미이다. 목표 설정도 팀원 스스로가 먼저 결정하도록 한다. 그리고 나서 팀장과의 면담, 합의를 거쳐 목표를 설정하는 것이다. 이처럼 목표관리는 자기 통제에 의한 업무 추진을 지향한다. 목표관리를 잘하면 조직 분위기가 자율적으로 될 수 있다. 스스로 목표를 설정하고 그 목표에 따라 자기가 알아서 일을 하면 명령과 지시, 통제, 감독 등 일방적인 팀장 주도의 업무 수행도 사라진다. 또한 근태 등을 통한 통제적이며 위압적인 분위기도 줄어든다. 그만큼 명랑하고 즐거운 조직생활에도 도움이 되는 관리 방식인 것이다.

▌하향식과 상향식을 극복한 합의 방식
목표관리는 목표 설정 → 업무 실행 → 성과 평가라는 프로세스를 반복한다. 이러한 사이클을 일정한 주기로 되풀이하게 된다. 이는 관리의 기본 사이클인 계획 → 실행 → 점검의 흐름과 동일한 것이다. 목표설정은 1년에 한 차례 정도 이루어진다. 최근에는 6개월 마다 하는 경우도 늘어나고 있다. 그리고 구체적인 업무 목표 설정은 팀장과 팀원 간에 합의에 의한 결정을 지향한다. 즉 팀장이 팀원에게 목표를 일방적으로 지시하는 하향식(Top Down) 형태도 바람직하지 않고, 팀원이 자신만의 생각으로 목표를 제안하는 상향식(Bottom Up) 형태도 지양한다. 바람직한 목표 설정으로서 하향식과 상향식이 결합되어 조화된 합의식(Middle Up Down)을 지향한다.

목표관리에서는 목표 설정이 시작점이다. 따라서 목표 설정이 잘못되면 첫 단추를 잘못 끼우는 것과 같은 결과를 가져온다. 목표 설정을 잘하면 이후의 업무 실행은 팀원 스스로가 알아서 자기관리를 하면 된다. 그리고 팀장은 팀원을 지원해주는 역할에 머무르면 된다. 그리고 실행의 결과로 나온 성과에 대해서도 먼저 팀원이 자기 평가를 하도록 한다. 그 후에 팀장이 팀원의 성과에 대해 목표 대비 얼마나 달성하였는가를 평가하면 된다. 그리고 그러한 평가 결과는 차기의 목표 설정에 반영되도록 한다. 즉 차기의 목표 설정 시 전기의 달성 실적을 가지고 팀원과의 면담을 통해 차기 목표를 설정하도록 하는 것이다.

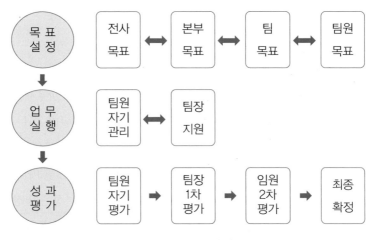

〈표 1 - 1〉 목표관리의 흐름

목표관리 과정에서 제기된 문제점들

그러나 많은 팀들이 위와 같은 긍정적 취지에서 목표관리를 해왔지만, 추진 과정에는 여러 문제점들이 지적되어 왔다. 특히 "주먹구구식으로 목표 설정이 이루어졌다."거나 "상향식이나 합의식이 아닌 하향식으로만 목표가 설정되었다."는 점이 많이 제기되었다. 이는 목표 설정에서부터 문제가 있어서 첫 단추가 잘못 끼워졌다는 얘기이기도 하다. "목표 설정 시 전략적 고려가 이루어지지 못했다."는 점도 자주 거론되는 얘기이다. 즉 해야 할 일의 방향에 대한 근본적이고도 적절한 검토가 이루어지지 못했다는 것이다. 이외에도 "일의 결과를 계량화된 수치로 측정하기 어려운 정성적 업무의 경우 측정 및 평가 지표가 적절하지 못하다."는 지적도 있다. 이외에도 "성과 결과에 대한 적절한 보상이 이루어지지 않는다." "평가 결과를 가지고 차기의 목표 설정 시 피드백이 이루어지지 않는다." "목표 달성을 위한 개인 역량 제고에는 관심이 없다." "못한 점의 지적에만 머물고 잘한 점에 대한 보상이 불충분하다." "결과에 대한 평가만 있고 과정에 대한 평가가 불충분하다." "근본적으로 일 배정 자체에서 내가 원하는 일이 부여되지 않았다" 등 다양한 측면에서 그간의 목표관리에 대한 문제점이 제기되어 왔다.

이는 경영관리 측면에서 우리보다 한발 앞서 있다는 일본 기업들에게서도 공통적으로 나타나는 현상이다. 일본의 산노(Sanno)연구소가 447개 일본기업을 대상으로 조사한 자료에 의하면 목표관리제 시행 시 제기된 주요 문제점으로 ①목표 설정 기준이 제각기 다르다. ②관리자의 과제 형성력, 목표 설정 능력이 낮다. ③ 매년 설정 목표가 매너리즘화되어 있다. ④목표설정 면담에 있어서 관리자의 커뮤니케이션 능력이 부족하다. ⑤상위의 목표, 방침, 시책이 애매하고 하위의 목표가 추상적이다. ⑥평가를 너무 의식한 나머지 낮은 레벨의 목표를 설정한다. ⑦개인 목표가 상위 목표와 맞추어져 동기부여 되어 있지 않다. ⑧목표 설정 과정에서의 교섭이 없다. ⑨상위자로부터 일방적으로 목표가 강요된다 등으로 나타났다.

▌종합적 측면에서 균형과 조화가 이루어지지 못했기 때문

위에 제기된 문제점들을 분석해 볼 때 결국 목표 자체만으로는 좋은 성과 달성이 어렵다고 볼 수 있다. 목표 수행 이전에 "왜 이 목표를 달성해야 하느냐?"에 대한 동기부여가 약해서는 팀원들에게 적극적 업무수행을 기대하기 어렵다고 봐야 한다. 적극적인 동기부여를 위해서는 하는 일에 대한 목적의식을 제고할 필요가 있다. 즉 주어진 일을 관성적으로 되풀이 하는 것이 아니라, "이 일이 올바르고도 적절한 일이다!"라는 데 대한 공감대를 형성해야 한다. 이를 위해 사명과 비전, 전략이 필요하다. 그리고 목표 설정과 측정, 평가, 보상, 피드백이 서로를 보완하면서 함께 가야 한다. 그런데 함께 가야 할 것들이 공존하면서 상호 보완되지 못하면 문제가 생길 수 밖에 없다. 어느 것은 강조되는데 반해, 어느 것은 무시되거나 작동되지 못한다면 강조되는 것 마저 실효성을 거두기 어렵게 된다. 특히 모든 과정에 걸쳐 팀장과 팀원 간에 끊임없는 의사소통을 해야만 팀 목표와 팀원 목표가 같이 갈 수 있다. 공감대 형성이 안 되는 것은 일차적으로 팀장의 의사소통 능력이 부족하기 때문이다.

▌리더십이 목표관리의 성공 관건

목표관리가 용두사미 내지 실패로 끝나는 것은 사명과 비전, 전략, 조직과 개인의 목표설정, 성과 측정과 평가, 보상과 피드백이라는 총체적 측면에서 개별 요소들이 선순환적으로 연결되지 못했기 때문이다. 즉 여러 요소들 간에 균형과 조화를 이루지 못했기 때문이라 할 수 있다. 이러한 것들이 목표 달성에 대한 팀원의 공감대 형성 부족으로 나타난 것이다. 이런 현상의 근본은 팀장의 커뮤니케이션 능력, 리더십의 부족 때문이라고 할 수 있다. 따라서 목표관리 성공은 팀을 이끌어가는 팀장의 총체적 능력에 달려있다고 볼 수 있다. 어느 한 가지만 잘 해서는 어렵다. 이점에서 바로 팀장의 리더십이 목표관리 성공과 직결되는 것이다.

4. BSC가 뭐야?

최근 경영혁신의 도구로서 BSC(균형성과관리, Balanced Score Card)가 관심을 끌고 있다. 경영관리 기법도 유행을 타는 것 같다. 기업들은 90년대부터 BPR(내부 프로세스혁신, Business Process Reengineering), ERP(전사적 자원관리, Enterprise Resource Planning), CRM(고객관계관리, Customer Relations Management), 식스 시그마(Six Sigma) 등을 앞다투어 도입하였다. 그런데 2000년대 들어서는 BSC(균형성과관리, Balanced Score Card)가 유행을 타고 있고, 최근에는 블루오션(Blue Ocean)이 각광을 받고 있다. BSC는 1992년에 최초로 소개된 성과관리 기법으로서. 하버드 경영대학원의 노튼(Norton)과 케플란(Keplan)이 제안한 모델이다. 과거의 목표관리(MBO)가 재무지표 중심의 성과관리였던 점을 극복하는 차원에서 제시된 모델이라 볼 수 있다. BSC는 4가지 관점─재무 관점, 고객 관점, 비즈니스 프로세스 관점, 학습과 성장 관점─에서의 균형적인 성과지표 관리를 제시한다. 그간 재무지표 중심의 성과관리는 단기 실적에 치우치고 결과와 외형상의 성과만을 강조하는 성향이었다. 이에 비해 BSC는 외부 고객과 내부 고객의 공동 만족, 내부의 프로세스 개선이라는 관점을 추가하여 통합적이면서도 균형 잡힌 성과 관리를 지향하고 있다.

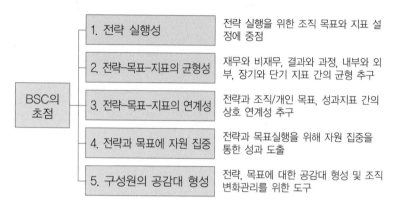

BSC의 초점	1. 전략 실행성	전략 실행을 위한 조직 목표와 지표 설정에 중점
	2. 전략–목표–지표의 균형성	재무와 비재무, 결과와 과정, 내부와 외부, 장기와 단기 지표 간의 균형 추구
	3. 전략–목표–지표의 연계성	전략과 조직/개인 목표, 성과지표 간의 상호 연계성 추구
	4. 전략과 목표에 자원 집중	전략과 목표실행을 위해 자원 집중을 통한 성과 도출
	5. 구성원의 공감대 형성	전략, 목표에 대한 공감대 형성 및 조직 변화관리를 위한 도구

〈표 1 - 2〉 균형성과관리(BSC)의 특징

▌균형성과관리((BSC, Balanced Score Card) : 네 가지 관점을 통한 균형과 조화

최근 들어 우리 나라에서 BSC가 붐을 타는 것은 정부혁신과 연계되어 있다고 할 수 있다. 대기업들은 이미 한 단계 나아간 목표관리로서 BSC를 실시하여 왔다. 그러던 중 BSC가 정부혁신과 아울러 공공부문으로 옮아 간 것이다. 최근 몇 년간 여러 중앙부처와 지자체, 공기업들은 조직 목표 설정 및 달성도 평가, 팀제 및 성과급 도입, 고위공직자의 직무계약제 등을 BSC와 연계하여 추진하고 있다. 현재 공공기관들은 먼저 전사적 차원에서 BSC를 추진하고 있다. 그리고 이러한 성과관리를 국, 실, 과 등 단위 조직 차원으로 파급하여 전사 차원과 일관된 전략방향으로 추진하려 한다. 나아가 핵심성과요소(CSF, Critical Success Factor) 및 핵심성과지표(KPI, Key Performance Indicator)를 통한 객관적 성과 측정과 평가, 보상으로 이어지게끔 하고 있다. 이러한 차원에서의 성과관리 정착 정도는 기관의 혁신평가

에 주요 지표로 작용하고 있다. 이처럼 공공부문이 성과에 관심을 갖고 이를 통해 조직 변화와 혁신을 이루려는 점은 긍정적이라 할 것이다.

기업과 공공기관의 공통점과 차이점

균형성과관리는 기업이나 공공기관 모두에 적용될 수 있다. 기업은 영리 목적을 위해 활동하는 조직이다. 따라서 기업에는 매출, 경상이익 등의 재무 지표가 그 기업의 종합적 성과로 나타난다. 그리고 이런 재무 지표에 근거하여 기업의 내재 가치가 평가되면 주식시장에서 이에 근거한 주가변동이 일어난다. 그러나, 최근에 올수록 기업은 주주 이익이나 단기적인 재무 실적만을 내세우기 보다 중장기적 차원의 이익과 존속 및 이해관계자 모두에 대한 배려를 해야 하는 시점에 와있다. 주주 이외에 고객, 종업원, 노조, 협력업체, 채권자, 정부, 지역사회, 사회단체 등을 복합적으로 고려하지 않으면 안될 형편이다. 그래서 기업의 성과도 재무 지표 외에 다른 측면의 성과 지표를 복합적이면서도 균형적으로 함께 고려하게 되는 것이다.

균형 관점 면에서 기업과 공공기관 간에는 유사한 공통점도 있지만 차이점도 있다. 미국이나 영국 및 싱가폴 정부 등은 성과관리 제도를 법 차원에서 규정하여 공공부문 전반에 걸쳐 시행하고 있다. 공공부문은 기업보다 이해관계자 간의 이해 균형이라는 공공성을 추구한다. 공공부문은 영리성 보다는 비영리성을 우선하여 복합적인 측면에서의 정책 과제와 목표들을 고려해야 한다. 물론 영리성(수익성)과 비영리성(공공성)이 칼과 같이 쉽게 양분되지 않는 경우도 많다. 기업도 수익성을 주로 하지만 공공성도 고려해야 하는 입장이고, 공공부문은 공공성을 주된 목적으로 하지만 때로는 수익성도 고려해야 하는 입장이다. 공기업과 같이 수익성과 공공성 모두를 고려해야 하는 조직도 있다.

기업에서의 네 가지 관점은 공공부문에 그대로 적용될 수도 있지만 약간은 변용되어 표현된다. 자원, 이해관계자, 임무수행, 혁신, 학습과 성장 관점의 다섯 가지 관점으로 대치되어 적용된다. 공공부문의 경우 재무 관점은 자원 관점— 예산 집행의 효율성—의 지표로 측정될 수 있을 것이다. 그리고 고객 관점은 이해관계자 관점으로 나타난다. 내부 프로세스 관점은 임무수행과 혁신 관점으로 볼 수 있다. 그리고 학습과 성장 관점은 기업과 동일하게 학습과 성장 관점의 지표를 적용할 수 있을 것이다.

BSC와 MBO의 차이

BSC(균형성과관리, Balanced Score Card)와 MBO(목표관리, Management By Objective)는 여러 측면에서 다른 특징을 보이고 있다. MBO는 오랜 역사를 지니고 있다. 1960년대부터 선진기업들에서 효과적 경영관리 일환으로 제시되어 왔다. 반면에 BSC는 전통적 목표관리인 MBO가 가지는 약점을 극복하기 위해 제시되었다고 보아야 할 것이다. BSC는 경영관리 툴로서 제시된 것 중 가장 뛰어난 것 중의 하나라는 평가를 받고 있다. 민간기업의 성과관리에서 시작되었지만 공공부문으로 확산되었다. 선진국 정부의 운영 효율성 평가에 주요한 도구로서 사용되고 있지만, BSC 도입의 역사는 짧다고 할 수 있다.

목표 설정 대상

BSC는 조직 차원에서의 목표관리를 중심으로 한다. 물론 개인 차원의 목표관리까지 적용되기도 하지만, 조직의 목표 설정과 성과 측정, 평가에 중점을 둔다. 먼저 전체 조직 차원에서의 적절한 전략 설정을 중시한다. 그리고 이를 위한 핵심 목표 및 성과지표 설정, 시스템 구축을 통한 프로세스 수행에 초점을 둔다. 반면 MBO는 개인 차원의 목표관리에서 시작된 만큼 개인 차원의 목표 설정과 관리에 중점을 둔다.

목표 설정 대상 업무를 놓고 보면 BSC는 핵심 업무에 대해서 목표 설정을 한다. 전략을 실행하는 데 요구되는 핵심 업무가 무엇이냐에 초점을 맞춘다. 그리고 그 업무만을 목표 항목으로 설정한다. 이것이 바로 핵심성공요인(CSF, Critical Success Factor)으로 정의된다. 그리고 나서 그 업무가 잘 되었는지 여부를 측정할 지표로서 핵심성과지표(KPI, Key Performance Indicator)를 설정한다. 그리고 나서 핵심성과지표를 해당 기간 동안 어느 수준으로 달성할 것인지 목표치를 정한다. 반면에 MBO는 일상 업무 전체에 대해서 목표 설정을 한다고 봐야 한다. 조직의 수행 업무 중에서도 BSC는 핵심 업무만 관리 대상으로 하는 반면, MBO는 핵심, 비핵심 업무 모두를 관리 대상으로 한다. BSC에 있어서는 일상적으로 반복되는 보조적 지원 역할을 하는 조직이나 개인의 업무 및 성과가 CSF나 KPI에 포함되지 않는 경우가 많다. 그러나 MBO에서는 이러한 업무나 성과 모두를 목표 항목에 포함하여 관리한다.

목표 설정 방식

BSC는 하향적(Top Down) 측면이 강하다. 전사적 차원에서 하위 조직으로 전략과 목표가 일관되게 이어져 내려가는 것을 중요시한다. 그래서 전사적 차원에서의 전략과 목표 설정이 우선적으로 이루어진다. 그리고 나서 하위조직에서의 목표 설정은 상위 조직과의 연계성에 따라 하향적으로 주어지는 경우가 일반적이다. 이는 BSC가

전략과 목표 설정에서 하부 조직 단위로 내려가는 일관성과 연계성을 중시하기 때문이다. 반면에 MBO는 개인 차원에서의 자율적 목표 설정과 실행, 피드백에서 출발한 만큼 목표 설정에 상향적(Bottom Up) 성격이 강하다. 물론 실무자 본인이 작성한 목표 항목과 수준이 그대로 목표로서 확정되는 것은 아니다. 상사와의 면담을 통한 합의적 결정이 상하간의 조정적 방식(Middle Up Down)으로 이루어진다. 그러나, 목표의 세부적 내용 설정을 어디에서 출발하느냐 하면 상사가 먼저 제시하는 것이 아니라 실무자가 먼저 제시한다는 점에서 상향적 방식이다.

관점 설정 및 초점의 차이

BSC는 목표 설정 시 네 가지 관점을 균형적으로 고려하라는 제약을 둔다. 목표 설정이 전사적 차원에서부터 시작되므로 매출이나 이익 등 재무 지표만으로 치우치지 않는다. 고객이나 내부 프로세스, 학습과 성장 요소를 고려하여 전체적 균형을 이룬다는 취지에서 4가지 관점이 골고루 고려된다. 이렇게 관점을 통한 목표 항목 규제는 하위 조직의 목표 설정 시 구속적인 성격으로 작용한다. 반면에 MBO에는 이러한 관점이라는 것이 없다. 실무자의 담당 업무에서부터 출발하여 목표를 설정해 가기 때문에 전사적 측면에서 고려되어야 할 관점 균형이라는 것이 별도로 고려될 필요가 없는 것이다.

BSC는 전사적 차원에서의 전략 실행에 초점을 두고 있다. 따라서, 적절한 전략 설정을 우선시한다. 그리고 도출된 전략을 수행하는 차원에서의 목표 설정에 중점을 둔다. 반면 MBO에 있어서는 전략 도출이 목표 설정의 전제 요건으로 분명하지 않다. 왜냐하면 개인 차원의 업무에서는 전략이라는 개념 도입 필요성이 크지 않기 때문이다. 물론 자신이 하는 업무 방향이나 내용을 바꾸어야 할 필요가 있을 경우 개인의 업무 수행 전략도 고려될 수 있을 것이다. 그러나 전략이란 조직 차원의 성격이 강한 것이며, 조직의 전략이 먼저 정해지면 그 조직 전략을 개인이 따라 간다는 성격으로 보아야 할 것이다.

조직 형편에 맞게끔 BSC와 기존의 관리 방식간 통합 필요

새로운 경영관리 도구가 나왔다고 해서 과거에 하던 것들을 폐지하고 새로운 것만으로 관리를 해보겠다고 하는 것은 썩 좋은 발상이 아니다. 우리가 도화지에 그림을 그리려 해도 이미 도화지에는 기존의 그림이 그려져 있는 상태이다. 조직경영에서 완전히 새로운 도화지에 그림을 그려야 하는 경우란 별로 없다. 새로운 기업을 창업한 시점이라면 그럴 수 있다. 이미 조직들은 나름대로 효율적인 관리를 하고자 어떤 기존의 방식들을 가지고 있다. 기존의 경영관리 기법이나 시스템이 도입되었을 때에는 나름대로의 필요성과 타당성이 있었을 것이다. 그런데 시간이 흐르면서 상황과 여건이 바뀌다 보니 과거의 방식들에 문제점과 약점이 점차 드러나게 된다. 하늘 아래 새로운 것이란 없다. 새롭다고 얘기하는 어떤 툴들도 다 과거에 했던 것들을 조금씩 변용하거나 어떤 요소들을 가감 변용한 것이다. 현명한 리더라면 새로운 것들이라고 말하는 것에 너무 현혹되지 말기를 바란다. 물론 새로운 툴들을 아예 무시하라는 얘기는 아니다. 그리고 그것들과 담을 쌓으라는 얘기도 아니다. 모든 새로운 것들은 그것이 나오게 된 필요성과 타당성이 있는 것이다.

새로운 경영관리 도구들을 도입하려면 돈과 시간이 든다. 그리고 그러한 방식이 우리 조직 문화에 잘 맞을 것인가도 고려해야 한다. 남이 한다고 다 따라 하는 것은 유행일 뿐이다. 유행의 단점이란 어느 정도 시간이 지나면 용두사미 격으로 사라져버린다는 점이다. 기존에 적용하고 있는 경영관리 도구들이 있다면 그것이 MBO이건, 식스시그마, ERP이건 이것들을 유지해가면서 기존 방식의 약점이나 문제점을 보완하는 식의 접근이 필요하다. 물론 BSC에는 네 가지의 균형 관점이나 핵심성공요소(CSF), 핵심성과지표(KPI) 등 도입해야 할 장점들이 있다. 그래서 바람직한 방향은 이러한 장점들을 기존의 방식에 잘 접목시키는 접근이 요구된다 할 것이다. 물론 기존 방식에 새로운 시스템을 접목시키려고 하다 보니 효율성이 떨어진다거나 누더기 시스템이 될 경우도 있다. 그렇다면 돈과 시간을 들여 새로운 것을 구축하는 것도 해볼 만 하다. 그러나 새로운 것이 더 좋은 성과를 내줄는지 미지수라 할 것이다. 그래서 경영관리에는 장점만 있는 100점짜리 도구란 없다고 해야 할 것이다.

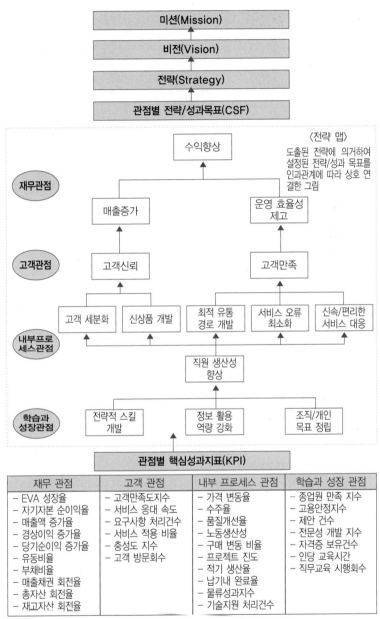

미션(Mission)

비전(Vision)

전략(Strategy)

관점별 전략/성과목표(CSF)

〈전략 맵〉
도출된 전략에 의거하여 설정된 전략/성과 목표를 인과관계에 따라 상호 연결한 그림

재무관점
수익향상
매출증가
운영 효율성 제고

고객관점
고객신뢰
고객만족

내부프로세스관점
고객 세분화 │ 신상품 개발 │ 최적 유통 경로 개발 │ 서비스 오류 최소화 │ 신속/편리한 서비스 대응
직원 생산성 향상

학습과 성장관점
전략적 스킬 개발 │ 정보 활용 역량 강화 │ 조직/개인 목표 정립

관점별 핵심성과지표(KPI)

재무 관점	고객 관점	내부 프로세스 관점	학습과 성장 관점
- EVA 성장율 - 자기자본 순이익율 - 매출액 증가율 - 경상이익 증가율 - 당기순이익 증가율 - 유동비율 - 부채비율 - 매출채권 회전율 - 총자산 회전율 - 재고자산 회전율	- 고객만족도지수 - 서비스 응대 속도 - 요구사항 처리건수 - 서비스 적용 비율 - 충성도 지수 - 고객 방문회수	- 가격 변동율 - 수주율 - 품질개선율 - 노동생산성 - 구매 변동 비율 - 프로젝트 진도 - 적기 생산율 - 납기내 완료율 - 물류성과지수 - 기술지원 처리건수	- 종업원 만족 지수 - 고용안정지수 - 제안 건수 - 전문성 개발 지수 - 자격증 보유건수 - 인당 교육시간 - 직무교육 시행회수

자료 : 'BSC 기반의 공공부문의 전략적 성과관리 도입 실무', 한국생산성본부, 2006.1.20

〈표 1 - 3〉 기업의 BSC 사례

관 점	비중(%)	전략목표개수	성과목표개수	성과지표개수	비 고
이해관계자	30				〈관점의 조정〉
임무수행	20				• 재무관점 –〉 자원 관점
업무혁신	20	22	35	53	• 고객관점 –〉 이해관계자 관점
학습과 성장	15	(전사 기준)	(전사 기준)	(전사 기준)	• 내부 프로세스 관점 –〉 임무수행, 업무혁신 관점
자 원	15				• 학습과 성장 관점 –〉 학습과 성장 관점 〈지표 개수〉總 504개 • 局課 系列 –〉 162개 • 署別 –〉 289개

관점	전략목표	성과목표(CSF)	성과지표(KPI)	지표측정방법
이 해 관계자	만족도 제고	민원서비스 만족도 제고	민원서비스만족도	(국조실평가점수 + 자체설문조사점수)/2
		기관행정 만족도 제고	기관행정 만족도	(국조실평가점수 + 자체설문조사점수)/2
		기관청렴도 제고	기관청렴도	(부패방지위원회 청렴도 측정결과 + 자체 청렴도 측정 결과)/2
	민생안정	바다가족 민생안정감 제고	해양 민생안정 지수	(민생범죄 증감지수 + 민생범죄 검거지수)/2
	신속한 대응	대응시간 단축	민원 처리기간 단축율	(법정 민원처리일수 – 실제 민원처리일수)/ 법정민원 처리일수 누계×100
			해양사고 대응시간	평균대응시간 = 총 대응시간/총 사고건수
	바다가치 증진	해양환경보호	해양환경 보호지수	(예방+방재지수)×0.8+(국민만족도)×0.2
		수산자원 보호	불법어업자 감소율	(불법어업자수×10,000)/총 어업인구
			불법어업 감소 만족도	설문조사
		경제적 가치증진	경제가치 환산 지수	(경제가치/총 집행 예산)×100
	인권보호	피의자 및 참고인 인권침해 방지	인권 침해 피해신고 감소율	(전년 인권 침해 신고율 – 금년 신고율/전년 신고율)×100
			인권보호 만족도	설문조사 (피의자, 참고인)
	친해양 문화조성	해양이용도 제고	인구10만명당 수상 레져 조종면허 보유수	(총 면허취득자×100,000)/전체 인구
임 무 수 행	해상경비강화	경비활동 강화	관할해역 경비시간 증가율	(금년 경비시간–전년 경비시간)/ 전년 경비시간×100
			불법조업 외국어선 검거율	(검거척수/EEZ 총 허가 척수)×100
	해상안전도 제고	해양사고 방지	해양사고 발생율	(해양사고 발생척수/총 선박척수)×100
			수상 레져기구 100 대당 안전사고 발생율	레져 기구 1000대당 사고발생 건수 = (총 사고건수×100)/총 등록 레져기구
		해양사고 구조율 제고	해양사고 인명구조율	(해양경찰 인명구조자수/ 해양사고 발생인원)×100
			해양사고 선박구조율	(해양경찰 구조척수/ 해양사고 발생척수)×100
	치안질서확립	해상범죄 단속강화	해상범죄 검거율	(검거건수/발생건수)×100

※ 자료 : '해양경찰청 BSC 시스템 구축 사례', 해양경찰청, 2006. 1.20

〈표 1 – 4〉 공공기관의 BSC 사례 – 해양경찰청

5. 성과 혁신에 성공하려면?

 김 차장은 팀장으로 근무하는 영업1팀의 올해 영업 목표치가 430억원으로 정해졌다는 통보를 받았다. 전년도 영업 실적 대비 10.5% 상승한 수치였다. 회사 전체적으로 매출 목표가 5,200억원이니, 영업1팀은 전사 매출의 8.3%를 담당하는 셈이다. "매출목표가 왜 430억원에 10.5% 상승율로 정해졌는지?"에 대해서는 지난번 심사평가회의에서 수 차례 설명 들었다. 그런데 올해 여러 가지 전망을 고려해 볼 때 10.5% 성장은 어려워 보인다. 이 목표치를 가지고 영업팀원에게 개인 목표치를 배분해야 된다. 어떤 식으로 목표치를 배분해야 하나? 그리고 그 근거를 어떻게 팀원들에게 설득할 것인가? 이것이 김차장의 고민이다. 결국 김 차장은 팀 목표에 대한 팀원들의 공감대를 형성하는 것이 먼저라는 결론을 내렸다.

목적에 대한 공감대가 형성되어야

 조직의 중간 허리에서 CEO와 일선실무자를 연결시키는 역할을 하는 팀장들은 김 차장처럼 목표 달성에 대한 부담감을 가지게 된다. 팀을 끌어가는 팀장이 된다는 것은 쉬운 일이 아니다. 나아가 팀원 전체를 한 마음으로 묶어내면서 공동 목표를 향해 한 방향으로 나가게 한다는 것은 더욱 쉬운 일이 아니다. 우리 팀이 하는 일은 올바른 일인가? 쓸데 없는 일을 하고 있지는 않은가? 팀원 간에 상호 협력적으로 수행되어야 할 일이 제각기 다른 방향으로 가고 있지 않은가? 이런 점을 놓고 질문해 보면 긍정적인 답만 나오는 것은 아닐 것이다. 그렇지 못한 점은 우리 팀 내에서 쉽게 발견될 수 있을 것이다.

학생들이 공부를 하는데도 "내가 왜 이 공부를 하는가?"에 대한 목적의식이 뚜렷할수록 학업 성취도가 높다고 한다. 주부가 집안 청소, 설거지, 빨래 등의 반복적 일을 되풀이 할지라도 그 일을 하는 의미와 가치가 분명하다면 일의 성과는 높아진다. 인간이란 의미를 찾는 존재이다. 아무리 똑같은 일을 반복하는 기계적 노동을 할지라도 "내가 하는 일이 의미 있고 가치 있다!"라는 생각이 확고하다면 그 일을 더욱 열심히 할 수 있다. 목적이 있기 때문에 더 잘 하려는 의욕이 생기고 그러한 의욕은 자기 계발을 부추킨다. 이처럼 좋은 성과를 내려면 "왜 이 일을 해야 하는가?"라는 질문에 대해 자신이 스스로 답할 수 있어야 한다.

팀에 있어서도 마찬가지이다. 어느 팀이 역동적으로 움직이려면 팀원들에게 무엇인가를 이루려는 활력이 있어야 한다. 팀원들이 활기차게 움직이는 것은 그 팀이 추구하는 목적이 있기 때문이다. 그런데 팀의 목적이 분명하지 않으면 팀원 중 일부만이 열심히 일하는 현상이 생긴다. 이는 팀원 개개인에게 까지 팀이 추구하는 목적의식이 파급되지 않았기 때문이다. 이처럼 팀은 목적에 대한 공감대 의식을 만들지 못하면 좋은 성과를 창출해 내기 어렵다.

팀에 있어서 목적의식은 팀이 추구하는 가치로 연결된다. 이는 바로 팀의 사명 및 비전으로 나타난다. 사명은 팀이 존재하는 이유, 그리고 팀원이 해야 할 일의 근본 가치를 나타낸다. 비전은 팀의 바람직한 미래 청사진이다. 사명이나 비전은 팀이 추구하는 중장기적 방향이라고 할 수 있다. 이것이 분명해야만 바람직한 전략이 나온다. 전략은 중장기적인 사명과 비전을 "오늘의 환경에서 어떻게(How) 이룰 것이냐?"는 질문에 대한 답변이다. 전략이 제대로 되어야만 올바른 일을 정할 수 있다. 해야 할 일과 하지 말아야 할 일 간에 구분이 가능해진다. 먼저 할 일과 나중에 해도 될 일의 구분도 이루어진다. 이렇게 올바른 방향에 근거한 전략이 주어져야만 제대로 된 목표가 도출될 수 있다. 적절한 전략을 설정하는 데에는 제반 고려가 이루어져야 할 것이다.

적절한 목표가 있어야

목표를 가지는 개인과 그렇지 않은 개인 간에는 성과 창출에서 분명한 차이가 난다. 입시를 준비하는 학생들에게 있어서도 시험에서 이루려는 점수나 석차 등의 목표가 분명할수록 그 목표를 달성할 확률은 높아진다. 이는 팀 차원에서도 마찬가지이다. 어느 팀이 일정 기간 동안 이루려는 분명한 목표가 있을 경우 그 팀은 그 수준의 목표 달성을 위해 팀의 모든 역량을 동원하게 된다. 그러나, 팀장이 일방적으로 결정하여 하달시키는 형태의 목표라면 팀원들의 목표 달성에 대한 적극성은 약화된다. 목표 설정의 프로세스나 항목, 수준치에 대해서는 팀원들의 공감대가 따라야 한다. 이런 점에서 목표 설정에 대한 참여를 도모하고, 설정된 목표치를 팀원들에게 지속적으로 커뮤니케이션하는 노력이 요구된다.

전체 조직을 한 방향으로 정렬해야

어느 CEO가 올해의 업무 목표를 시장 점유율 향상으로 잡고 그를 위해 제품 품질 개선과 영업력 강화를 전사적 핵심목표(CSF, Critical Success Factor)로 삼았다. 그러자 생산공장은 기존 제품의 품질 개선 및 불량율 감소에 대한 목표설정을 한다. 그리고 이 목표대로 공장이 운영되는지 지속적으로 점검한다. 이어서 공장 내의 생산팀은 특정 제품의 불량율 목표를 현재의 0.1%에서 0.05% 수준으로 언제까지 개선시킨다는 목표 설정을 한다. 개별 팀원은 각자의 수행 업무에서 불량율 감소에 대한 구체적인 목표를 설정하고 이를 달성하도록 업무를 수행한다. 그리고 영업팀에서는 매출 및 이익, 영업사원 1인당 매출 등의 구체적 목표치를 얼마로 설정하고 열심히 발로 뛴다. 이것이 전사적으로 공감되는 성과관리가 실시되는 모습이다. 공공부문도 마찬가지이다. 어느 공공기관의 올해 업무 목표가 주민민원 해소일 경우, 실제 민원이 많이 발생하는 일선 00행정 팀에서 민원 발생을 줄이는 목표설정이 구체적으로 제시된다. 만약 그렇게 되지 못한다면 00기관은 위아래가 따로 노는 조직이라고 아니할 수 없을 것이다.

이런 차원으로 까지 전사적 공감대가 유지되려면 전략, 목표, 지표 간에 일관성과 연계성이 확보되어야 한다. 전사 → 부문 → 팀 → 팀원에 이르기 까지 목표와 지표 설정, 실행 의식이 공유되어야 한다. 전략과 목표에 대한 팀원들의 인식 수준을 높이기 위해서는 끊임없는 상하간 커뮤니케이션이 이루어져야 한다. 일반적으로 회사의 전략이 무엇인지를 알고 있는 팀원은 전체의 5% 미만에 불과하다는 사실은 커뮤니케이션이 성과관리에 차지하는 중요성을 잘 말해준다. 효과적인 커뮤니케이션을 위해서는 전사적 조직이나 팀 조직의 전략이나 목표를 슬로건화 시키는 것이 바람직하다.

역량 수준이 충족되어야

목표를 달성하기 위해서는 목표 달성 주체에게 적절한 역량이 있어야 한다. 아무리 좋은 목표라도 그 목표를 달성할 사람들이 필요한 역량을 가지지 못한다면 좋은 결과를 내기 어렵다. 역량이란 팀원이 주어진 직무에서 달성하고자 하는 목표를 이루는 데 필요한 구체적 능력을 말한다. 역량은 구체적이고 현실적이어야 한다. 그리고 계발에 의해서 향상될 수 있어야 한다. 이를 위해 개인 차원에서는 계속적인 역량 계발이 요구된다. 역량 개발을 위해서는 직무교육과 꾸준한 훈련이 필요하다.

적절한 동기부여가 되어야

좋은 성과를 내기 위해서는 달성 주체에게 주어지는 적절한 당근이 필요하다. 이와 함께 적절한 채찍도 필요하다. 당근은 성과에 따른 보상이다. 보상에는 다양한 형태가 있을 수 있다. 물질적 보상에는 임금, 성과급, 상여금, 연봉 인상 등의 급여 형태와 주식 제공, 복리후생, 휴가, 근무 조건 개선 등의 비급여 형태가 있다. 이 외에 승진, 연수, 포상, 칭찬, 인정 등의 비물질적 보상도 있다. 어떠한 형태의 보상이 최적인지는 상황에 따라 다르다고 할 것이다. 일정한 수준의 성과를 내지 못했을 경우에는 불이익을 주는 채찍 형태의 부정적 보상도 있다. 물질적 보상이건 부정적 보상이건, 보상은 동기 부여에 필요하다. 보상의 대상에는 조직(본부, 부문, 팀) 차원과 팀원 개인 차원이 함께 고려되는 것이 필요하다. 개인 차원의 보상만 주어진다면 조직원으로서 타 팀원들과 상호 협력하는 정신이 약화될 수 있다. 팀원으로서의 팀 성과도 향상시키면서 팀원 개인 성과가 향상되도록 유도하는 것이 바람직하다.

공감대를 창출하는 리더십이 있어야

아무리 좋은 전략과 목표를 제시한들 그것이 팀원들의 마음에 파고 들어가지 않을 경우 그것은 종이작업에 불과할 것이다. 또한 아무리 바람직한 정책을 제시한다 할지라도 그 정책을 실행할 팀원들이 필요성과 타당성에 대해 공감하지 못한다면 그 정책 또한 휴지 조각으로 되고 말 것이다. 공감대가 형성되지 못하는 정책이나 목표는 그야말로 구호에 불과하다. 팀 구성원을 한마음으로 묶어 내는 것이야 말로 탁월한 팀장의 핵심 역량이라 할 것이다. 좋은 팀장은 팀원의 마음을 읽을 수 있어야 한다. 일방적인 목표가 아니라 팀원들의 마음과 의지를 묶어내는 목표를 만드느냐 하는 것이 관건이라고 할 수 있다.

좋은 팀장은 팀이 나아갈 방향 설정 만을 잘 해주어도 자기 역할을 하는 것이다. 팀장이 팀 전체적 안목에서 나가야 할 방향을 잘 제시해 주는 것이 우선이다. 그러나, 팀장이 나서서 팀원의 개인 업무 목표까지 이래라 저래라 직접 정해주는 것은 바람직하지 않다. 팀원의 업무 목표는 1차적으로 팀원이 제시하도록 해야 한다. 그리고 그것을 가지고 면담하면서 합의안을 만들어내도록 해야 한다. 리더는 일을 시키는 쪽이지 자신이 직접 나서서 일을 하는 쪽이 아니다. 팀장은 팀원들이 적극적인 마음을 가지고 참여하도록 분위기를 잘 조성하는 역할을 하는 것이다. 어차피 실무적인 일은 팀장이 하는 것이 아니라 팀원이 하는 것이다. 중요한 것은 팀원들이 목표의식과 자발적인 마음을 가지고 어떻게 하면 열심히 하도록 하느냐이다. 팀장은 1차적으로 동기부여자가 되어야 한다. 그것이 팀장 리더십의 핵심이다.

제 2 부

성과 혁신의 프로세스

6. 성공하는 조직의 5대 요소

우리는 무슨 일을 하려 할 때 다음과 같은 사고를 한다. 먼저 하려는 일의 목적을 생각한다. "내가 왜(Why) 이 일을 하려는 거지?"라고 묻는다. 이것이 일의 목적을 명확히 하는 과정이다. 그리고 나서 "지금 상황에서 그 목적을 어떻게(How) 이루지?"를 생각한다. 일의 수단과 방법을 생각하는 것이다. 그리고 나면 마지막으로 구체적으로 해야 할 일의 세부 내용을 생각하게 된다. 무엇을(What), 누가(Who), 언제(When), 어디에서(Where), 얼마나(How much)의 질문을 하고 이에 대한 답을 얻는 사고를 하게 된다. 이처럼 우리가 어떤 일을 하려 할 때는 5W 2H의 질문을 하게 된다. 5W 2H의 질문에 구체적으로 답변하는 과정을 통하여 해야 할 일을 구체적으로 정의하게 된다. 사명과 비전이 왜(Why)라는 질문에 대한 답이라면, 전략은 어떻게(How)라는 질문에 대한 답을 제시해준다. 목표는 무엇을(What), 누가(Who), 언제(When), 어디에서(Where), 얼마나(How much)의 질문에 대한 답을 제시해 준다고 할 것이다.

성공하는 조직의 5대 요소 - 사명, 비전, 전략, 조직목표, 개인목표

어느 조직이고 좋은 성과를 내려면 조직원들의 머리 속에 5가지 요소가 갖추어져야 한다. 그 다섯 가지는 ①사명 ②비전 ③전략 ④조직목표 ⑤개인목표이다. 이 다섯 가지는 함께 가야 한다. 서로가 상호보완적인 기능을 하기 때문에 어느 하나라도 빠지면 좋은 성과를 내는데 문제가 생길 수 있다. 사명과 비전, 전략은 목적을 구성하는 요소들이다. 반면 조직 목표와 개인 목표는 쌍을 이루며 목표를 구성한다. 목적과 목표는 서로 보완적 역할을 한다. 목표는 목적을 이루는 수단으로 작용한다. 따라서 목적이 좋아야 좋은 목표가 나오고, 좋은 목표가 만들어져야 목적을 이룰 수 있다. 나아가 조직의 목표가 분명해야 개인의 목표도 분명해질 수 있다. 개인의 목표가 달성되어야 조직의 목표가 달성되는 것이다. 이 다섯 가지 요소는 이와 이빨처럼 서로 맞물리게 되어 있다.

사명과 비전 설정

조직을 끌어가는 리더는 근본 질문을 던질 필요가 있다. 이 질문이란 "우리 조직은 무엇 때문에 존재하는가?" "우리가 해야 할 당연하고도 필수적인 과업은 무엇인가?"이다. 이에 대한 답변은 궁극적으로 우리 조직이 존재하는 이유, 우리가 해야 할 바람직한 역할과 기능을 말해주는 것이다. 이것이 우리 조직의 사명(Mission)이다. 사명은 조직원에게 도덕적 호소를 하는 역할을 한다. 인간은 의미 있는 일을 할 때 더 열심히 일하게 되기 때문이다. "우리가 이런 일을 하는 것은 단지 봉급이라는 보수를 받기 때문에 하는 것이 아니라, 가치와 의미 있는 일이기 때문이다."라는 생각을 가질 때 그 일을 더 잘 할 수 있다. 기업은 시장의 고객들에게 특정한 상품과 서비스를 공급하여 고객만족을 이룸과 동시에 이윤을 실현하는 것이 일반적 사명이라고 할 수 있다. 공공부문의 경우 정부나 지자체, 공기업도 고객들에게 특정한 공공재화나 서비스를 제공하는 점은 기업과 비슷하다 할 것이다. 그러나 공공부문에는 영리성 외에 비영리성, 공공성을 추구해야 한다는 것이 독특한 사명이라고 할 수 있다.

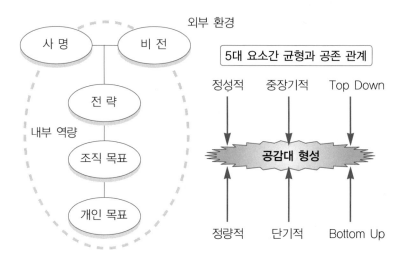

〈표 2 – 1〉 성공하는 조직의 5대 요소

사명이 구성원에게 이성적으로 호소하는 역할을 한다면, 비전은 조직원에게 감성적으로 호소하는 역할을 한다. 비전은 우리 조직의 바람직한 미래 모습이다. "우리가 이러한 일들을 잘 해내면 우리 조직의 미래 모습은 이렇게 된다'"는 청사진을 보여주는 것이다. 비전은 조직원들에게 감동과 희망을 불어넣는 역할을 한다. "아! 우리 조직의 미래 청사진이 저렇구나! 나도 이 비전에 동참해야지"하는 마음을 심어준다. 그리하여 조직원들에게 참여와 헌신을 이끌어낸다. 비전을 통해 조직원들은 감성적으로 하나로 묶여지게 된다. 비전에는 중장기적인 시점에서 우리 조직의 변화된 모습을 보여주고, 그런 모습에 이르기 위한 중장기적인 목표와 함께 그 비전이 달성됨으로 구성원들이 얻게 될 혜택들이 나타나야 한다.

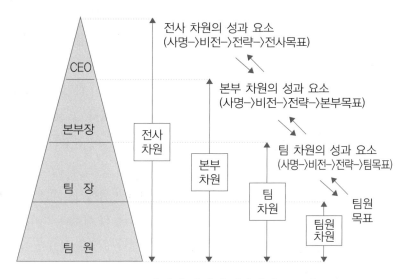

〈표 2 - 2〉 조직 상하 단계별 성과관리 프로세스

전략 설정

전략이란 우리 조직이 나가야 할 방향을 가르킨다. 조직의 자원을 특정 방향을 향해 정렬시키는 역할을 하는 것이 전략이다. 현재 우리 조직의 인적, 물적 자원을 어떻게 활용하여 어떤 결과물을 내야 하는가를 제시해준다. 따라서 전략은 사명과 비전을 지금의 조직 환경 및 여건 하에서 어떻게(How) 달성할 것인가를 보여주는 것이다. 리더는 현재의 한정된 자원을 가지고 어떤 방향으로 자원을 써야만 최대 성과를 올릴 수 있는지를 제시해야 한다. 전략을 올바르게 설정하는 것이야말로 성과 혁신과 직결된다고 할 것이다.

공공부문에서는 전략을 정책과제로 표현하기도 한다. 기업의 전략이나 공공부문의 정책과제에는 여러 단계가 있다. 전사적 차원에서의 전략이나 정책과제가 있는 반면 본부, 부문, 팀 등 하위 조직 단계에서의 전략 및 정책 과제가 있다. 이렇게 조직 단계별로 제시되는 전략을 상호 인과관계에 따라 어느 전략이 달성되려면 수단으로서 어느 전략이 먼저 이루어져야 한다는 것을 연결한 도표를 전략지도 (Strategy Map)라고 부른다. 일반적으로 전략 설정에서는 조직을 둘러싼 외부 환경과 내부 역량 분석을 통해 조직이 나가야 할 방향을 제시한다. 그러나 조직이 특정한 전략을 설정했다고 해서 그 전략대로 조직이 움직여 가느냐는 별개의 문제이다. 조직원들이 공감하지 않는 전략, 그리고 조직원들이 실행을 위해 움직이지 않는 전략은 종이 조각에 불과할 수 있다. 결국 이런 문제를 방지하기 위해서는 전략 설정에서부터 조직원들의 참여가 요구된다. 조직원들의 생각과 의지가 반영된 전략을 만들어야 그 전략이 실행되고 전략에 맞춘 목표를 설정할 수 있을 것이다.

목표 설정

전략이 정해지면 그에 맞추어 전략을 달성할 목표들이 설정된다. 전략 달성을 위한 핵심 목표가 되는 것이 핵심성공요소(CSF, Critical Success Factor)이다. 그리고, 핵심성공요소의 달성 정도를 측정하는 지표가 핵심성과지표(KPI, Key Performance Indicator)이다. 조직은 매년 말에 즈음하여 차년도 목표를 설정한다. 회사 전체적으로는 기획 기능을 담당하는 팀에서 전사 차원의 전략과 목표를 설정하게 된다. 그리고 이 목표를 달성하기 위해 영업, 생산, 기술, 관리 등 하위조직 부문별로 달성해야 할 목표를 설정한다. 목표 설정 시 무슨 일을 누가, 언제, 어디서, 얼마만큼 한다는 세부 내용이 따른다.

핵심성과지표(KPI, Key Performance Indicator)는 전사 및 하위 조직에서의 성과가 어느 정도 달성되었는가를 측정하는 역할을 한다. 예를 들어 올해 어느 기업이 전사적 목표를 매출 증가로 정했다 하자. 그러면 매출 증가를 이루기 위한 구체적이고도 핵심적인 목표 항목을 무엇으로 할 것인가를 정해야 한다. A 상품이나 B 시장에 대한 매출을 핵심목표로 정할 경우 이것이 핵심성공요소(CSF)가 된다. 그리고 "매출증가의 측정치를 전년대비 증가율(%)로 한다"고 할 경우 증가율(%)이 핵심성과지표(KPI)가 된다. 다른 예로서 어느 지자체가 올해 목표로 주민서비스 만족도 개선을 정했다 하자. 그리고 청소담당 부서가 쓰레기 수거 부문의 서비스 만족도 개선을 핵심성공요소(CSF)로 정할 경우, 서비스 만족도를 나타내는 등급(S, A, B, C, D)이나 점수가 핵심성과지표(KPI)가 된다. 핵심성과지표는 정량적 지표와 정성적 지표로 나눌 수 있다. 정량적 지표는 금액이나 개수, 증가율, 구성비 등의 계수로서 나타난다. 반면에 정성적 지표는 특정한 양태를 나타내는 방법으로 등급이나 점수를 활용하는 것이 바람직하다. 목표설정이 전사적 차원에서 이루어지면 이에 맞추어 단위조직 별로 상위 조직의 목표와 연계된 하위조직의 목표를 설정해야 한다. 이처럼 전사, 부문, 팀 차원에서 전략과 목표 설정이 단계적으로 이루어진다.

목표 실행과 성과 측정

목표가 설정되고 난 후 실행이란 일상적으로 업무를 수행해 가는 것이다. 조직원들은 설정된 목표에 맞추어 구체적으로 일을 해간다. 그리고 일의 결과가 나올 때 마다 그 결과를 측정한다. 영업 활동을 하는 사람은 매출 및 이익 금액으로 결과치가 나올 것이다. 생산 활동에 참여하는 조직이나 사람은 생산물의 수량이나 규모로 성과가 측정될 것이다. 그리고 기획, 홍보, 인사, 노사, 총무, 전산, 구매, 자재, 품질 등의 관리부문에서 일하는 사람은 관리 업무의 결과물로서 특정한 성과가 나올 것이다. 성과물 측정을 언제, 어떻게, 얼마만큼의 빈도로 할 것인가는 일의 성격에 따라 다를 것이다. 그러한 내용은 이미 목표 설정 시 세부 내용으로서 반영되어 있어야 할 것이다.

조직원들은 목표에 따른 일을 하면서 결과치를 가지고 목표 대비 성과를 점검해가야 한다. 성과가 목표에 맞추어 동일하게 가는 경우가 제일 바람직하다. 그러나 성과치와 목표치 간에 괴리가 발생할 경우에는 그 원인을 찾아야 할 것이다. 목표 설정이 비현실적으로 된 것인가? 아니면 목표 달성을 이루려는 노력이 부족한 것인가를 찾아서 성과치가 목표치에 일치하도록 해야 할 것이다.

▌성과 평가
결과물에 대한 성과 측정이 이루어지면 목표 대비 달성도가 나올 것이다. 정량적인 업무라면 계수적인 지표 – 금액, 빈도, 증가율, 달성율, 점유율 등 – 으로 나올 것이다. 정성적인 업무일 경우 결과물의 내용을 보고 등급 내지 점수를 통한 평가가 이루어질 것이다. 이에 따라 평가 단계에 접어든다. 평가 방식으로서 절대평가를 할 경우 목표 대비 달성율에 근거하여 등급 또는 점수가 도출될 것이다. 만약 서열에 따라 등급을 배분하는 상대평가 방식을 적용한다면 상대 비교가 이루어지는 구성원 그룹을 점수 서열에 따라 일렬로 나열한다. 그리고 강제배분 비율 – 예를 들면 S그룹 10%, A그룹 20%, B그룹 40%, C그룹 20%, D그룹 10% – 로 배분하게 된다. 절대평가를 할 경우에는 등급 배분 기준이 사전에 공지되어야 할 것이다. 예를 들어 달성율이 130% 이상이면 S등급, 110% 이상~130% 미만의 경우 A등급, 90% 이상~110%미만의 경우 B 등급, 70% 이상~90% 미만의 경우 C 등급, 70% 미만의 경우 D등급으로 정해지는 내용이다. 그러면 자신의 달성율을 놓고 자신의 해당 등급을 본인 스스로 예상할 수 있을 것이다. 목표치를 이미 설정해 놓았고, 성과치를 지속적으로 관리해 간다면 성과치 / 목표치로서 달성율은 예측 가능한 것이다.

▌보상과 피드백

성과 측정과 평가가 이루어지고 나면 결과에 따른 적절한 보상이 주어져야 한다. 일을 잘한 조직이나 사람에게는 응분의 대가가 주어져야 한다는 점은 성과관리의 기본정신이다. 열심히 했는데 그에 대한 보상이 이루어지지 않을 경우 조직원들은 더 이상 열심히 하려는 의욕을 가질 수 없게 된다. 잘한 사람과 그렇지 못한 사람의 보상 간에 얼마간의 차등을 두어야 할 것인가는 정책적 차원의 결정 과제라 할 수 있다. 차등 폭의 정도, 보상의 내용, 보상 항목 구성 등은 다양하게 이루어질 수 있다. 성과에 상응하는 보상이 주어지는 시점은 성과관리 프로세스 상에서 피크와 같은 때라고 할 수 있다.

보상에 이어서 평가 결과는 차기의 전략 및 목표 설정에 고려 요소로 들어가야 한다. 성과를 놓고 차기의 성과 목표를 얼마로 할 것인지를 검토하는 것이 피드백이다. 피드백이 이루어져야 다음 기간의 프로세스가 더 원활히 돌아갈 수 있을 것이다. 이러한 프로세스는 물 흐르듯이 흘러가야 한다. 어느 한 군데에서 막히면 그 이전에 진행된 프로세스는 좋은 결과를 보지 못하게 된다. 막히는 곳이 어딘지 이곳을 잘 찾아내고 이곳이 막히지 않도록 잘 뚫는 것이 중요하다.

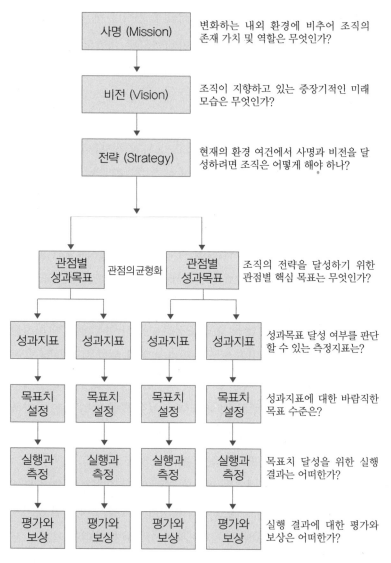

사명 (Mission)		변화하는 내외 환경에 비추어 조직의 존재 가치 및 역할은 무엇인가?
비전 (Vision)		조직이 지향하고 있는 중장기적인 미래 모습은 무엇인가?
전략 (Strategy)		현재의 환경 여건에서 사명과 비전을 달성하려면 조직은 어떻게 해야 하나?

관점별 성과목표　관점의균형화　관점별 성과목표　조직의 전략을 달성하기 위한 관점별 핵심 목표는 무엇인가?

성과지표　성과지표　성과지표　성과지표　성과목표 달성 여부를 판단할 수 있는 측정지표는?

목표치 설정　목표치 설정　목표치 설정　목표치 설정　성과지표에 대한 바람직한 목표 수준은?

실행과 측정　실행과 측정　실행과 측정　실행과 측정　목표치 달성을 위한 실행 결과는 어떠한가?

평가와 보상　평가와 보상　평가와 보상　평가와 보상　실행 결과에 대한 평가와 보상은 어떠한가?

자료 : 'BSC 기반의 공공부문의 전략적 성과관리 도입 실무' , 한국생산성본부, 2006. 1. 20

〈표 2 - 3〉 성과 혁신의 프로세스

7. 사명과 비전 세우기

당신이 기업의 특정 팀을 맡고 있는 팀장이라면 "우리의 상품이나 서비스가 목표한 매출이나 이익을 낼 수 있을까? 새롭게 시작한 내부 시스템 개선 작업이 얼마만한 성과를 낼 것인가? 신 제품을 언제 출시해야 할 것인가?" 과 같은 질문을 던질 것이다. 공공기관의 팀장이라면 "우리의 행정이 국민들을 얼마나 만족시키고 있는가? 시의적절한 정책을 언제 어떻게 제시해야 할 것인가?"를 놓고 고심할 것이다. 참여정부는 그간 정부혁신을 주요 과제로 내세우고 무사안일과 관행 타파에 노력해왔다. 방만한 조직 운영, 예산 낭비, 비효율과 부조리가 만연한 공공기관은 더 이상 국민 세금으로 유지시킬 의미가 없다 할 것이다.

기업이나 공공기관의 경영혁신은 중요하고도 시급한 과제라 아니할 수 없다. 그런데 위에서는 혁신하자고 부르짖지만 막상 일선의 팀원 내지 실무자들은 "너나 잘해!"라는 식으로 반응하고 있지 않은지 묻고 싶다. 그러한 혁신은 당연히 용두사미 격이 될 수 밖에 없을 것이다. 제대로 된 혁신을 하려면 무엇보다 먼저 "우리 조직이 하고 있는 일들이 올바른 일인가?"를 질문해 보아야 할 것이다. 그리고 나서

"해야 할 일이 올바른 일이라면, 어떻게 해야 올바르게 추진할 수 있을까?"를 생각해 보아야 한다. 당신이 운전자라면 모르는 길을 찾아갈 때 먼저 지도를 보고 적절한 길을 선택하는 단계부터 밟아 나가지 않겠는가? 초행길을 가는 운전자라면 가는 길이 올바른 길인지를 먼저 확인할 것이다. 그리고 나서 언제까지 도착하려면 얼마의 속도로 달릴 것인가를 생각할 것이다. 잘못된 길을 아무리 빠른 속도로 달린들 헛수고가 되고 말 것이다.

▌목적과 목표

목적이란 어느 조직이나 과업이 지향하는 장기적인 지향점을 나타낸다. 목적은 조직이 하는 일의 의미와 가치를 표현한다. 왜 그 일을 하는가에 대한 근거가 되는 셈이다. 따라서 목적에는 조직이나 과업의 존재 이유, 바람직한 기능과 역할, 추구하는 가치가 드러나야 한다. 목적은 "왜(Why) 이 일을 하느냐?"에 대한 대답을 제공해주어야 한다. 조직의 목적은 구체적으로 조직의 사명과 비전을 통해 드러난다. 이러한 목적은 조직의 정관이나 헌장을 통해 대외적으로 표출된다.

반면에 목표는 조직이나 과업이 이루려고 하는 구체적인 상태를 나타낸다. 목표는 목적의 수단이 되는 셈이다. 어떤 목적을 이루기 위해 어떤 일을 어느 정도로 해야 하는가가 목표인 셈이다. 목표는 무슨(What) 일을 할 것인가에 대한 대답으로서 분명해야 한다. 그래서 목적은 추상적이지만, 목표는 구체적이어야 한다. 그리고 목적에는 가치나 이념 등이 나타나지만, 목표에는 수치가 있어야 한다. 목적은 중장기적(3~5년 이상)인 반면에, 목표는 단기적(1년 내외)이다. 목적은 정성적인 성격이 강하지만, 목표는 정량적인 성격이 강하다.

효과성과 효율성

목적이 올바르지 않으면 목표도 올바른 것이 될 수 없다. 그래서 올바른 목표 설정 이전에 올바른 목적 세우기가 요청된다. 목적에 맞는 일을 올바르게 하는 것을 효과적(Effective)이라고 한다. 반면에 목표에 맞는 일을 올바르게 하는 것을 효율적(Efficient)이라고 한다. 조직은 일을 효과적이면서도 효율적으로 해야 한다. 즉 올바른 일을 올바르게 해야 한다. 이런 점에서 리더나 직장인들은 "하지 말아야 할 일을 하는 것은 아닌가?"를 생각하면서 목적지향적인 사고를 하여야 한다. 반면에 해야 할 올바른 일이라면 투입되는 자원 대비 결과로 나오는 성과물의 질적, 양적 수준을 높이는 효율성도 함께 생각해야 한다. 효율성이란 인력이나 장비, 예산 등의 투입요소를 작게 하면서 매출이나 이익, 고객만족, 신뢰성 등의 산출을 늘릴 것인가를 말한다. 조직이 추구하는 목적의식을 분명히 하는데 중요한 것은 먼저 조직의 사명과 비전을 명확히 하는 것이다. 이것이 효과성과 효율성으로 나아가는 첫걸음이다.

사명 세우기

사명(Mission)이란 조직의 존재 이유와 가치이다. 따라서, 조직이 수행해야 할 바람직한 사회적 기능과 역할, 의미를 말해준다. "왜 사명이 필요한가?" 하면 사명은 도덕적 차원에서 조직원을 한 방향으로 정렬시키는 역할을 하기 때문이다. 사람은 자기가 하는 일이 의미 있는 일이라는 가치 의식을 느낄 때 그 일을 더 열심히 할 수 있다. 내가 하는 일이 단순히 봉급 받기 위해 하는 일이라는 생각에 머무를 때 사람들은 그 일에 헌신하지 않는다. 석낭히 할 수 밖에 없다. 일의 가치와 의미가 분명히 인식될 때 사람들은 그 일에 몰입하고 헌신할 수 있게 된다.

사명선언문(Mission Statement)은 조직이나 개인의 사명을 간결하고 명쾌하게 기술한 내용이다. 실례를 들면 NASA의 어느 경비원은 "나는 사람이 달에 가는 것을 돕는다"는 내용으로 사명을 정의하였다. 출입자를 통제하는 반복적인 경비 일에 의미가 부여되는 것이다. 항공기 제작사 생산 직원은 "나는 아내와 아이들이 안심하고 탈 수 있는 비행기를 만든다"고 자신의 일의 가치를 표현하였다. 이런 의식이 머리 속에 각인된다면 어찌 적당히, 소홀히 자기 일을 처리할 수 있겠는가? 어느 경영정보팀장은 자기 팀을 "우리 팀은 회사 내 전 부서의 업무 수행에 필요한 경영정보시스템의 개발과 원활한 운영, 그리고 요구하는 경영 정보를 적시에 제공하기 위하여 적절한 시스템의 개발과 체계적인 운영을 수행함으로써 회사의 업무 성과에 기여한다"로 정의하였다. 어느 제약회사는 "우리 회사는 의사를 비롯한 의료인은 물론, 병을 앓고 있는 사람들, 그리고 우리 회사의 제품과 서비스를 사용하는 모든 사람들에게 신약 개발과 생산을 통해 그들의 어머니 마음으로 돕는다"라고 표현하였다. 이런 사명의식을 가진다면 조직 구성원들은 보다 헌신적으로 자기 일을 할 수 있을 것이다.

팀장은 팀원들로 하여금 "자기가 하는 일이 가치 있는 일이다."라는 의식을 갖도록 이끌어야 한다. "나는 의미 있는 일에 나의 시간과 노력을 쏟고 있다."는 의식이 모든 팀원들에게 스며들어야 한다. 그런 목적 하에서 팀장은 팀의 사명선언문을 만들 필요가 있다. 팀 사명선언문의 작성 방법은 아래 4가지 요소를 적절한 용어를 가지고 정의하면 된다. 용어는 너무 복잡하지 않게 몇 가지 단어만을 사용하는 것이 좋다. 첫째, "우리 팀의 고객은 누구인가?"를 물으면서 그 답변으로서 고객을 정의한다. 둘째, "고객의 핵심 요구 사항은 무엇인가?"를 물으면서 고객의 핵심 요구를 정의한다. 셋째, "우리 팀은 무엇을 수행함으로써 고객의 핵심 요구사항을 충족시킬 것인가?"를 질문하면서 우리 팀이 수행해야 할 역할을 정의한다. 넷째, "그 결과 우리 팀이 이루려는 최종 목적은 무엇인가?"를 질문하면서 팀의 최종 목적을 정의한다. 이렇게 정의된 네 가지 요소를 가지고 다음과 같은 문장을 만들면 팀의 사명선언문이 된다. "우리 ___팀은 (고객)___의 (핵심요구)___을(를) 하기 위하여 (수행해야 할 역할) ___을(를) 수행함으로써 (최종 목적) ___에 기여한다."이다. 사명선언문은 미려한 문장이라기 보다 팀원의 사명의식을 고취하는 내용으로 초점이 맞추어져야 한다.

비전 제시하기

비전이란 미래에 달성하고자 하는 모습을 뚜렷하게 정리한 것이다. 조직이 지향하는 매력적이고 감동적이며 믿을만한 미래상이다. 좋은 비전은 조직이 지향하는 높은 이상을 반영한다. 그리하여 조직이 나아갈 목적의식과 방향을 명확히 한다. 그리고 이를 통해 조직 구성원들에게 열정과 헌신적 참여를 고무하게 된다. 조직의 비전을 명문화한 것이 비전선언문(Vision Statement)이다. 비전선언문은 명확하게 표현되고 쉽게 이해되어야 한다. 예로서 연세의료원 세브란스 병원의 경우는 다음과 같은 비전선언문을 가지고 있다. "연세의료원은 첨단진료, 전문화, 의료기관간 유기적 관계구축을 통하여 양질의 진료를 제공하고 고객을 섬김으로써 가장 신뢰 받는 의료기관이 된다. 개척정신과 협동정신으로 새로운 연구영역을 창출하여 의학기술을 선도하는 연구기관이 되며, 다양하고 인간적인 교육으로 가장 배우고 싶어하는 교육기관이 된다. 알렌, 에비슨, 세브란스의 정신을 이어받아 의료소외지역에 의료와 복음을 전파하여 사랑을 실천하는 의료선교기관이 된다. 이를 위해 우리는 상호 존중하는 성숙한 인격과 책임의식을 갖춘 전문가가 되고, 진취성과 실천력을 겸비한 지도력을 발휘하여 열정과 창의가 살아 숨쉬는 연세의료원을 만들어 나아갈 것이다." 연세의료원은 이 비전을 병원 곳곳에 게시하여 병원 관계자 및 모든 환자와 가족들에게 보여줌으로써 비전을 전파하고 있다.

팀 조직도 팀의 비전을 명문화한 팀 비전선언문을 가질 필요가 있다. 이를 위해 고려해야 할 주요 포인트는 "팀의 바람직한 미래상이 명확하게 제시되었는가?" "미래의 달성 모습이 팀원들에게 감동을 주는가?" "팀의 핵심 가치에 호소하고 있는가?"이다. 팀 비전선언문(Vision Statement)을 작성하려면 다음의 세가지 요소를 개별적으로 문장화한 후 전체적으로 연결하면 된다. 첫째는 향후 바람직한 팀의 모습이다. 특정 시기에 변화된 팀의 모습을 제시한다. 둘째는 달라진 모습이 되기 위해 팀이 달성해야 할 중장기적 목표를 제시한다. 셋째는 이러한 바람직한 모습이 달성됨으로써 팀원들이 얻게 될 혜택과 바람직스러운 결과물이 무엇인지를 제시한다. 이 세 가지를 연결시킨 팀 비전선언문은 "___팀은 ___년에 ___한 모습으로 된다. 이를 위해 우리는 중장기적으로 ___분야에서 ___목표를 달성할 것이다. 그럼으로써 우리 팀은 ___결과를 얻게 되며 우리 팀원은 ___혜택을 얻게 될 것이다."와 같은 형태가 될 것이다. 바람직한 모습이나 결과물이 세부적이고 구체적이기는 어려울 것이다. 왜냐하면 5년 정도 후의 미래 모습이기 때문이다. 그러나, 팀원들에게 감동과 참여의욕을 불러 일으키기 위해 어느 정도는 장미 빛일 필요는 있다. 사명은 이성적이고 도덕적으로 호소하는 역할을 하는 반면, 비전은 감성적으로 동기 부여하는 측면이 강하기 때문이다.

공감대 형성의 바탕

어느 국내 IT업체 소프트웨어 개발팀의 비전선언문을 보면, "우리 팀의 비전은 2012년까지 국내 IT 소프트웨어 개발업계에서 최고의 경쟁력을 지니는 선두 팀이 되는 것이다. 우리는 고객 욕구에 부응하는 기술 및 제품 개발을 계속함으로써 연평균 10%를 상회하는 매출 성장을 시현할 것이다. 그리하여 고객에게는 최고의 제품과 서비스를 제공하는 개발팀으로 자리잡게 될 것이다. 나아가 우리가 개발한 제품은 글로벌 시장에서 인지도를 높여 갈 것이며, 그 결과 해외 매출 비중이 2012년에 50%를 넘어서게 될 것이다. 그리고 우리 팀원 모두는 동 분야에서의 전문가 집단으로 확고한 명성을 얻게 될 것이다." 팀 비전은 팀원들에게 전달되었을 때 감동을 주어야 한다. "아! 저렇게 되는거야!" 라며, 나도 그러한 팀의 미래상 실현에 동참하고 싶다는 열정을 불러일으켜야 한다. 비전이 팀장에게만 적용되는 것이라면 별 의미가 없다. 비전을 듣고 나도 별 감동이 없이 "너나 잘해 보라"는 식으로 느껴진다면 바람직한 비전이 아닌 것이다. 이럴 경우 비전은 Vision이 아니고 非傳, 秘典이 되고 만다. 사명과 비전이 중요한 이유는 이를 바탕으로 팀원들간에 공감대 형성이 이루어지기 때문이다.

8. 올바른 전략 수립

　토끼와 거북이가 산 밑의 출발지점에서 산 꼭대기까지 달리기 경주를 벌였다. 그런데 토끼는 거북이를 얕잡아 보고 중간에 한잠 자고 난 후 정상을 향해 갔다. 그런데 이미 거북이가 도착한 것이 아닌가? 화가 난 토끼는 거북이에게 정상에서 산 밑의 처음 출발한 지점까지 누가 먼저 가나 경주를 벌이자고 제안했다. 거북이가 이 제안을 받아들이자 2차전이 벌어졌다. 2차전에서는 누가 이겼을까?

▌토끼와 거북이 경주 이야기

　거북이는 몸이 무겁고 팔다리가 짧다. 그래서 거북이는 달리기 속도가 느릴 수 밖에 없다. 그러나 만약 거북이가 스마트한 거북이라면 어떻게 2차전을 끌어가겠는가? 거북이가 내리막이라는 경주 여건을 활용한다면 어떻게 대응하면 될까? 거북이는 등이 타원형으로 되어 있어 목과 팔다리를 몸통 속으로 밀어 넣는다면 둥글둥글한 몸이 된다. 이렇게 하면 거북이는 산 위에서 밑을 향해 데굴데굴 굴러 내려오는 방법을 취할 수 있을 것이다. 만약 산 밑에 호수나 강이 있다면 어찌 할 것인가? 영리한 거북이라면 헤엄쳐서 직진해 가면 된다. 거북이는 몸이 무겁다는 약점이 있지만 환경 여건을 활용하여 몸이 둥글다는 강점으로 경주를 해간다면 토끼를 이길 수 있을 것이다.

반면에 토끼는 앞다리가 짧고 뒷다리가 길다. 그리고 튼튼한 뒷다리는 토끼의 점프력을 뒷받침해 준다. 그러나 이러한 토끼의 뒷다리 강점이 발휘되기 위해서는 경기장 여건이 오르막이거나 평지여야 한다. 내리막 길에서는 토끼의 강점이 발휘되기 어렵다. 토끼는 엉금엉금 기어서 내려오게 된다. 토끼는 내리막 길에 대처할 자신의 다른 강점을 찾아 적용시키지 못하는 한 거북이의 구르기 전략을 당해내기 어려울 것이다. 이 얘기대로 한다고 해서 실제 경주에서 거북이가 토끼를 이길 것이라고 보기는 어려울 것이다. 그러나, 우리에게 시사해 주는 바가 있다.

모든 조직은 주어진 환경 속에서 경영 활동을 한다. 주어진 환경이라는 여건을 놓고 보면 조직에게 유리하게 전개되는 기회 요인이 있는 반면, 조직에게 불리하게 작용하는 위협 요인도 있다. 일반적으로 어느 조직은 또 다른 어떤 조직과 경쟁 관계에 있다. 시장 경쟁에서 주어진 시장을 놓고 다른 공급자와 경쟁을 해야 하는 기업의 경우 경쟁자는 분명하다. 공기업의 경우도 정책적 차원에서 독과점 경우가 있지만 글로벌 시장 여건에서 볼 때 또 다른 기업과 경쟁 관계에 있다. 지자체도 주민 만족도나 지역경쟁력 면에서 다른 지자체와 경쟁 관계에 있다고 할 수 있다. 글로벌 시대에서는 심지어 국가나 중앙정부도 다른 국가와 경쟁해야 한다. 이처럼 경쟁 관계에 있는 다른 조직과 비교해 볼 때 특정 조직에게 어떤 점은 경쟁자보다 우월하다는 강점이 있다. 반면에 어떤 점은 경쟁자 보다 열위에 있다는 약점이 있다. 결국 경주에서 승리하려면 상대를 알고 자기를 잘 아는 데서 출발해야 한다. '知彼知己면 百戰百勝'이란 말이다. 그리고 경주가 이루어지는 주위 환경을 잘 알고 여기에 적절하게 대처해야 한다. 조직의 전략 설정도 토끼와 거북이 경주와 마찬가지 맥락이라 할 수 있다.

변화하는 외부 환경에의 대응

전략 설정에는 몇 가지의 전제 조건이 주어진다. 첫째로 전략은 외부 환경 변화에 잘 대응하도록 설정되어야 한다. 환경 변화에 대응하지 못하는 조직은 도태하고 말 것이기 때문이다. 지금은 환경 변화가 급속하기 때문에 변화를 예측하기 어렵다. 올바른 일을 하려는 사람은 외부 환경 변화를 민감하게 읽어내고 그 변화에 어떻게 대응할 것인가를 생각해야 한다. 환경은 크게 외부 환경과 내부환경으로 나눌 수 있다. 우리 조직을 기준으로 할 때 조직 바깥에 있는 요소들은 외부환경이라 할 수 있다. 외부환경의 주요 영역은 PEST로서, 정치(Politics), 경제(Economy), 사회(Society), 기술(Technology) 분야가 주요한 외부 환경 요소들이다. 반면 내부 환경에는 우리 조직 내부의 요소들이다. 여기에는 다양한 측면들이 포함될 수 있다. 재무적 측면, 경영자 측면, 관리 제도 및 시스템 측면, 인력의 질적 측면 등을 들 수 있다.

경쟁자 대비 경쟁우위 확보

둘째로 전략은 경쟁자에 대한 경쟁 우위를 전제로 하고 있다. 시장 경제에서는 공급자간의 경쟁을 전제로 하고 있다. 나만이 아니라 다른 공급자가 시장에 함께 참여하고 있다. 그래서 기업은 항시 시장 경쟁에서의 경쟁력 확보를 고심한다. 특히 글로벌화가 급속한 지금 국내외 시장에서는 수없이 많은 국내외 업체가 공급자로서 경쟁하고 있다. 전략은 자사와 경쟁사를 비교 분석하여 "경쟁자 대비 경쟁 우위를 어떻게 하면 확보할 수 있을까?"라는 문제의식에서 발전되어 온 것이라 할 수 있다. 이를 위해 역량 면에서 경쟁자와 자사를 객관적으로 비교해 보는 것이 필요하다. 이를 통해 우리의 강점과 약점이 무엇인가를 정확히 알아야 한다.

▌한정된 자원의 효율적 투입

셋째로 전략은 효율성을 전제로 하고 있다. 효율성이란 투입 대비 산출 수준을 말한다. 효율성이 문제되는 이유는 투입되는 자원이란 언제나 한정되어 있기 때문이다. 인력이나 예산, 자재는 무한정 있는 것이 아니다. 제한된 자원을 어디에 투입해야 최대의 산출을 얻을 것인가를 제시해주는 것이 전략이다. 어떠한 일을 하든 필요한 인력이나 예산을 다 가져다 쓰라는 경우는 없다. 결국 이 부분에서 어느 곳에 자원을 투입하는 것이 최적인가를 찾아야 하는 포지셔닝(자리잡기, Positioning)이 결국 전략에서 해결해 주어야 하는 답변이 되는 셈이다.

▌전략의 구성 요소

전략에서는 네 가지 요소를 핵심 구성 요소로 본다. 이를 4C 라고 지칭하는데, 고객(Customer), 환경(Circumstance), 자사(Company), 경쟁자(Competitor)이다. 팀 조직은 자신이 나가야 할 방향을 설정하는데 있어서, 이 네 가지의 핵심 요소를 잘 연구하여 이에 근거하여 방향 잡기를 해야 한다. 이 네 가지에 대한 지식과 정보, 분석이 충분하지 않다면 방향을 잘못 잡을 수 있다. 네 가지 중 고객 요소는 우리가 상품이나 서비스를 공급하는 대상이 누구이며, 그들이 무엇을 원하는가에 대한 이해에서 출발한다. 고객에 대해 잘 이해하고, 우리가 그들에게 초점을 맞추고 있는지 여부에서 우리가 해야 할 일이 무엇인지가 도출된다. 다음으로 환경 요소는 현재 우리 팀을 둘러 싼 외부환경이 어떠하며, 미래에 어떻게 될 것인가를 예측하여야 한다. 환경 예측에는 정치, 경제, 사회, 기술 등 제반 여건에 대한 분석이 이루어져야 한다. 특히 여기서 우리에게 유리하게 작용하는 플러스 기회 요인은 무엇이고, 불리하게 작용하는 마이너스 위협 요인은 무엇인가를 찾아야 한다. 환경요인이란 외부 요인이기 때문에 마음대로 좌지우지할 수 없는 통제 불가능적 성격을 가지고 있다. 예를 들면 환율, 유가, 금리, 주가 등은 통제하기 어려운 변수들이다. 팀은 이러한 환경 요인을 잘 예측하고 여기에 적절하게 대응하는 것이 중요하다. 외부 환경에 변화 물결이 일고 있다면 이 흐름을 잘 타는 것이 중요하고 흐름을 거스르는 것은 바람직하지 않다. 마지막으로 자사과 경쟁자 요소란 내부역량 면에서 서로의 강약점을 잘 이해하는 것이다. 내부 역량이란 팀이 가지고 있는 경쟁력이라 할 수 있다. 경쟁자와 비교하여 우위에 있는 점과 열위에 있는 점을 제대로 이해하여야만 우리 팀이 잘 할 수 있는 일과 잘 할 수 없는 일이 구분된다. 그리고 먼저 해야 할 일에 대한 우선순위가 도출될 수 있다.

유용한 SWOT 분석 기법

스왓 분석기법은 팀의 전략 방향을 설정하는데 보편적으로 사용되는 기법이다. 이 기법은 외부환경으로서 기회와 위협, 내부 역량으로서 강점과 약점의 네 가지 요소에 기반하여 네 가지 유형의 전략 ─ 집중화 전략, 선회지향 전략, 다각화 전략, 방어전략 ─을 도출하는 기법이다. 환경 요인으로서 기회와 위협은 환경 변화에 따라 달라질 수 있다. 그리고 팀의 강약점도 자신의 내부 역량 변화 및 경쟁자 상황에 따라 달라질 수 있다. 그렇기 때문에 스왓 분석기법을 통한 전략 도출은 한번 했다고 해서 계속적으로 유효할 수 없다. 강약점과 기회위협 요인이 변하면 전략도 달라질 수 밖에 없기 때문이다.

스왓 분석을 하려면 먼저 외부환경 분석을 하여야 한다. 이를 통해 기회와 위협요인을 도출해야 한다. 기회요인이란 외부 환경 중에서 우리의 제품이나 서비스에 유리하게 작용하는 요인을 지칭한다. 예를 들어 새로운 고객의 출현, 우리 제품에 대한 수요와 고객 증대, 우리 제품에 대한 인지도 증대, 경쟁자의 퇴출 등 경쟁력에 유리한 요인의 발생, 우리 제품의 수요 증대와 비용 감소에 영향을 미치는 기술 및 사회, 문화, 경제적 요인을 들 수 있다. 공공부문의 경우 공공기관이 제공하는 서비스의 수요 확대, 고객만족도 상승, 신뢰도 개선, 비용 감소에 영향을 미치는 요인 등을 들 수 있다.

위협요인이란 우리의 제품, 서비스에 불리한 영향을 미치는 외부 요인을 말한다. 수요 감소, 경쟁자 출현, 대체품 등장, 비용 증대나 시장 감소를 가져올 수 있는 규제 신설 또는 강화, 금리, 환율, 인건비, 재료비, 경비 등 경제 변수에서 우리에게 비용 증가나 수요 감소를 가져올 수 있는 요인을 말한다. 특히 경제변수로서 원자재가격, 유가, 환율, 금리, 부동산 가격 등이 우리에게 기회인지 위협인지를 분석하여야 한다.

외부 환경에 이어 내부역량 분석을 통해 강점과 약점 요인을 발굴한다. 강점과 약점이란 상대적인 것이다. 거북이는 몸이 무거워 달리는 속도가 느리다. 그러나 거북이는 굼벵이에 비해 엄청나게 빠른 속도로 달린다. 우리 제품의 품질 수준이 80점 정도된다면 우리는 70점짜리 제품들과 경쟁하는 시장에서는 품질 면에서 강점을 가진다. 그러나 우리 제품이 90점짜리들과 경쟁해야 하는 시장에 간다면 우리 제품의 품질 수준은 약점이라고 봐야 한다. 따라서 강점과 약점은 경쟁자 대비라는 상대적 관점에서 파악해야 한다.

내부 역량은 다양한 면에서 볼 수 있다. 대외적으로는 가격, 비용, 품질, 디자인, 제품이나 서비스 인지도, 고객만족도, A/S 측면 등을 볼 수 있다. 대내적으로는 재무적 측면, 인적자원 측면, 내부 프로세스 측면, 리더십 측면, 구성원 사기 측면 등 여러 측면에서 강약점을 평가해 볼 수 있을 것이다. 강약점은 객관적으로 평가해야 한다. 제3자적 관점에서 바라보아야 하며 어느 정도 강점인지 또는 약점인지를 나타낼 수 있는 등급이나 점수 등의 계량적 평가를 하는 것이 좋다.

기회와 위협, 강약점이 도출되면 이를 근거로 4가지 유형의 전략을 도출한다. 전략 도출 과정에는 창의적 사고가 요구된다. 특별히 4개 요소 중 두 가지 요소를 놓고 상호 연결하면서 의미 있는 전략을 도출하기 때문에 상상력을 활용할 필요가 있다. 이 때 기회와 위협, 강점과 약점을 제각기 매트릭스 상의 수직과 수평 칸에 배치한 도표를 활용하는 것이 도움이 된다. 두 가지 요소를 제각기 연계시켜 보면서 의미 있는 방향 제시를 해주는 내용을 찾는 식으로 전개해 가면 된다. 그러면서 아래의 네 가지 유형의 전략을 도출한다. 첫째, 집중화 전략으로서 기회와 강점을 연결시키는 전략이다. 집중화 전략은 강점을 활용하여 기회에 도전 내지 선점한다는 의미를 가진다. 둘째, 선회지향전략으로서 기회와 약점을 연결시키는 전략이다. 선회지향 전략은 약점을 보완하면서 기회에 도전 내지 선점한다는 의미를 가진다. 셋째, 다각화 전략으로서 위협과 강점을 연결시키는 전략이다. 다각화 전략은 강점을 활용하여 위협을 극복 내지 분산, 회피한다는 의미이다. 넷째, 방어전략으로서 위협과 약점을 연결시키는 전략이다. 방어 전략은 약점을 보완하면서 위협을 극복 내지 분산, 회피한다는 전략이다.

구 분		팀 내부역량 분석	
		강점(Strength)	약점(Weakness)
팀 외부환경 분석	기회 (Opportunity)	집중화 전략 (SO 전략) (팀의 강점을 활용하여 외부 기회에 대처한다.)	선회지향 전략 (WO전략) (팀의 약점을 보완하여 외부 기회에 대처한다.)
	위협 (Threat)	다각화 전략 (ST 전략) (팀의 강점을 활용하여 외부 위협에 대처한다.)	방어전략 (WT 전략) (팀의 약점을 보완하여 외부 위협에 대처한다.)

〈표 2 - 4〉 팀 차원의 SWOT 분석

스왓 분석은 전략 설정에 팀원들을 동참시키는 방안으로서 좋은 도구가 된다. 일반적으로 팀은 매년 말쯤 차년도의 팀 목표를 설정할 때 전략 설정 도구로서 스왓 분석을 해볼 필요가 있다. 이 때는 특정한 한 두 사람만이 해보기 보다 워크샵(Work Shop) 형태로 하는 것이 바람직하다. 왜냐하면 팀원들 간에 폭넓은 시각과 의견을 나눌 필요가 있기 때문이다. 먼저 기획력이 있는 한 두 사람이 작성한 내용을 발표하게 한 후, 이에 근거하여 강점, 약점, 기회, 위협과 네 가지 전략에 대해 서로 토의하는 형태로 발전시키는 것이 바람직하다.

9. 제대로 된 목표 설정

그간 여러 조직들은 나름대로의 목표관리를 해왔다. 그러나, 하다 보면 용두사미 격이 되고 마는 경우가 많았다. 이렇게 된 데에는 이를 추진하는 과정에서 제시된 문제점들에 대한 적절한 대응이 이루어지지 못했기 때문이다. 목표관리는 목표 설정 → 목표 실행 → 성과 측정 → 성과 평가 → 성과 보상 → 피드백의 순서로 이루어진다. 그런데 처음 단계인 목표 설정에서부터 제대로 된 목표가 잡혀지지 못한 경우가 많았다. 첫 단추부터 잘못 끼워 졌으니 좋은 결과를 기대하기란 어려울 수 밖에 없다. "측정되지 않는 것은 관리되지 않는 것이다"라는 말이 있다. 측정하기 위해서는 측정해야 할 대상 항목이 분명해야 한다. 즉 측정 항목과 측정 기준이 제시되어야 한다. 목표 설정의 5대 요소로서 첫째, 목표 달성 주체로서 '누가(Who)' 하는 것인지 분명해야 한다. 둘째, 목표 대상으로서 '무엇을(What)' 달성하는 것인지 분명해야 한다. 셋째, 목표 수준이 '얼마나(How much)' 되는지를 명확히 해야 한다. 넷째, 목표 달성 시기가 '언제까지(When)'인지가 제시되어야 한다. 다섯째, 목표 달성 방침으로 '어떤 조건에서(What condition)' 이루려는 것인지 제시되어야 한다. 이 다섯 가지가 바로 목표 설정 시 빠지지 말고 포함되어야 할 항목인 셈이다.

▌다양한 유형의 목표

▌목표가 조직 내에서 단 하나만 주어진다면 그렇게 어렵지 않을 것이다. 그러나 조직 내에서 관리되는 목표에는 세부 조직과 업무 내용, 개인에 따라 다양한 형태의 목표가 주어질 수 밖에 없다. 목표에도 여러 종류가 있다. 기간별로 보면 장기, 중기, 단기 목표로 나눌 수 있다. 장기 목표는 5~10년, 중기 목표는 2~5년 기간을 기준으로 하고, 단기 목표는 1년 이내의 기준으로 한다고 볼 수 있다. 10년을 넘어가는 목표를 세울 수도 있지만, 변화가 빠른 조직 환경에서도 10년 이상의 목표란 큰 의미가 없다고 할 것이다. 조직 단계로 보면 상위 목표와 하위 목표로 나눌 수 있다. 상위 목표란 상위 단계에 있는 조직 목표를 말하고, 하위 목표란 하위 단계 조직의 목표를 말한다. 전체 목표와 부문 목표 차원에서 본다면 상위 목표는 전체 목표, 하위 목표는 부문 목표가 될 것이다. 전사 차원의 목표가 있는 반면, 본부, 팀 단위의 목표가 있다. 조직 단계를 더 내려가면 과, 계 단위 목표 그리고 개인 목표로 이어진다고 할 것이다.

설정 방식에 따라 목표를 구분하면 하향식(Top Down), 상향식(Bottom Up), 합의식(Middle Up Down)으로 나눌 수 있다. 하향식은 상급자 내지 상위 조직이 하급자 및 하위 조직에게 일정한 목표를 부여하는 방식이다. 반면에 상향식 목표 설정은 하위자 내지 하위 조직이 상위자 및 상급 조직에 목표를 제시하여 결정하는 방식이다. 합의식은 하향식과 상향식이 혼합된 형태라 할 것이다. 상위자가 일정한 목표를 제시하면 하위자가 이를 참조하여 목표지를 제안하고, 양자가 조정되는 과정에서 목표가 설정되는 방식이다. 하향식 방식은 하위자의 참여 내지 동의 없이 일방적으로 내려가는 방식이라서 억압적으로 느껴질 수 있다. 따라서, 하위자의 목표 실행에 자발성이 결여될 수 있다. 반면에 상향식은 조직 전체적 관점에서 목표 설정이 이루어지기 어렵고, 하위자의 편의주의에 따른 목표 설정이 될 가능성이 있다. 그래서 조직원의 자발적 참여 및 전체적 일관성을 고려할 때 바람직한 목표 설정 방식은 하향식이나 상향식보다 합의식이라 할 것이다.

우선순위(중요도)를 놓고 보면 핵심 목표, 주요 목표, 부대 목표로 나눌 수 있다. 핵심 목표란 여러 목표 중에서 가장 중요한 목표이다. 중요도는 주요 목표, 부대 목표로 가면서 줄어든다고 할 것이다. 성과 측정 방식을 놓고 보면 정량적 목표와 정성적 목표로 나눌 수 있다. 정량적 목표는 계량화된 수치로 측정 가능한 목표이다. 반면에 정성적 목표는 수치로 나오기 어려운 양태나 특징으로 나타나는 목표이다.

▌목표 내용의 측정 가능성 제고

그간 조직들이 추구해온 목표설정 양태에는 여러 문제점들이 지적되어 왔다. 첫째, 목표 설정의 전문성이 부족하다는 점이다. 주먹구구식으로 목표가 설정되고 있다는 것이다. 대체로 '전년대비 몇 % 상승' 등으로 구체적인 기준이나 타당한 근거 없이 구름 잡는 식으로 목표가 설정된다는 것이다. 특히 목표 설정 시 성과를 측정할 계량화된 지표가 없다는 점이 지속적으로 제기되어 왔다. 목표 설정을 하는데 얼마만큼 하여야 하는가를 나타낼 지표를 적절히 선정하기 어렵다는 것이다. 기업에 있어서 영업이나 생산팀 경우에는 금액이나 개수, 물량 등을 나타내는 정량적 지표로서 목표를 설정할 수 있다. 그러나 관리나 연구개발, 공공 부문 등은 업무의 성격상 목표 설정치를 무엇으로 할 것인가가 쉽지 않다. 결과를 양적으로 나타내기 어려운 업무의 경우 단순히 "열심히 했다, 잘했다!"라는 식으로는 부족한 것이다. "얼마만큼 잘했는지를 나타내는 지표를 무엇으로 할 것인가?"는 여전히 목표설정 상에서 어려운 과제이다. 이러한 문제를 해결하기 위해서는 목표 항목과 내용 설정에서 측정 가능성을 제고시켜야 한다. 이를 위해 정량적 성과는 계수화된 지표가 무엇인지를 분명히 해야 한다. 그리고 정성적 성과는 등급과 점수를 연결시키는 방향으로 정량화시켜야 한다.

▌유연한 목표 설정

둘째 목표 설정이 경직되어 있다는 점이다. 목표관리를 하는 주기가 1년 단위일 경우, 1년 중에도 목표 설정 시 생각하지 못했던 상황들이 다반사로 발생하기 마련이다. 그러다 보면 초기 목표 설정 시 전제했던 여건들이 달라졌는데 목표 수치 달성에만 집착한다는 것은 무리하다는 지적이다. 목표 설정 시 변화하는 환경에 대한 고려가 부족하여 미래의 불확실한 요소에 대한 충분한 고려가 이루어지지 못한다는 점도 자주 지적된다. 예를 들어 해외사업을 할 경우 연간 환율을 어느 정도의 수치로 예상하고 매출이나 비용을 산정한다. 그런데 환율변동이 급속히 이루어질 경우 목표치 달성에 심각한 차질이 빚어질 수 있다. 환율과 금리, 유가, 원자재 가격 등은 정확한 예측이 불가능할 정도로 변동 폭이 클 수 있다. 특히 글로벌화된 한국경제에 있어서 이러한 외부 변수로 인한 변동은 자주 발생할 수 있다. 이러한 문제점에 대해서는 목표관리 기간을 단축시키는 방안이 적절하다. 과거 1년 단위로 해온 목표관리 사이클을 6개월 단위로 단축하는 것이다. 또는 기간 중간에 불가피한 외부 변수가 발생할 경우 목표 설정을 공식적으로 수정하도록 하는 방안도 고려할 수 있다. 이러한 방법을 통해 외부 상황 변화에 유연하게 대응하는 목표 관리를 함으로써 목표 내용의 실효성을 높일 수 있다.

쌍방향의 목표 설정

셋째 목표 설정이 일방적이라는 점이다. 목표 설정 시 하향식만 있고 상향식, 합의식이 없다는 점이다. 하향식으로 목표 설정이 이루어질 경우 조직원은 목표 실행에 적극적 책임 의식을 가지지 못할 수 있다. 이는 리더가 일방적으로 목표를 하달하는 형태로 하기 때문이다. 목표 달성이 부진할 경우 구성원들은 "내가 설정한 목표도 아닌데!"라는 식으로 나갈 수 있다. 구성원들을 방관자로 만드는 현상의 일차적 책임은 리더에게 있다. 목표 설정에 구성원들을 동참시키지 않았기 때문이다. 따라서 최고경영자는 전사 차원의 목표를 먼저 제시하고, 이어서 본부, 팀 등 단위 조직의 책임자가 자신이 맡은 조직의 목표를 조직원들에게 제시하도록 해야 한다. 이는 상부에서 아래로 목표가 제시되는 하향식 접근이다. 그리고 나서 이를 근거로 개별 조직원들이 자신의 업무 수행 목표를 제시하는 상향식 접근이 뒤따르도록 해야 한다. 그리고 마지막으로 하향식, 상향식 목표가 면담 및 합의를 통해 조정되고 확정되도록 하는 방향으로 가도록 해야 한다. 이것이 바람직한 쌍방향의 목표 설정이다.

부문별 목표 간의 연계성 강화

넷째 목표 간의 연계성이 부족하다는 점이다. 수직적 수평적으로 서로 연계되고 조정되어야 할 목표들이 따로 노는 경우이다. 우선 부문별 목표 간에 서로 연계되지 않는 경우이다. 예를 들면 전사적 차원과 하위 조직 차원, 팀과 팀원 차원 간의 목표가 따로 노는 경우이다.

이런 현상이 생기는 이유는 목표 설정 시 부문간 커뮤니케이션이 이루어지지 않았기 때문이다. 일방적으로 설정된 목표, 충분한 의견 수렴 없이 하향식으로 내려온 목표일 경우 이런 현상이 생길 수 있다. 예를 들어 영업팀과 생산팀 간에 조화되지 않거나 충돌되는 목표 경우도 그러하다. 회사 전체적으로 A 사업 부문의 경쟁력 강화가 목표라면, 영업이나 생산 모두 A 사업 부문에 초점을 맞추어야 한다. 영업팀은 A 부문의 매출 증대를 핵심목표로 설정하였는데, 생산팀은 B 부문의 생산에 초점을 맞춘다면 부문간 충돌이 발생하게 될 것이다.

기간적으로도 목표가 연계되지 않는 경우가 있다. 예를 들어 단기적으로 작년에는 A 사업 부문에 치중하여 투자를 늘려놓았다. 그런데 올해는 후속되어야 할 투자를 하지 않고 다른 사업 부문으로 중점을 옮겨 간다고 하자. 그러면 당연히 구성원들은 우왕좌왕하게 될 것이다. 단기 목표만 있고 중장기 목표가 없을 경우에 이와 같은 현상이 생겨난다. 이는 목표 설정 시 중장기적 접근이 부족하기 때문이다. 단기적으로만 접근하다 보면 눈 앞에 보이는 요소만을 목표치에 반영하고 장기적으로 나가야 할 방향에 대한 생각은 하지 않게 된다. 단기 실적주의로만 나갈 경우 단기적인 이익 창출에만 중점을 두는 목표 설정을 하고, 중장기적으로 경쟁력 강화를 위한 투자는 소홀히 하는 경우가 생길 수 있다. 예를 들어 인적 자원에 대한 교육 투자 및 연구개발 분야에의 투자는 단기적으로는 가시적 성과가 잘 나지 않는 분야이다. 그러나 중장기적인 측면에서 볼 때 이러한 부분은 단기적인 목표 설정 시 반드시 고려되어야 할 목표 항목들이다. 또한 경쟁력 제고 차원에서 축소 내지 철수를 검토해야 할 사업 부문도 있을 수 있다. 이런 부문에 대한 목표 설정은 단기적 목표와 더불어 중장기적인 안목을 가지고 목표 설정이 이루어져야 한다. 반대로 중장기적인 목표는 있는데 단기적 목표 설정으로 이어지지 않는 경우도 있다. 바람직한 기간 목표 설정은 중장기적 목표와 함께 단기적 실행 목표가 함께 제시되어야 한다. 중장기적으로 불확실한 미래 요소가 많아서 목표치를 제시하기 어렵다는 논리도 있을 수 있다. 그러나, 아무리 불확실한 리스크 요인이 있다 할지라도 예상 가능한 범위 내에서라도 중장기적 방향 설정을 하는 것이 바람직하다. 첨단 분야의 연구개발팀과 같이 중장기적으로 성과가 나는 경우일지라도, 연간 단위로 산출되는 중간 결과물을 규정하고 이를 목표화하여 관리하는 방향으로 해야 할 것이다.

SMART한 목표 설정

바람직한 팀 목표 설정을 위해서는 다음과 같은 요소들에 신경써야 한다. ① 팀 목표는 상위 조직(본부, 부문 등)의 목표와 연계되도록 한다. ② 전사적 핵심 목표 → 본부 핵심 목표 → 팀 핵심 목표가 일관성 있게 설정되도록 한다. ③ 상위 목표의 일방적 하위 배분이 되지 않도록 하며, 팀장과 본부장 상하간 충분한 토의와 합의를 거쳐 설정한다. ④ 팀 목표는 팀의 사명과 비전, 전략 실행을 위한 세부 대안이라는 관점에서 설정한다. ⑤ 장기적 관점과 단기적 관점을 균형적으로 고려한다. 단기적 성과에만 치중하여 중장기적 성과를 저해할 수 있는 단기 목표는 재고하도록 한다. ⑥ 목표 항목은 구체적으로 정의하고, 목표치는 가능한 한 계량화된 지표로 표시한다. ⑦ 성과 정도가 측정 가능하도록 정의하며, 정성적 업무는 등급이나 점수 기준을 명확히 한다. ⑧ 목표 수치는 도전적인 수준으로 하되, 팀원의 노력에 의해 현실적으로 달성 가능 한 수준으로 잡는다. ⑨ 타 팀과의 협력이 전제되어야 할 경우, 상대 팀과 우리 팀의 역할 범위를 명시한다. 향후 발생할 수 있는 타 팀과 우리 팀 간의 책임 범위를 명백하게 규정하여, 문제 발생시 책임 소재가 분명하도록 한다. ⑩ 팀 목표 항목 수는 가급적 5개 정도로 한다. 핵심적인 팀 업무를 중심으로 우선순위를 규정하고 목표 항목 간에는 가중치로서 중요도를 정한다. 목표 항목이 5개에서 너무 많거나 적을 경우는 관리에 바람직하지 않다.

위에 제시된 원칙들을 더 간결하게 정리한 것이 목표 설정 시의 SMART 원칙이다. 목표는 SMART하게 설정되어야 한다. 첫째, 목표는 구체적(Specific) 이어야 한다. 둘째, 측정 가능(Measurable) 해야 한다. 셋째, 달성 가능(Achievable) 해야 한다. 넷째, 결과 지향적(Result-oriented) 이어야 한다. 다섯째, 기한이 명시(Time-bounded) 되어야 한다. 이러한 기준을 염두에 두고 목표를 설정하고 관리한다면 그간에 제시된 문제점들은 개선될 수 있을 것이다. 목표 설정 시 이러한 원칙들을 염두에 두고 설정된 목표가 바로 '제대로 된 목표'이다.

10. 균형 잡힌 관점 갖기

내가 아는 어느 음식점은 지점 수를 계속 늘리면서 성장하고 있다. "그 비결이 무엇일까?"를 연구해보면 여러 원인이 있겠지만 "이 음식점엘 가면 종업원들의 표정이 항시 밝고 마음에서 우러나오는 진심의 고객 서비스를 한다!"는 점이다. 그러니 음식 맛도 좋을뿐더러 이곳에서 식사를 하고 나오면 마음이 밝아지고 기분이 좋아진다. 그러니 이 곳에는 항시 손님들이 모여든다. 손님들이 많아진다고 해서 서비스 질이 떨어지는 것도 아니다. 결국은 이 음식점의 오너되는 분이 항상 종업원들을 사랑의 마음으로 대해주기 때문에 경영자의 마음이 직원들에게도 전파되는 것이다.

주주 자본주의와 이해관계자 자본주의

IMF 이후 한국의 주식 시장에서 외국인 주주가 차지하는 비중은 증가되어 왔다. 외국자본이 보유하고 있는 한국의 대표적 대기업 지분은 과반을 넘어서는 실정이다. 여러 대기업에 있어서 주요 외국인 대주주들로부터 경영권 위협을 받는 현상도 생겨나고 한다. 특히 외국인 지분율이 높은 대기업의 경우 자사주 매입이나 고배당 실시 등

강력한 주주 요구에 직면하고 있다. 지분율이 높은 주주들의 목소리가 세어질 경우 경영자들의 입지는 좁아질 수 밖에 없다. 그들의 입김에 따라 좌우되는 성향도 늘어난다. 이처럼 주주들이 자신들의 배당이나 주가 등 자신들의 이익 추구 목소리를 높일 경우, 기업 경영자는 단기실적주의에 흐르는 의사결정을 하게 될 가능성이 높아진다. 예로서 SK텔레콤이 3세대 이동통신에 대한 투자발표를 했을 때 오히려 주가가 떨어진 것은 주주들이 단기실적주의에만 집착한다는 것을 잘 보여준다. KT&G의 외국계 주주들이 국내농가로부터 담배원료 구입 가격이 국제시가보다 3배나 비싸다는 것을 문제 삼는 것도 공공적 측면에서의 이익과 주주 이익이 충돌하는 경우이다.

최근의 주주자본주의는 단기 실적을 우선시하는 경향이라고 한다. 특히 실적이 부실한 기업을 인수하여 인력감축 등 구조조정 작업을 거쳐 2~3년 내에 되팔면서 단기 차익을 극대화하는 경우가 대표적이다. 론스타는 외환 은행 인수를 통해 인수 후 수년만에 4조원의 매각 차익을 실현하려 하였다. 이러한 주주자본주의 성향은 단기적인 성과가 확보되지 않는 연구개발 투자, 미래의 성공이 불확실한 투자, 리스크가 발생하는 장기적 투자를 기피하려 한다. 문제는 고객이나 종업원의 이익, 공공적 이해 및 기업의 중장기적 이익 추구가 지배적 주주의 이해와 상충되는 경우가 종종 발생한다는 것이다.

반면에 이해관계자 자본주의는 경영자의 의사결정시 기업을 둘러싼 이해관계자들의 입장을 모두 고려하자는 것이다. 주주와 고객, 직원, 노조, 협력업체, 채권자, 정부, 지역사회, 시민단체 등의 입장이 종합적으로 고려되어야 한다는 것이다. 이는 주주 이익만이 최우선적으로 고려되어야 하는 것은 아니라는 것이다. 이는 결구은 기업이 창출해내는 부가가치를 누구에게 얼마만큼 배분할 것인가의 문제이기도 하다. 주주들이 단기적 이익만을 우선시한다면 고객에게 최고의 가치를 제공해야 한다는 기업의 존재 목적, 직원들에게 최고 만족을 주는 일자리를 제공한다는 측면, 그리고 협력업체와 공존하면서 상생 관계를 유지해야 한다는 측면, 정부에는 법인세, 부가세 등의 세금을 내면서 국가 재정에 기여한다는 측면이 약화될 수 있다. 나아가 지역사회에 좋은 일자리를 제공해주어야 한다는 측면, 환경 보호 등으로 사회단체들과의 사회적 가치를 공유하고 실천하는데 동참해야 한다는 측면도 약화될 수 있는 것이다.

대립하는 이해관계자들의 입장을 균형적으로 고려하는 기업의 의사 결정은 여러 방법을 통해 이루어질 수 있다. 독립성과 전문성을 갖춘 이사회가 특정 주주를 대변하지 않고 모든 주주를 보호하는 장치로서 강화되기도 한다. 더불어 시민단체, 지역사회 요구를 반영하는 사외이사들이 늘어나기도 한다. 특히 최근에 올수록 스톡옵션형 우리사주제도, 기업연금의 자사주 매입 등으로 종업원의 주식 보유가 늘어나면서 배당 정책 및 이사 선임에 노조 및 종업원 입김이 세어지고 있다. 이해관계자 간의 균형 잡힌 이해 조정은 균형 관점의 목표관리를 통해서도 이루어질 수 있다. 전사적 목표 설정 시 단기적 실적과 중장기적 실적을 모두 고려한 상태에서 형평 감각을 가지고 목표 설정을 할 수 있는 것이다. 우수한 경영자가 주도적 역할을 할 경우에는 충분히 그렇게 할 수 있다. 이 경우 경영자가 주주 및 이해관계자 모두의 이익을 균형적으로 고려하기 때문에 특정 관점에 치우치지 않을 수 있는 것이다.

내부고객의 학습과 성장을 통한 외부고객 만족

다양한 이해관계자들의 요구 사이에 상호 충돌이 빚어질 경우 어떤 요구를 우선할 지는 최고경영자들이 고심하는 핵심 문제이기도 하다. 고객만족을 강조하는 경영자는 이해관계자 중에서 고객을 최우선적으로 고려해야 한다고 말하기도 한다. 그러나, 최근 서비스 산업의 경영자들은 이해관계자들의 다양한 요구를 만족시키는 출발점을 직원에게 두어야 한다고 말한다. 고객만족(CS, Customer Satisfaction)을 이루기 위해서는 내부고객으로서 직원만족(ES, Employee Satisfaction)이 먼저 이루어져야 한다는 것이다. 지금은 고객만족을 강조할수록 직원만족을 같이 생각하지 않으면 안 되는 시대이다. 제조업에 있어서도 대부분의 품질 불량은 현장 작업자들의 끝마무리에서 나온다. 과거 15년 전의 국내 자동차 수출 관련 자료를 보고 놀란 적이 있었다. 미국시장에서 판매한 국내산 자동차의 50%가 현지 시장에서 리콜 당했다는 자료였다. 감사원이 어느 신도시에서 건설된 아파트의 입주 후 하자 보수 요청 내용에 대한 조사를 한 결과, 전체 하자 건수의 80%가 벽지, 타일 등 마감재 시공 불량에서 나왔다는 것이다. 결국은 현장 작업자들의 손끝 마무리가 품질 경쟁력에 결정적 영향을 미치는 것이다.

이제는 제조업 보다 서비스업 시대가 되었다. 서비스 분야에서 고객을 접하는 접점에 있는 사람이 바로 직원들이다. 특히 서비스 분야에서의 고객만족은 직원만족이 전제되지 않으면 이루어지기 어렵다. 고객에게 하는 인사 하나를 보더라도 마음 씀이 다르다. 밝고 맑은 표정으로 진심에서 우러난 인사를 하는 것, 이런 것은 직원들이 자기 직장에 대해 스스로 만족할 때라야 가능하다. 고객 감동을 일으킬 정도의 서비스는 경영자가 직원들에게 교육시킨다고 이루어지는 차원이 아닌 것이다. 직원들이 마음에서 직장과 일에 대한 만족감 없는 한 고객들에게 내심으로 우러난 서비스를 하기 어렵다고 할 것이다. 그런데 현장 근로자들이나 서비스 직원들은 어떻게 생각하는가? 이 회사가 내 회사인가? 난 시간 보내고 돈만 받으면 된다는 생각을 가지는 것은 아닌가? 그럴 경우 그런 식으로 일하는 직원도 문제지만 그런 의식을 갖도록 만든 경영자에게도 문제가 있는 것이다. 고객만족과 직원만족은 동전의 양면이다. 직원들이 회사에 애정과 충성심을 가질 때 그들이 만나는 고객을 최선을 다해 받들 수 있다. 그러면 직원만족은 누가 시켜주어야 하는가? 바로 경영자이다. 직원들의 동기 부여와 헌신 유도는 경영자가 그들을 섬기는 마음에 달려 있다고 할 것이다.

선순환과 악순환의 인과관계

고객만족과 이익 증가라는 목표 간에 상호 인과관계 실마리를 풀어 보면 직원만족이 이루어져야 고객이 만족한다. 그럼으로 매출이 증대할 것이다. 매출이 늘어나면 비용이 매출 증가 이상으로 늘어나지 않는 한 이익이 늘어나게 마련이다. 이익이 늘면 배당 및 주가 상승을 통해 자본에 참여한 주주들에 대한 보상이 늘어나게 될 것이다. 이익이 늘면 세금을 통해 정부와 지자체를 만족시킬 수 있고, 경영자에게 상여 등을 통해 경영 성과에 대한 보답도 늘릴 수 있을 것이다. 그리고, 투자가 늘어나면 지역사회에 대하여는 일자리 창출도 늘릴 수 있을 것이다. 그리고 환경 및 시민단체들의 사회적 형평성 요구에도 부응할 수 있을 것이다.

문제는 이익을 내야 한다는 데는 공감하지만, 관건은 이익 창출의 출발점을 어디에 둘 것인가 이다. 결국은 사람이 이익 창출을 해야 하기 때문에 경영자와 직원이 중요해지는 것이다. 경영자와 직원의 만족을 통해 좋은 품질의 상품과 서비스를 값싸게 공급하게 되면 이것이 선순환의 출발점이 되는 것이다. 선순환이란 경영자 만족 → 직원 만족 → 고객 만족 → 매출 증대 → 이익 증대 → 배당 증대 → 주가 상승 → 주주 만족 → 투자 증가 → 일자리 증가 → 지역사회 환원 → 경영자 만족 제고라는 인과관계가 연속적으로 이어지는 것이다. 문제는 경영자 불만 → 직원 불만 → 고객 불만 → 매출 감소 → 이익 감소 → 주가 하락이라는 악순환이 발생하는 것이다. 주주들의 입김이 너무 세어지고 주주 이익만을 우선시 하면 주주 이익 요구 증대 → 구조 조정 → 비용 절감 → 인건비 하락 → 직원 불만 → 경쟁력 저하 → 고객 불만 → 매출 하락 → 이익 하락 → 주가 하락이라는 악순환에 빠져들 수 있다.

▌BSC(균형성과관리, Balanced Score Card)정신의 균형성

BSC에 근거하는 전사적 목표 설정은 재무 지표에만 치우치지 않게끔 하는 데 도움이 된다. 네 가지 관점에서의 성과지표 관리를 통해 ①재무적 관점(Financial Perspective), ②고객 관점(Customer Perspective), ③내부 비즈니스 프로세스 관점(Internal Business Process Perspective), ④학습과 성장 관점(Learning and Growth Perspective)을 균형적으로 추구하는 것이다. BSC 틀에서 제시하는 전략 지도(Strategy Map)는 주주가 최대 관심을 갖는 재무적 목표가 다른 관점에서의 목표와 인과적으로 상호 연결되어 있다는 점을 분명히 보여준다. 그리고 내부 종업원의 학습과 성장, 내부적 프로세스 개선을 통해 고객 만족이 이루어진다는 점을 연계시킨다. 그리하여 최종적으로 재무지표 개선이라는 주주만족이 이루어진다는 점을 명확히 한다. 따라서 BSC 정신은 이해관계자를 모두 고려하는 균형적 관점에서 성과관리를 하자는 것으로 볼 수 있다. 이러한 네 가지 관점은 공공부문에 적용되면서 고객(이해관계자) 관점, 임무 수행 관점, 혁신 관점, 학습과 성장 관점, 자원 관점의 다섯 가지로 조정되었다.

이는 공공기관에서의 공공성과 다양한 이해관계자 측면을 고려하여 변화를 기한 것이라 할 수 있다.

반면에 네 가지 관점의 성과 지표 간 비중을 얼마로 할 것이냐에 따라 균형적 관점이 약화될 수도 있다. 재무 관점에서의 지표 비중은 높게 설정되는 반면, 학습 및 성장관점에서의 지표 비중은 형식적 차원에서만 존재하는 식으로 낮게 설정될 수도 있다. 학습과 성장 관점의 지표로 설정될 수 있는 종업원 만족도를 높이기 위해서는 임금 인상이나 인력개발 투자를 해야 한다. 그리고 장기적인 비용 경쟁력을 중요시한다면 내부 프로세스 관점에 해당 지표인 설비 개선 투자를 늘리지 않을 수 없다. 그러나 단기적으로 재무 이익 중심의 경영을 하다 보면 비용절감을 최우선 요소로 고려하기 때문에 중장기적 투자가 위축될 수 있다. 경영자가 자신의 재임 기간 중의 실적에만 치중할 경우, 장기적 투자를 고려하는 학습과 성장 관점, 내부 프로세스 관점에서의 지표 비중은 낮아질 수 있다. 자신의 재임 기간 중 비용 감소를 통해 이익 증대를 만들려는 성향은 얼마든지 생길 수 있는 것이다. 나아가 재무지표 만에 신경을 쓸 경우 분식회계의 유혹도 생길 수 있다. 결국 최선의 답은 경영자가 네 가지 관점을 모두 고려하는 방향으로 균형 잡힌 목표 관리를 해가야 한다는 것이다.

균형 잡힌 목표관리는 경영자와 팀장, 팀원간에 목표 설정의 주도권을 누가 쥐느냐의 문제에서도 나타날 수 있다. 경영자가 팀원들에게 목표를 일방적으로 제시하는 것이 바람직할 경우도 있다. 그렇지만 그럴 경우 경영자의 제시 목표가 팀원들의 공감이나 공통된 인식에서 유리될 수 있다. 이럴 경우의 목표치는 실행 면에서 받쳐지지 못할 가능성이 높다. 결론적으로 중장기적인 사명이나 비전은 하향적 성격이 바람직하다. 이는 이미 조직이 설립될 때 주주들이나 회원들로부터 위임 받아 설정되는 성격이기 때문이다. 그리고 전사적 차원의 목표는 비교적 톱다운 성격으로 제시되어야 할 필요가 있다. 반면에 팀 목표나 팀원 목표치는 상향식으로 팀장이나 팀원들이 일차적으로 제시하게끔 하는 것이 좋다. 그러고 난 후 그것을 가지고 합의식으로 결정하는 것이 바람직하다고 할 것이다.

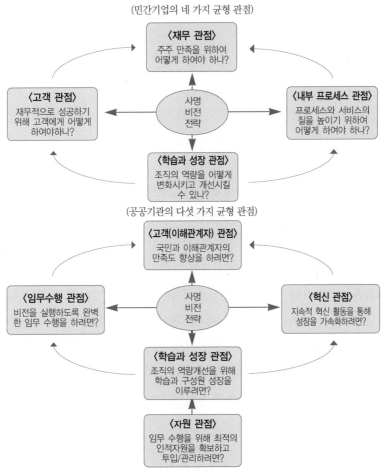

〈민간기업의 네 가지 균형 관점〉

〈재무 관점〉
주주 만족을 위하여 어떻게 하여야 하나?

〈고객 관점〉
재무적으로 성공하기 위해 고객에게 어떻게 하여야하나?

사명 비전 전략

〈내부 프로세스 관점〉
프로세스와 서비스의 질을 높이기 위하여 어떻게 하여야 하나?

〈학습과 성장 관점〉
조직의 역량을 어떻게 변화시키고 개선시킬 수 있나?

〈공공기관의 다섯 가지 균형 관점〉

〈고객(이해관계자) 관점〉
국민과 이해관계자의 만족도 향상을 하려면?

〈임무수행 관점〉
비전을 실행하도록 완벽한 임무 수행을 하려면?

사명 비전 전략

〈혁신 관점〉
지속적 혁신 활동을 통해 성장을 가속화하려면?

〈학습과 성장 관점〉
조직의 역량개선을 위해 학습과 구성원 성장을 이루려면?

〈자원 관점〉
임무 수행을 위해 최적의 인적자원을 확보하고 투입/관리하려면?

자료 : 'BSC 기반의 공공부문의 전략적 성과관리 도입 실무', 한국생산성본부, 2006. 1.20

〈표 2 - 5〉 BSC에서의 균형 잡힌 관점 구성

11. 팀 성과관리의 바람직한 프로세스

　내가 아는 어느 팀장은 연말만 되면 차년도 사업계획을 작성하라는 기획팀 요청에 어떻게 해야 할지 힘들어한다. 매년 되풀이 되는 부분에서는 전년도 작성 내용을 일부 가감 조정하여 제출하는 것으로 하였다. 그런데 내년도의 팀 방향에 대해서는 본인도 어떻게 해야 할지 난감한 면이 없지 않다는 것이다. 미래 불확실성이 크고, 외부 환경 변화가 급격하다 보니 다음 기간에는 어떤 예기치 못한 변수가 발생할지 모르겠다는 것이다. 계획치를 작성한다고 해도 미리 짜놓은 계획은 그 때 가면 근본에서 흔들리게 될 것 같다는 것이다. 그래서 매년 작성하는 사업 계획이라는 것이 "형식적이고도 의미 없는 서류 작업에 불과한 것은 아닌지?" 하는 생각이 든다는 것이다. 그렇다고 아무 계획 없이 팀을 이끌어갈 수도 없는 것이고, 이래저래 막막한 느낌만 드는 것이다. 성과관리를 하자면 계획이 시발점이다. 어떻게 시작해야 할까?

최고경영자의 역할

요즈음 대부분의 팀장이라면 이러한 생각에 동감하게 될 것이다.

최고 경영자부터 팀장까지 이러한 여건에서 느끼는 부담감은 같을 것이다. 방법은 서로간의 의사소통을 통해 아는 정보를 공유해 가면서 가능한 현실적인 계획을 만들어가는 수 밖에 없을 것이다. 이러한 현실적 계획 수립의 출발은 최고경영자에서부터 시작되는 것이 바람직하다. 최고경영자는 전사적 차원에서 차년도에 가려는 방향과 전략을 먼저 제시해 주어야 한다. 그리고 나서 차년도에 중점을 두려는 분야, 그리고 그 분야에서 기대하는 적절한 목표치 수준을 제시하는 것이 바람직하다. 이처럼 최고경영자가 먼저 전사적 차원에서 큰 그림을 제시해 주어야 한다. 그런데 이러한 큰 그림은 중간관리자로서 본부장이나 부문장, 팀장들이 느끼는 생각과 유리되지 않는 것이 중요하다. 그러기 위해서 최고경영자는 중간관리자들과 늘상 교감을 하면서 일선 현장에서 느끼는 감각을 가져야 한다. 현장과 괴리되어 있는 방침이나 목표는 당연히 공감대를 가지기 어려울 것이다. 그러나, 최고경영자가 팀의 구체적인 목표까지 일일이 세부적으로 지시하는 것은 바람직하지 않다.

팀장의 역할

팀장은 최고경영자가 제시하는 사명과 비전, 전략, 전사 목표를 일선의 팀원들과 연결시켜주는 중간고리 역할을 하는 사람들이다. 팀장은 중간관리자로서 부서장, 실장, 과장 등과 같이 일선 단위조직의 책임자이다. 팀장은 전사적 차원의 전략과 목표를 팀의 목표로 이어주는 역할을 한다. 또한 팀의 성과 창출을 통해 전사적 성과 창출을 가능케 하는 일선 지휘관들이다. 나아가 팀원 개인의 목표관리를 가능하게 해주는 사람이기도 하다. 팀장이 이 역할을 잘 하지 못하면 최고경영자와 일선 팀원 간에는 괴리가 발생할 수 밖에 없다. 팀장이란 결국은 전사적 목표와, 팀 목표, 팀원 목표 간에 통합을 이루어주는 연결고리 역할을 하는 셈이다. 결국은 조직의 전사적 성과관리 성공 여부는 팀장의 적절한 역할에 달려있다고 할 것이다.

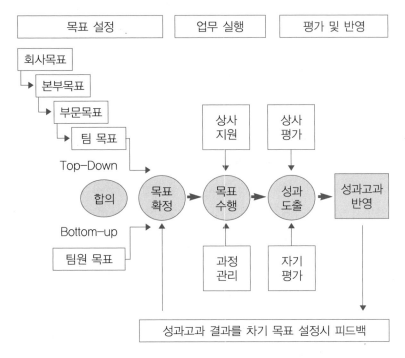

<표 2 - 6> 조직의 성과관리 프로세스

목적과 목표의 동시 제시

팀장은 부하들에게 전사적 목표를 설명하고 나서 그에 맞춘 팀 목표를 제시하여야 한다. 이 과정은 최고경영자가 중간관리자들에게 방향과 전략, 목표를 제시하는 것과 같다고 할 것이다. 팀장은 전사적 조직이 지향하는 목적을 의식하고 있는 사람이다. 그러나 일선 팀원들은 단순 반복적인 일을 지속적으로 되풀이하는 업무 수행자의 성격이 강하다. 그야말로 쳇바퀴 도는 식으로 "이 일을 왜, 무엇 때문에 해야 하는가?"의 목적의식을 상실하기 쉽다. "나는 봉급 받기 때문에 이 일을 한다."는 식의 사고로 굳어지면 이런 저런 얘기가 귀찮은 얘기로 들릴 수 있다. 이런 점에서 팀장은 팀원들에게 일을 하는 데 있어서의 목적의식을 심어주어야 한다. 이럴 때 "우리가 하는 일은 의미 있는 일, 가치 있는 일, 바람직한 일이다"라는 의식으로 이어지게 된다. 그리고 이러한 목적의식 하에서 목표가 제시된다는 것을 이해하게 되고, '아! 이렇기 때문에 이러한 일을 이런 정도로 해야 하는구나!'라는 공감을 자아내게 되는 것이다. 이러한 목적의식은 팀의 사명, 비전, 전략으로 구체화되어야 한다.

팀 워크샵(Work Shop)을 통한 공감대 형성

팀장은 목표 설정에 즈음하여 팀원들과 함께 워크샵 형태의 모임을 가지는 것이 바람직하다. 이 때 목적과 목표의 동시 제시가 이루어져야 한다. 목적에 대한 공감과 헌신이 이루어질 때 팀원들은 팀 목표 달성에 공동 책임을 느낄 것이다. 팀장은 팀의 차년도 업무 수행 목표치를 제시하기 이전에 먼저 팀의 사명, 비전, 전략을 제시해 주어야 한다. 팀장이라면 자기 팀의 사명과 비전, 그리고 전략 만들기 작업을 직접 하는 것이 바람직하다. 사명과 비전은 간략한 형태의 사명선언문이나 비전선언문 작성을 발표하는 형태면 좋을 것이다. 이어서 팀 목표도 팀장이 직접 작성하고 제시하는 것이 바람직하다. 다음 기간 동안 우리 팀이 이루고자 하는 전략 방향으로서 핵심 업무, 목표에 대한 제시가 이때 이루어지는 것이다.

사명과 비전은 중장기적인 것이므로 팀원들과 그다지 논란 대상이 되지 않는다. 반면 전략은 내외부 환경을 고려한 팀의 진행 방향이므로 논란이 될 수 있다. 팀 목표치는 팀원들에게는 당장 자신의 업무와 직결되므로 당연히 의견 제시가 있을 것이다. 이 과정에서 서로간에 의견 토의가 있어야 한다. 그리고 제시된 내용에 대한 비판 내지 반대도 있을 수 있다. 그런 것들은 건설적인 대안 마련으로 나아가기 위해 필요하다고 받아들여야 한다. 이 점에서 팀장에게 있어 팀원들과 대화하고 논의하는 커뮤니케이션 능력이 더욱 중요하다 할 것이다.

12. 팀원 성과관리의 바람직한 프로세스

성과관리가 타이트하게 이루어질수록 사람들은 목표 설정을 이기적으로 하려 한다. 목표 달성율이란 실적치를 목표치로 나눈 것이다. 그래서 목표치를 낮게 잡으면 잡을수록 달성율은 높아질 가능성이 높다. 따라서, 좀 의욕적으로 목표치를 설정할 수 있음에도 적당한 선에서 목표치를 잡고 스트레스 받지 않으려는 것이 인지상정이다. 따라서, 목표 내용의 구성을 어떻게 할 것인가, 수준치를 어느 정도로 할 것인가를 놓고 팀장과 팀원 간에는 줄다리기가 발생할 수 밖에 없다. 결국 이 과정을 잘 해내기 위해서는 서로 간에 충분한 대화와 협의가 필요해진다.

목표 제시는 팀원이 먼저 하도록

팀원의 목표 설정은 먼저 팀원 개인이 작성하도록 해야 한다. 자신이 자기 업무를 제일 잘 알고 있기 때문이며, 목표 설정을 어떻게 하고 어떤 업무에 어떤 비중을 두어야 할지, 목표 수준치는 어느 정도로 해야 할지 자기 경험에 비추어 보아야 하기 때문이다. 목표 설정을 팀원이 하지 않고 팀장이 일방적으로 정해 줄 경우 본인은 목표 달성에 적극적 태도를 갖기 어렵다. 더군다나 본인의 의사에 반하는 방향으로 일방적으로 하향 전달되었다면 본인은 그러한 목표를 기준으로 일하는 것은 물론, 평가 받는 것도 거부할 수 있을 것이다.

목표 결정은 면담을 통한 합의로

그러나, 팀원이 설정한 목표를 그대로 받아들인다는 것도 바람직하지 않다. 왜냐하면 팀원이 설정한 목표가 팀 목표와 연계되지 않은 주관적일 가능성이 있기 때문이다. 예를 들어 어느 영업팀의 경우 팀 목표를 전년대비 매출액 10% 향상으로 잡았다면, 팀원들도 자신이 담당하는 영업 매출에서 각자 10% 상승을 고려해야 할 것이다. 물론 개인별 상황에 따라 10%를 일률적으로 적용하는 것이 바람직하지 않을 수 있다. 그러나, 자신의 입장만 고려하여 팀원으로서 주어진 목표 달성에 동참하지 않는다면 그 개인은 팀원으로서의 팀 목표 달성을 소홀히 하는 것이다.

팀원 위에는 보통 2~3 단계에 걸친 상사가 있는 법이다. 그 중에서 가장 중요한 역할을 하는 팀장은 팀원의 업무를 직접 관리하는 직속 상사이다. 직속 상사인 팀장과의 면담만으로 모든 것이 확정되게 할 경우에는 문제가 있을 수도 있다. 일반적으로 팀장의 영향력이 가장 크지만 팀장의 상사, 즉 2차 상사의 확인 과정을 거치는 것도 필요하다. 일반적으로 기업이나 공공기관의 실무자에게 있어서 1차 상사는 팀장 내지 과장, 부서장이 된다. 2차 상사는 임원이나 공장장, 지점장, 법인장, 본부장 등이 된다고 보아야 할 것이다. 2차 상사의 조정 과정을 두는 방식의 장점은 직속 상사와의 조정이 잘 이루어지지 않을 경우, 제3의 조정자로서 역할을 2차 상사가 할 수 있다는 점이다. 또한 2차 상사는 여러 명의 1차 상사를 거느릴 수 있으므로, 1차 상사 간의 불균형이나 치우치는 점을 조정하는 긍정적 역할도 할 수 있기 때문이다. 그렇지만 2차 상사의 영향력을 1차 상사보다 크게 하는 것은 바람직하지 않다. 2차 상사는 1차 상사보다 실무자를 잘 모를 가능성이 높기 때문이다. 그리고 최근의 조직 운영 동향은 단계를 줄이면서 실무자에게 더욱 많은 권한과 책임을 부여하는 방향으로 가고 있다. 따라서, 실무자에 대한 직접적인 관리자로서의 기능은 1차 상사에게 비중을 더 주는 쪽이 바람직하다.

▌사내 인트라넷 상에 성과관리 시스템 구축

목표 내용에 대한 합의가 이루어지면 이 내용을 성과관리 시스템에 입력하는 것이 필요하다. 왜냐하면 목표야말로 해당 기간 동안 업무 수행자가 계속 바라보아야 할 것이기 때문이다. 목표 내용이 정성적인 것이든, 정량적인 것이든 수치 내지 정성적 기술치는 지속적으로 관리되어야 한다. 따라서, 오프라인 상의 서류 작업만으로는 지속적인 입력, 확인, 점검, 누적 작업이 제대로 되기 어렵다. 최근에는 각종의 성과관리 시스템 모델들이 개발되어 제공되고 있다. 소프트웨어 개발 회사들이 이러한 전문 작업을 수행하고 있다. 가장 간단한 형태로 엑셀 프로그램을 활용하여 양식을 만들 수도 있다. 이후 이 양식을 사내 전산망에 올린 후 전 사원이 접속하여 자신의 목표치를 입력하고 실적치도 지속적으로 입력하게 만드는 것이다.

▌성과 측정은 일상적으로 이루어져야

목표가 정해진 뒤에는 목표를 실행하는 일상적 업무가 이루어진다. 수행된 업무의 결과로서 성과는 일상적으로 측정되는 것이 바람직하다. 측정하는 기간 단위는 업무 유형에 따라 다를 수 있다. 성과가 매일 또는 매주 단위로 정량적으로 나오는 업무라면 측정은 쉬울 것이다. 예를 들어 금융부문이나 영업, 생산팀의 팀원이라면 성과는 금액, 개수, 크기, 진척율(%) 등의 형태로 성과 측정이 이루어질 것이다. 정성적인 업무 경우라면 다음과 같은 측정 방식이 바람직하다. 먼저 전체 업무를 3~5개의 세부 직무로 나눈다. 이어서 세부 직무 별 업무 수행 결과를 3~5개 정도의 등급으로 구분한다. 그리고 각각의 등급 상태를 서술형 문장 (예로서 S : 결과가 계획 수준보다 아주 높음, A : 결과가 계획 수준보다 좋음, B : 결과가 계획 수준 정도임, C : 결과가 계획보다 미흡함, D : 결과가 계획 수준보다 아주 미흡함)으로 표현한다. 이는 숫자로 나타내기 어려운 정성적 업무 결과를 등급으로 측정하여 계획 수준 대비 어느 정도인지를 판단하게 하는 것이다. 그리고, 개별 등급을 점수로 (예로서 S : 100점, A: 90점, B : 80점, C : 70점, D : 60점) 이어지게 한다. 이렇게 되면 정성적 업무 결과도 점수로서 계량적으로 측정되는 셈이다.

1. 목표 설정(팀원)	연말에 팀원 본인이 목표관리 자기신고서 작성
2. 목표확정 면담(상사)	연말에 1차(팀장), 2차 상사가 목표관리 자기신고서 확정
3. 목표실행 성과 신고(팀원)	매월 본인이 목표관리 신고서 중 자기신고분 작성
4. 목표실행 성과 평가(상사)	매월 1, 2차 상사가 목표 달성 실적 확인 및 평가
5. 평가 결과 취합	성과평가 : 연 2회 (6월말, 12월말) 또는 연 1회
6. 팀원별 평가등급 가결정	평가등급 : 5등급(S,A,B,C,D)~3등급(A,B,C)
7. 면담 및 조정	평가 결과에 승복 못할 경우 1, 2차 상사 면담 또는 성과평가위원회에 조정 신청
8. 팀원별 평가 등급 확정	개인별 평가 등급 확정
9. 팀원별 성과 보상 결정	성과 평가 등급에 따른 성과급 지급 또는 연봉 조정

〈표 2 - 7〉 팀원의 성과관리 프로세스

성과 측정의 방법은 먼저 팀원이 자신의 성과를 신고하는 방식으로 이루어져야 한다. 이 과정에서 기간별로 목표치 대비 얼마만큼 달성되었는지 확인될 것이다. 나아가 달성 미달 및 초과의 원인 분석도 팀원 자신이 먼저 하도록 해야 한다. 그러한 본인 신고에 이어 1차(팀장), 2차 상사의 성과 확인 작업이 이루어져야 한다. 정량적인 성과치로서 확인이 쉽게 되고 팀원과 상사 간에 달성치에 대한 이견이 없다면 이 과정은 순조롭게 지속될 것이다. 정성적 성과에 대한 등급 선택 절차도 먼저 본인이 하게 하고, 이어서 1차, 2차 상사 순으로 확인하게 한다. 정성적인 성과일 경우 성과에 대한 확인은 시간이 걸릴 수 있다. 왜냐하면 결과가 즉시적으로 확인되지 않을 수 있기 때문이다. 결국 등급을 선택하거나 점수를 매기는 방식을 취하는 정성적 업무 결과 측정에는 평가적 측면이 병행된다고 봐야 할 것이다.

성과 신고의 주기는 일반적으로 월 단위가 바람직하다. 물론 영업팀 등에서는 매주 또는 격주 단위로 할 수 있을 것이다. 정성적 성과도 월 단위로 신고하는 것이 바람직하다. 다만 성과에 대한 등급이나 점수 평가를 매월 할 것인지 분기 또는 반기 단위로 할건지는 목표 설정 시점에서 미리 정해야 할 것이다. 성과에 대한 지속적인 신고, 측정, 확인, 평가를 위해서는 일정한 형태의 전산 양식에서 입력 작업으로 이루어지는 것이 바람직하다. 이처럼 실적 신고 및 팀장의 확인 작업은 별도로 구축된 성과관리 시스템을 통해 이루어지도록 해야 한다.

평가 결과에 대한 예측이 가능해야

목표 설정과 성과 신고가 지속적으로 이루어진다면 달성율은 팀원 스스로 예측 가능하다. 이럴 경우 성과평가란 특정한 시점에서 이루어지는 평가라고 하기 보다 매달 측정, 평가된 결과를 누적시켜 반영하는 작업이라 해야 할 것이다. 시스템으로 구축되어 안정적으로 운영되는 성과관리 시스템 하에서는 본인이 실적 확인 뿐 아니라 스스로 평가도 해볼 수 있을 것이다. 평가는 달성 정도에 근거하여 점수 내지 등급으로 결정될 것이다. 정량적 성과인 경우 절대평가 방식을 적용한다면 달성율 기준 별로 해당 등급 기준이 (예로서 S : 목표 대비 달성율 130% 이상, A : 달성율 기준 110% 이상~130% 미만, B : 달성율 기준 90% 이상~110% 미만, C : 달성율 기준 70% 이상 ~90% 미만, D : 달성율 기준 70% 미만) 미리 공지되어야 한다. 개인들이 이 기준을 인지하고 있다면, 자신의 평가 등급이 무엇일지 사전에 예측할 수 있을 것이다. 다만, 절대평가 방식이 아니고 석차에 따라 등급을 강제 배분하는 상대평가 방식 (예로서 S : 10%, A : 20%, B : 40%, C : 20%, D : 10%) 이라면 예측이 불가능할 수 있다. 왜냐하면 집단별 전체 구성원의 성과 결과가 함께 나오지 않은 상태에서는 자기 등급을 확인하기 어렵기 때문이다. 다만 이럴 경우에라도 내가 어느 등급 정도가 될 것이라는 예상 정도는 가능하게 해주어야 한다.

이를 위해서 평가 기준 및 방식, 평가 절차가 해당 기간이 시작되기 전에 사전 공지되어야 할 것이다. 이는 성과 측정과 평가에 대한 투명성을 높이게 되며 이러한 절차적 투명성으로 인해 팀원들은 평가의 공정성과 객관성에 대한 신뢰도를 높게 가지게 될 것이다. 이 모든 것이 제도적 차원에서 안정적으로 정착이 되는 데는 시간이 걸릴 것이다. 그러나 이러한 절차적 투명성을 통해 평가 공정성 수준이 제고된다면, 팀원들의 성과 제고 의지는 향상될 것이 틀림 없다. 즉 최고경영자나 팀장이 뭐라고 말하지 않아도 스스로 알아서 자기 업무에 대한 성과를 챙기는 분위기가 강화될 것이다. 이럴 경우 전체적으로 팀의 성과 개선은 확연히 이루어질 것이다.

평가 결과에 대한 이의 제기가 가능해야

성과 결과에 대한 등급이 나왔다면 이 등급은 1차 상사인 팀장이 해당 팀원에게 알려주는 것이 바람직하다. 통지의 주체가 팀장이 되는 것이 나은지, 아니면 전사적으로 인사팀 등에서 일률적으로 알려주는 것이 바람직한지는 논란의 소지가 있다. 성과 등급을 1차적으로 인사팀에서 개인별로 통지하는 것이 바람직할 수도 있다. 그러나, 이 경우에도 팀장은 팀원의 성과 등급에 대해 알아야 한다. 왜냐하면 목표 내용을 팀원과 팀장 간에 상호 합의하여 설정한 것이기 때문이다. 그리고 성과치도 일정 기간마다 지속적으로 신고하고 확인이 이루어졌기 때문에, 그에 대한 성과 평가 내용을 상호 인지해야만 다음 기간의 목표 설정에 피드백할 수 있기 때문이다. 성과 등급에 대해 개인적으로 받아들이기 어려운 불만이 있을지라도 서로간에 이에 대한 언급을 할 수 있어야 한다. 그렇지 않다면 목표 설정과 성과 신고, 측정, 평가에 이르는 바람직한 피드백이 이루어지기 어렵다.

팀원이 자신이 받은 등급을 정당한 사유로 인해 받아들이기 어렵다고 할 경우에는 평가에 대한 조정 신청이 공식적으로 가능해야 한다. 왜 본인이 받아들이기 어려운지에 대해서는 여러 가지 이유가 있을 것이다. 본인의 귀책 사유가 아닌 이유로 인해 목표 설정이 잘못되었다든지, 업무 수행 중 예기치 않은 돌발 변수가 발생했다든지, 아니면 실적 신고에 착오 내지 잘못이 있었을 경우 등이다. 이러한 경우는 타당한 이의 제기로 받아들여야 할 것이다. 이럴 경우 성과평가위원회 등에서 이에 대한 조정 심사를 할 수 있어야 할 것이다. 조정 신청이 받아들여질 경우 등급 조정 등이 가능할 것이다. 그러나 조정을 신청했다고 반드시 등급 조정으로 이어질 수는 없을 것이다. 다만 이러한 공식적 심의 절차를 두는 것이 평가 공정성 제고에 도움될 것이다.

평가 결과가 보상으로 이어져야

평가 결과가 점수이든, 석차이든 또는 등급으로 나타나든 평가란 잘한 사람과 못한 사람을 구분하는 것으로 이어질 수 밖에 없다. 잘한 사람에게는 상응하는 보상을 주어야 한다. 반면 성과가 미달하는 사람에게는 상대적인 불이익이 돌아갈 수 밖에 없다. 잘한 사람과 못한 사람 간의 격차를 어느 정도 두어야 하는가는 조직 문화나 최고경영자의 정책에 따라 다를 것이다. 격차 폭이 적을 수도, 클 수도 있다. 그러나, 그 정도가 어찌되었던 잘한 사람에게는 적절한 보상이 주어져야 하다는 데는 이의가 있을 수 없다. 이러한 긍정적 보상은 동기 부여로 이어지고 적극적인 동기부여는 더 높은 성과 창출로 이어질 것이다.

위와 같은 성과관리의 프로세스는 조직 차원에서 지속적으로 이루어져야 한다. 이러한 시스템이 단기간에 정착되기는 어렵다고 볼 것이다. 그러나 프로세스 확립이라는 절차 공정성을 염두에 두고 문제점이나 약점을 계속 보완해 나간다면, 팀원들의 성과관리에 대한 신뢰는 제고될 것이다. 성과관리 사이클이 1년 단위로 이루어지든, 6개월 단위로 이루어지든 그 기간에 상관없이 이 과정은 지속되어야 한다. 그러면서 계속적으로 보완된다면 조직 문화에 맞는 고유한 시스템으로 정착될 것이다. 이러한 정착을 통하여 팀원들의 성과 의식은 더욱 제고될 것이며, 팀 성과 혁신은 확실히 이루어 질 것이다.

성 명			소 속			해당 기간		~			

계획 (본인 작성)					실적 (본인 작성)		1차평가		2차평가		
순위	업무	목표 설정	세부 내용	비중 %	난이도	달성 실적	달성도 %	점수	점수	등급	점수	등급
1											
2											
3											
4											
5											
계				100							

등급 기준	S	A	B	C	D
난이도 점수	120(매우 어려움)	110(어려움)	100(보통)	90(쉬움)	80(매우 쉬움)
평가 점수	130점 이상	110~129점	90~109섬	70~89점	70짐 미만

<표 2 - 8> 정량적 성과관리 카드

1. 평가 점수 산정

김 사원의 성과평가 결과가 아래와 같이 나왔다.

〈 김 사원의 평가 점수 계산〉

업무목표 항목	1	2	3	4	5	계
비중(%)	35	20	20	15	10	100
난이도	A(110%)	C(90%)	D(80%)	B(100%)	S(120%)	
달성도(%)	95	70	60	80	90	
평가점수	36.6	12.6	9.6	12	10.8	81.6

※ 최종평가 점수와 등급: $(35 \times 1.1 \times 0.95) + (20 \times 0.9 \times 0.7) + (20 \times 0.8 \times 0.6) + (15 \times 1.0 \times 0.8) + (10 \times 1.2 \times 0.9) = 81.6$ 점

2. 평가 등급 산정

절대평가 방식으로 등급을 정할 경우에 81.6점은 70~89점 범주에 들게 되므로 C 등급이 된다. 만일 상대평가 방식으로 등급을 정할 경우 김 사원이 속한 고과집단 총원의 평가 점수를 비교한 결과 김 사원의 서열은 위로부터 61%에 해당하게 되었다면, 상대평가에 의한 강제배분 비율이 아래와 같을 경우 김 사원의 해당 등급은 B 등급이 된다.

〈평가 등급 및 배분 비율〉

평가 등급	S	A	B	C	D	계
구성비	10%	15%	60%	10%	5%	100%

3. 올해 성과급

김 사원의 지난 해 성과급은 200만원이었다. 아래와 같이 성과급 조정이 이루어질 경우 김 사원의 금번 성과급은 절대평가 방식을 적용할 경우에는 200만원 (C등급 인상율 0% 적용)이 되며, 상대평가 방식을 적용할 경우에는 210만원 (B등급 인상율 5% 적용)이 된다.

〈평가 등급별 성과급 인상율〉

평가 등급	S	A	B	C	D
성과급 인상율	15%	10%	5%	0%	-5%

〈표 2 - 9〉 개인에 대한 정량적 성과 평가와 보상 사례

성 명			소 속			해당 기간		~				

	계획 (본인 작성)				실적 (본인 작성)						실적 평가 (고과자)					
순위	업무	목표설정	세부내용	비중 % A	달성실적	달성도 B	곤란도 C	노력도 D	계 E=B+C+D	점수 EXA	달성도 B'	곤란도 C'	노력도 D'	계 E'=B'+C'+D'	수정평점 F	점수 (E'+F)XA
1						S 70 A 60 B 50 C 40 D 30	S 42 A 36 B 30 C 24 D 18	S 28 A 24 B 20 C 16 D 12			S 70 A 60 B 50 C 40 D 30	S 42 A 36 B 30 C 24 D 18	S 28 A 24 B 20 C 16 D 12			
2						S 70 A 60 B 50 C 40 D 30	S 42 A 36 B 30 C 24 D 18	S 70 A 60 B 50 C 40 D 30			S 70 A 60 B 50 C 40 D 30	S 42 A 36 B 30 C 24 D 18	S 28 A 24 B 20 C 16 D 12			
3						S 70 A 60 B 50 C 40 D 30	S 42 A 36 B 30 C 24 D 18	S 70 A 60 B 50 C 40 D 30			S 70 A 60 B 50 C 40 D 30	S 42 A 36 B 30 C 24 D 18	S 28 A 24 B 20 C 16 D 12			
4						S 70 A 60 B 50 C 40 D 30	S 42 A 36 B 30 C 24 D 18	S 70 A 60 B 50 C 40 D 30			S 70 A 60 B 50 C 40 D 30	S 42 A 36 B 30 C 24 D 18	S 28 A 24 B 20 C 16 D 12			
5						S 70 A 60 B 50 C 40 D 30	S 42 A 36 B 30 C 24 D 18	S 70 A 60 B 50 C 40 D 30			S 70 A 60 B 50 C 40 D 30	S 42 A 36 B 30 C 24 D 18	S 28 A 24 B 20 C 16 D 12			
계				100												

등급 기준	S	A	B	C	D
평가 점수	130점 이상	110~129점	90~109점	70~89점	70점 미만

〈표 2 - 10〉 정성적 성과관리 카드

1. 목표 설정 및 성과 측정, 평가

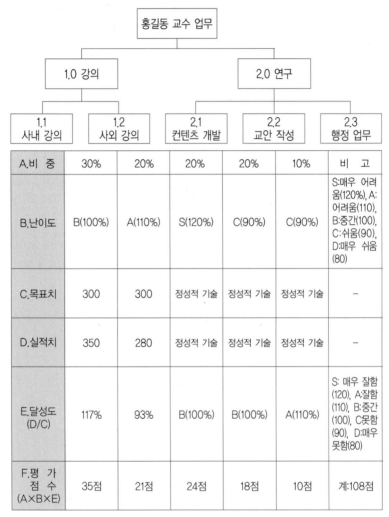

A.비 중	30%	20%	20%	20%	10%	비 고
	1.1 사내 강의	1.2 사외 강의	2.1 컨텐츠 개발	2.2 교안 작성	2.3 행정 업무	
B.난이도	B(100%)	A(110%)	S(120%)	C(90%)	C(90%)	S:매우 어려움(120%), A:어려움(110), B:중간(100), C:쉬움(90), D:매우 쉬움(80)
C.목표치	300	300	정성적 기술	정성적 기술	정성적 기술	–
D.실적치	350	280	정성적 기술	정성적 기술	정성적 기술	–
E.달성도 (D/C)	117%	93%	B(100%)	B(100%)	A(110%)	S: 매우 잘함(120), A:잘함(110), B:중간(100), C못함(90), D:매우 못함(80)
F.평 가 점 수 (A×B×E)	35점	21점	24점	18점	10점	계:108점

2. 성과 평가 결과

절대평가 방식을 적용하고 그 기준이 S : 130점 이상, A : 110~129점, B : 90~109점, C : 70~89점, D : 70점 미만이라면 홍길동 교수의 평가 등급은 B 등급이 된다.

〈표 2 - 11〉 개인에 대한 정성적 성과 평가와 보상 사례

13. 평가의 딜레마

평가를 받는다는 것은 누구나 부담스러운 일이다. 사람들은 평가를 한다는 것이 사람에 대한 평가를 하는 것으로 생각한다. 그러나, 평가란 어느 사람이 한 일의 결과에 대하여 평가하는 것이다. 더군다나 평가란 그 사람의 사람 됨됨이나 인격에 대한 평가가 아니다. 사람들은 종종 성과 평가 시 최저 등급을 받았다든지, 최고 등급을 받았다든지를 가지고 그 사람의 인격에 대한 평가로 오해하는 경우가 있다. 이 점은 평가자나 피평가자 모두가 분명히 해야 할 점이다.

▌사람에 대한 평가가 아니라 일에 대한 평가

고과가 끝나고 결과가 공지된 후 늘상 겪게 되는 고과 후휴증이란 게 있다. 최저 등급을 받은 팀원이 "왜 내가 D등급이냐!"고 열을 내면서 자신의 팀장에게 가서 열을 올리며 따지는 경우가 있다. 심한 경우에는 분을 삭이지 못하고 대들거나, 사표 쓸 각오를 하고 팀장의 멱살을 잡고 싸우는 경우도 있다. 고과 결과를 받아 보고 "내가 좋지 않은 평가 결과를 받았더라도 이를 받아들일 수 있다"면 그 평가는 객관적인 평가라 할 수 있다.

사람들은 누구나 자기가 한 일의 결과에 대해 좋은 평가를 받고 싶어 한다. 그래야만 일의 보람도 느끼고 자신의 성취감과 자기가 인정받는다는 만족감을 느낄 수 있기 때문이다. 그러나 아무리 개인 역량이 뛰어나고 최선을 다했을지라도 일의 결과가 좋지 않을 경우가 있다. 예를 들어 증권 영업을 하는 담당자는 아무리 고객을 많이 확보하고 고객 대응을 잘 하더라도 시장 전체가 하향세에 있다면 좋은 실적을 내는 데 한계가 있다. 펀드 매니저도 마찬가지다. 예측하기 어려운 각종 리스크 변수나 돌발 변수가 생기기 때문에 실적이란 항시 불확실한 것이다. 그래서 성과란 개인 역량에 따라 같이 가는 경우도 있지만, 개인 역량과는 상관없이 운에 맡길 수 밖에 없는 경우도 많은 것이다. 베테랑들은 '運七技三'이라는 얘기를 종종한다. 30% 정도는 자기 노력에 달려있지만, 70%는 운이라는 것이다. 노력한다고 되는 것이 아니라는 얘기다. 따라서 일의 결과를 가지고 너무 일희일비할 것도 없다는 것이다.

성과평가와 역량평가

평가란 그 성격에 따라 내용을 구분하는 것이 필요하다. 일에 대한 결과만을 가지고 평가하는 것이 성과 평가이다. 반면에 그 일을 한 사람에 대하여 평가하는 것은 역량평가이다. 역량이 아무리 뛰어나도 성과가 안 좋을 수 있다. 반면에 역량이 별로 없어도 운이 좋으면 좋은 성과를 얻을 수도 있다. 한 해 좋으면 한 해 나쁠 수도 있다. 성과란 어떤 면에서는 바닥 → 상승 → 절정 → 하강의 사이클을 그리는 면이 있다. 항시 좋은 성과를 보이는 사람은 별로 없다. 그렇다고 못하는 사람이 항시 못하라는 법도 없는 것이다. 그래서 성과 평가의 결과를 가지고 본인의 역량을 그대로 판단하는 것도 조심스러운 점이 있다.

더군다나 평가자들이 한 해의 성과만을 가지고 그 사람의 역량을 판단하는 사고는 바람직하지 않다 할 것이다.

역량이란 그 사람이 당해 직무를 수행하는 데 필요한 구체적 능력을 말한다. 반면에 능력이란 잠재적이면서 포괄적인 면이 강하다. 영어를 잘 한다는 것은 영어 능력이 있다는 것을 말해준다. 반면에 IT분야의 무역에 필요한 쓰기, 듣기, 말하기를 잘할 수 있다는 것은 역량이다. 역량이란 특정인이 행하는 특정 직무에서 요구되는 구체적 능력이다. 그리고 성과를 내는데 필요한 현실적 능력이다. 따라서 일반적 능력이 있어도 역량은 모자랄 수 있다. 어느 누가 성과를 지속적으로 잘 낸다면 그 사람은 그 분야 업무에 있어 역량이 있다고 말할 수 있다. 그러나 그렇다고 해서 그 사람이 일반적 능력이 있다고 연결시키기는 어렵다. 그 분야의 구체적인 일은 잘하지만 다른 분야의 일까지 다 잘한다는 것을 말하는 것은 아니기 때문이다. 그래서 성과를 잘 못내는 사람을 그냥 무능한 사람이라고 보아 버리는 것은 옳지 않다. 그 사람이 당해 직무를 하는데 필요한 역량이 부족하다고 할 수는 있겠지만, 능력이 모자란 사람은 아닐 수 있는 것이다.

따라서 사람을 평가한다는 것에는 조심스러운 측면이 여전히 있다. 정확히 말해 성과평가란 당해 기간에 어느 사람이 한 특정한 일의 실적을 목표치에 대비하여 평가한 것이다. 실적은 좋아졌지만 목표치가 너무 높았기 때문에 달성율이 낮아진 경우도 있다. 그래서 약은 사람들은 목표치를 낮게 잡으려고 하는 것이다. 그리고 성과 평가 등급이 좋았다는 것은 그 사람의 역량이 좋았다는 것과 연결될 수는 있다. 그렇지만 역량이 좋다고 성과가 꼭 좋다는 법은 없다. 더군다나 성과를 가시고 그 사람의 일빈적인 능력을 평가하는 것은 지나치다. 더 나아가 성과를 가지고 그 사람의 태도나 인격을 평가하는 것은 어불성

설이다.

따라서 역량평가와 성과평가를 구분할 필요가 있다. 무엇보다도 평가의 결과를 사용하는 목적에서 구분되어야 한다. 역량 평가는 주로 승진이나 교육, 배치 전보 등에 활용되는 것이 바람직하다. 반면 성과평가는 인센티브 등의 보상에 활용되는 것이 바람직하다. 역량 평가에는 태도를 평가하는 요소도 들어간다고 할 것이다. 태도에는 업무에 대한 적극성, 도전의식, 자신감, 자기 계발 태도 등이 포함된다. 반면 성과평가는 당해 기간에 발생한 성과만을 가지고 평가해야 한다.

▌평가 결과의 공개 문제

대부분의 경우 누가 얼마의 연봉을 받는지, 성과급은 어느 정도를 받았는지 모르는 경우가 일반적이다. 인사팀에서는 각 개인의 연봉이나 성과급을 철저한 비밀로 붙인다. 그것을 알려고 해서도 안 된다. 한 사무실에 근무하는 동료 간에도 누가 얼마를 받는지 알려 하는 것은 금기 사항으로 되어 있는 경우가 많다. 이러한 것들이 알려질 경우 내가 많이 받으면 동료들에게 미안할 수도 있다. 또 내가 남들보다 적게 받을 경우 그것 때문에 기분 나빠질 수도 있다.

이처럼 급여로 나타나는 개인별 성과 보상 결과는 人秘로 하는 것이 바람직하다. 그러나, 팀장이 팀원에게 등급으로 나타나는 평가 결과를 알려주는 것은 필요하다. 그래야만 다음 기간의 목표 설정시 성과 결과를 반영할 수 있기 때문이다. 목표치 설정이 팀원과 팀장 간의 합의에 의해 이루어졌고, 실적 신고와 확인이 팀원과 팀장간에 지속적으로 이루어졌기 때문에 성과 결과는 예측 가능하다고 보아야 한다. 그렇다면 그 성과 결과에 대해 서로가 얘기를 나누지 못할 이유가 없는 것이다. 성과 평가를 절대평가로 할 경우 자신의 성과 평가 결과에 대해서는 예측이 더 확실하다. 그렇다면 더더욱 상사가 부하에게 성과 결과를 알려주지 못할 이유가 없다. 성과 평가를 절대평가로 하지 않고 강제 배분 방식의 상대 평가로 한다 할지라도 배분 결과에 따른 등급이나 석차에 대해서는 알려주는 것이 바람직하다 할 것이다.

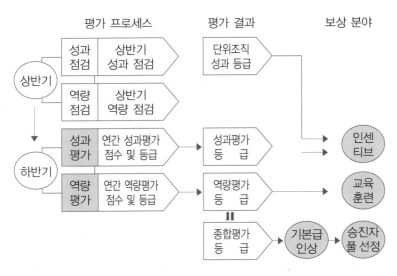

<표 2 - 12> 바람직한 평가 시스템

조직 성과와 개인 성과

조직 단위로만 성과에 대한 차등 평가를 할 것인가, 팀원 개인 단위로 까지 내려 갈 것인가도 중요한 문제이다. 팀 간의 차등만 두고 팀원 개인까지는 차등을 두지 않는 경우도 많다. 그러나 팀장이 팀원 평가를 통해 팀원 간에도 적극적으로 차등을 두는 방향으로 가는 경우도 많다. 조직 단위로 성과를 측정 평가하는 것은 성과관리의 필수이다. 조직단위의 성과 보상을 실시한 경우 성과가 좋은 조직에는 그에 상응하는 대가와 보상을 주어야 할 것이다. 그런데 보상 차등을 본부,

부문, 팀 등 단위 조직의 범위를 어디까지 할 것인가를 정해야 할 것이다. 예를 들어 삼성그룹의 경우 성과급 지급율 결정은 그룹 차원에서 이루어진다. 그래서 당해년도에 성과가 좋은 계열사의 성과급 지급율과 그렇지 않은 회사의 성과급 지급율 간에는 현격한 차이가 난다. 또한 동일한 회사 예를 들어 삼성전자에 속한 조직일지라도 본부 단위, 부문 단위, 팀 단위 성과급 지급율에는 차등이 있다. 삼성전자 휴대폰 사업부문의 경우 어느 해에는 1000%의 성과급을 지급 받은 반면 가전부문의 경우 300%에 불과했다. 최근 행정자치부의 연말 성과급 지급에서 성과평가는 팀 단위로만 이루어졌다. 팀 단위의 평가 까지만 이루어진 셈이다. 한국생산성본부의 경우는 팀 단위과 더불어 팀원 개인간 차등도 있다. 그러나, 팀원 개인 간의 차등 폭은 그렇게 크지 않다. 이처럼 동일 팀에 속한 팀원에게 어느 정도의 차등 폭을 적용할 것인가는 조직 문화에 따라 다르다고 할 것이다.

팀의 성과를 팀원 개인의 성과로 나눌 수 있고, 나누는 것이 바람직 할 경우에는 팀원 개인 간에 차등을 두는 방향으로 가야 한다. 예를 들어 영업팀의 경우 팀 성과가 팀원 개인의 성과 합으로 이루어진다고 할 경우에는, 팀원 개인 별로 성과를 측정하고 그에 따른 성과 보상도 팀원 개인까지 하는 것이 바람직하다. 그러나 팀 성과가 팀원 개인의 성과로까지 나누기 어려울 뿐 아니라, 나누는 것이 바람직하지 않을 경우에는 팀원 개인 성과로 까지 측정 및 평가, 보상하지 않는 것이 바람직하다. 영업팀과 같이 팀원별 성과가 금액으로 명백하게 정량화되는 경우와는 달리, 팀 성과를 팀원 개인 성과로 정량적으로 분해하기가 애매한 경우도 많다. 이럴 경우에는 팀 성과로만 가는 것이 바람직하다. 왜냐하면 공동체로서의 팀 성과를 우선하는 것이 바람직하기 때문이다. 팀원 개인의 성과 달성에 지나치게 경쟁 요소를 도입할 경우, 팀원간 시너지 효과는 기대하기 힘들게 될 수 있다. 이럴 경우 특정한 팀원 개인 성과는 상승할 수 있어도 팀 성과 달성에는 부정적인 영향을 미칠 수 있다. 따라서 팀원간의 협력이 중요한 팀 성과의 경우에는 팀 단위의 성과 차등만으로 하고, 팀원 개인의 성과 차등은 하지 않는 것이 바람직하다.

14. 공정한 평가가 되려면

　내가 대우에서 인사과장으로 근무할 때 자기 부하 과장 중 차장 진급 년한에 걸려있는 사람에게 무조건 높은 점수와 등급을 주는 식으로 인사고과를 한 K라는 임원이 있었다. K 임원에게는 부하의 사기 진작을 위해 그 사람을 올해 차장으로 승진시켜 주어야 한다는 것이 고정관념으로 머리에 꽉 박혀 있었다. 그래서 그 임원은 부하의 성과나 역량 요소에 대한 세밀한 분석은 하지도 않고, 그리고 다른 과장들과의 객관적 비교도 하지 않은 채 아예 평가 등급을 S로, 전체 점수는 98점으로 미리 매겼다. 그리고 세부 평가 요소에 대한 점수 부여는 전체 점수에 맞추어 요소 별로 나누는 식으로 평가를 해왔다. 이러한 평가로 인해 그 임원은 사장으로부터 호된 질책을 받고 본인에 대한 사장의 평가를 D라는 낮은 등급으로 받고 말았다. 사장의 얘기는 그 임원이 부하 관리의 기본도 모르는 관리자로서의 자질 부족이라는 것이었다.

　K 임원과 같은 식의 인사 관행이 되풀이되면 직원들은 평가를 잘 받는데 있어서 중요한 요소 중 결정적인 것이 상사와의 인간관계라고 생각하게 된다. 평가를 잘 받으면 이는 상사와의 인간관계가 좋아서 그런 것이고, 평가를 못 받으면 상사에게 잘못 찍혔다는 식으로 관계가

좋지 않아서라는 생각을 하게 되는 것이다. 그래서 승진 인사 발표가 나면 꼭 불미스런 관계 충돌이 발생하곤 하였다. 나는 최선을 다했고 승진될 자격이 있는데 상사가 날 좋게 보질 않아서 피해를 입었다는 식이다. 그리고는 상사를 원망하고, 혹 과격한 인물은 상사에게 따지며 대들거나 심지어는 부서나 직장을 옮기는 양상이 생겨나곤 하였다.

평가의 공정성 한계

학생들의 학업 능력을 평가하기 위한 입시 시험은 그 결과가 객관적인 점수로서 나온다. 따라서 시험 부정이나 중대한 오류 등이 없는 한 학력 평가의 결과에 대해 이의가 제기되지 않는다. 이처럼 시험과 같은 평가 방법이 있다면 공정성에 대한 이의는 발생하지 않을 것이다. 자격시험이나 진급시험과 같이 시험 점수를 평가요소에 도입할 경우 평가 공정성은 높아질 수 있을 것이다. 과거 은행이나 증권사 등 금융권에서 실시한 대리승진 자격시험은 평가요소로서 결정적이었다. 그러나 최근에 올수록 이러한 시험 제도는 과거에 비해 약화되었다.

평가 공정성이 제기되는 주요 부분은 정성적 평가 부분이다. 시험과 같이 몇 점이라는 점수 결과로 나타내기 어려울 경우는 어떻게 평가할 것인가? 현재 논란이 되는 교원평가제에 있어서도 평가자, 평가요소, 평가 수준을 놓고 논란의 소지가 발생한다. 공무원과 같이 주민 서비스 업무 수행자의 경우 서비스 만족도를 어떻게 측정하고 평가할 것인가? 최근 고객만족도를 측정하는 각종 계량적 모델이나 기법은 정성적 업무에 대한 평가를 객관적으로 하기 위함이다. 그러나 완벽함에 이르기에는 여전히 한계가 있다. 정성적 업무의 한 예로서 주부의 입무 성과를 무엇으로 평가할 것인가? 주부가 가사 업무를 얼마나 잘 했는가를 어떤 기준으로 평가할 수 있을까? 가능한 방법을 만들 수 있을 것이다. 예를 들어 주부의 업무를 몇 개의 평가 요소, 예를 들어 가사 업무의 양과 질, 가족에게 대한 서비스 만족도, 가정 경제의 효율적 운영 등으로 나누어 요소별로 가중치를 매기고 등급 (예 S : 아주 잘했음, A : 잘했음, B : 보통, C : 못했음, D : 아주 못했음)을 부여 하는 것이다. 그리고 등급별로 점수 (예 S : 100점, A : 90점, B : 80점, C : 70점, D : 60점) 기준을 부여한다. 나아가 상대평가 방식을 적용해 총점 석차에 의거하여 S: A: B: C: D 의 비율(예를 들어 10 : 20 : 40 : 20 : 10)을 적용하여 최종 등급을 매길 수 있을 것이다. 그러나 이런 식으로 하는 주부 업무 평가 방식이 적절할 수 있을까? 주부의 가족에 대한 사랑의 마음을 어떻게 평가한단 말인가? 외부로 드러나지 않는 내면적 마음을 어떻게 측정한단 말인가? 이러한 점이 결국 평가의 한계일 수 밖에 없는 것이다.

고과자의 자의적 평가 한계

공정한 평가를 어렵게 하는 많은 요인들은 바로 고과자 자신에서 비롯되는 것이다. 대표적인 것이 고과자의 평가 주관성이다. 어떠한 평가자라도 상식 있는 사람이라면 평가의 중요성 때문에 자기 기분대로 하는 자의적 평가는 하지 않을 것이다. 그러나, 아무리 공정하게 평가하려는 사람일지라도 평가의 주관성은 어쩔 수 없다. 주어진 여러 가지 성과와 역량 사실을 두고 어떤 점을 주로 보고 어떤 점은 덜 볼 것이냐는 결국 평가자의 선택과 해석이라는 주관성을 벗어나기 힘들다고 봐야 한다. 드러난 결과라는 사실을 객관적으로 본다 해도 수많은 사실 중에서 취사선택이라는 점은 어쩔 수 없다.

그러나, 그럼에도 불구하고 평가의 객관성이란 전혀 확보될 수 없는 불가능한 것이라고 볼 수만은 없다. 여러 방법을 동원한다면 주관적 평가의 자의성을 줄이면서 외부적으로 제3자가 볼 때 공감할 수 있는 객관성을 확보할 수 있다. 처음 사례로 제시한 K 임원의 경우가 의도적 평가 왜곡 사례라 볼 수 있다. 평가란 일정한 프로세스를 거쳐 이루어져야 하며, 최종 결과(등급이나 최종 점수 또는 석차)란 프로세스가 다 마쳐지기 까지는 모르게 해야 한다는 점은 중요한 객관성 확보 원칙이다. 그런데 K 임원은 의도적으로 평가 결과를 정해 놓고 평가 프로세스를 끝에서 처음으로 거슬러 올라간 경우이다. 즉 요소 별 평가를 거쳐 최종 결과가 나와야 하는데, 최종 결과를 미리 정해놓고 요소 별 평가를 역으로 행한 것이다, 이것은 의도적인 평가 왜곡이라고 보아야 한다. 따라서 이런 식으로 평가 프로세스를 진행하지 않도록 평가자 교육을 해야 한다. 그리고 평가를 의도적으로 왜곡시키는 평가자에게는 일정한 불이익을 주는 방법을 쓴다면 이러한 행태가 관행적으로 이루어진다 할지라도 어느 정도는 없앨 수 있을 것이다.

공정성 제고의 스킬들

고과자만의 독특한 평가 성향도 평가 공정성을 해치는 한 요소가 된다. 예를 들어 영업담당 임원은 부하 평가를 관대하게 하여 점수를 잘 주는 쪽으로 평가하는 스타일인 반면, 생산담당 공장장은 부하들에 대한 점수를 짜게 주는 쪽으로 평가하는 스타일이라 하자. 그럴 경우 이 두 사람이 평가한 점수를 액면 그대로 인정하여 등급으로 반영한다면 영업 파트에 근무하는 직원은 일반적으로 좋은 등급을 받고, 생산 파트에 근무하는 직원은 대체적으로 낮은 등급을 받게 될 것이다. 수능시험의 경우 어느 과목 출제자들이 문제를 쉽게 내어 대부분이 90점 대 점수를 받는 반면, 어느 과목은 문제가 어려워 대부분이 낮은 점수를 받는 경우와 비슷하다 할 것이다. 고과자에 따라서는 피고과자 그룹을 중간 점수대(평균치 부근)로 몰아서 점수를 주는 중심화 성향을 보이는 반면, 어떤 고과자는 상하위 간 점수 격차를 크게 두는 – 즉 높은 점수와 낮은 점수간 차이를 크게 벌리는 – 스타일로 평가하는 분산화 성향을 보이기도 한다. 이처럼 고과자의 관대화 및 엄격화, 중심화 및 분산화 경향은 고과자 자신의 평가 성향에서 연유한 것이다. 이러한 경향에 대해서는 고과자의 원 점수를 그대로 인정하지 않고 분산 정도를 고려하여 점수를 조정하는 방법을 쓸 수 있다. 예를 들면 수능시험의 경우 출제 난이도에 따라 달라지는 원 점수를 사용하기 보다는, 표준편차를 이용하여 조정한 표준점수를 최종점수로 사용하는 방식이라고 할 수 있다.

이외에도 어느 부하가 특정 업무에서 좋은 성과를 보인 것을 전체 업무에서 다 잘 한 것으로 확대 인식하는 성향인 후광효과도 공정성을 해칠 수 있다. 이런 업무를 잘 했으니까 저런 업무도 당연히 잘했을 것이라고 유추 해석하는 오류이다. 시기적으로도 평가 시점에 가까운 시기에 한 업무만을 주된 평가 대상으로 삼고, 오래 된 시점에 행한 업무는 잘 기억해내지 못하는 근접 오류도 고과자의 주관적 한계가 빚어내는 현상이라고 할 수 있다. 이런 오류를 줄이기 위해서는 평가 대상이 되는 업무 및 평가 기간을 한 쪽으로 치우치지 않고 전반적으로 고려하도록 하는 방법으로 보완해야 한다. 결국 이러한 오류는 평가 프로세스를 제도적으로 잘 만들고 운영상 보완 장치를 두는 방법으로 줄여나갈 수 밖에 없을 것이다.

복수고과자 선정과 다면평가

이외에 고과자를 복수로 선정하여 어느 한 사람의 평가 결과만으로 최종 결과가 좌우되지 않도록 하는 복수 고과자 선정 방법도 있다. 최근 들어 자주 이루어지고 있는 다면평가는 상사의 부하 평가와 부하의 상사 평가, 동료간의 상호평가를 일정한 가중치를 두어 반영하는 방법이다. 그럼으로 다양한 위치에 있는 복수 고과자가 한 사람을 종합적으로 평가하도록 하는 방법이다. 다면평가를 실시하면 상사가 부하에 대한 평가자가 되는 동시에, 부하가 상사를 평가할 수 있다는 점도 고려되기 때문에 객관적이고 공정한 평가를 하는 데 긍정적일 수 있다. 그러나, 다면평가 도입으로 인해 상사의 부하 통제권이 약화되고 관리자들이 지나치게 아래 사람이나 동료 눈치를 보는 등 일 처리가 인기 위주로 흐른다는 문제점이 지적되기도 한다. 다만, 필요한 경우에 적절히 사용되거나, 부하의 상사 평가 비중을 10% 이하 수준으로 둔다면 이와 같은 문제점을 없애면서 다면평가의 장점을 살릴 수 있다.

구 분	내 용
1. 복수 고과자 선정	• 1, 2차 고과자 간에 비중 구분
2. 고과 확인자 선정	• 1, 2차 고과 결과에 대한 임원급의 확인 과정 설정
3. 평가 내용 공개	• 1, 2차 고과 결과를 평가자에게 공개 • 이의 제기시 면담
4. 다면평가 실시	• 상사 평가 외에 부하 평가 실시 • 동료 평가와 부하 평가의 일정 비중을 반영
5. 인사팀의 조정자 역할	• 치우친 평가 점수에 대한 조정 절차 • 필요시 1, 2차 평가점수의 조정 • 표준편차를 이용한 평가점수 조정
6. 상대 평가 적용	• 평가부문별 평가등급의 강제배분 적용 • 직급별, 부문별 평가등급 비율 차등 적용
7. 개별 점수 평가 후 등급 산출 의무화	• 사전에 등급을 정해놓고 점수를 이에 맞추지 않도록 교육 • 점수도 개별 평가항목에 대한 합산으로 전체 점수가 결과적으로 도출되도록 교육
8. 고과자 교육 실시	• 관리자에게 가장 중요한 능력은 공정한 부하평가 능력이라는 인식 고취 • 고과하는 스타일을 보면 관리자로서의 자질을 알 수 있음. • 고과자로서 갖추어야 할 태도 교육

<표 2 - 13> 평가의 공정성 제고 방안

절대평가냐 상대평가냐

상대평가란 일정 집단에 속한 피고과자들에게 전체 석차를 매긴 후 석차에 따라 위에서부터 자르는 방식으로 등급을 강제 배분하는 방식이다. 이 방식은 고과자들의 주관적 고과 성향이나 고과 오류에 대한 조정 역할을 한다는 점에서 필요성이 인정되고 있다. 상대평가는 개인의 절대적 성과 향상에 중점을 두는 절대평가에 비해, 타인과 비교하여 얼마큼 잘 했는가를 가리는 비교평가 방식이다. 그러나, 개인 차원에서는 전년 대비 성과가 향상되었거나, 목표 대비 초과 달성을 했을지라도 동일 집단에 속한 다른 사람들이 그 사람보다 더 나은 성과 향상을 이루었다면 개인으로는 잘했을지라도 조직원으로서는 못한 결과가 있을 수도 있다. 절대평가가 좋은 평가 방식인지 아니면 상대평가가 좋은 평가 방식인지는 교육계 내에서도 끝없는 논란이 이루어지고 있다. 나는 절대 평가가 바람직한 경우도 있고, 상대평가가 바람직한 상황도 있다고 본다. 고과자의 평가 주관성이 강한 경우나, 성과관리 프로세스가 안정적으로 정착되지 않은 조직 상황에서는 상대평가 실시가 불가피하다. 그러나, 성과관리 시스템이 구축된 이후 프로세스 투명성이 개선되었으며, 고과의 공정성을 확보하는 여러 장치들이 안정적으로 운영되는 상황에서는 절대평가 방식이 바람직할 것이다.

정성적 평가의 공정성 제고

기업의 관리 및 연구개발, 공공기관의 업무는 대체로 업무 결과치가 계수적으로 측정되기 어렵다. 이 경우의 성과 측정과 평가 방식에는 논란의 소지가 생긴다. 정성적 성과의 공정성 확보는 적절한 평가 양식 개발에 달려있다. 평가 양식에 평가 요소와 요소별 비중, 평가 등급별 업무 수행 내용을 적절하게 표현하는 서술의 정확도에 평가 성공이 달려 있다. 정성적 업무에 대한 평가는 전사적 차원에서 큰 틀을 제시해 줄 필요가 있다. 그러나, 업무별로 평가 요소와 가중치, 평가 등급별 업무 결과 서술은 개별 조직에 위임하는 것이 바람직하다. 왜냐하면 다양한 업무에 대해서는 다양한 평가 요소와 가중치, 평가 내용이 개별적으로 고려되어야 하기 때문이다. 일반적으로 평가 요소에는 결과와 함께 과정도 고려되는 것이 바람직하다. 결과에는 목표 달성도, 개선도 등이 들어갈 것이다. 반면에 과정에는 노력도, 성실성, 신뢰성, 수행 의욕 등의 요소가 들어갈 수 있을 것이다. 정성적 업무 평가 양식의 큰 틀은 목표 설정 전에 만들어져 1차적으로 개인별로 작성하도록 하는 것이 좋다. 반면 가중치나 평가 등급별 서술 내용은 목표 확정시 상하간 면담을 통해 확정되는 것이 바람직하다.

나는 한국생산성본부에서 강의를 할 때마다 매번 평가를 받는다. 강의에 참여하는 사람들은 기업 및 공공기관, 학교, 사회단체 등에서 다양한 계층에 있는 조직 구성원들이다. 평가요소로는 강의 내용의 적절성, 교수 태도 및 열정, 이해하기 쉽게 가르치는 정도, 학생들의 질문 등에 피드백 해주는 정도 등이다. 매 평가요소마다 5단계의 평가를 받는다. 아주 만족이 5점, 만족이 4점, 보통이 3점, 불만족은 2점, 아주 불만족이 1점이다. 교수들은 매번 강의 평가에서 4점 정도 이상을 받아야만 그런대로 무난한 강의를 했다고 생각한다. 이러한 평가 점수는 매번 마다 누적되어 연말에 가면 1년치의 평가점수가 합산되어 연간 평가점수가 나온다. 이 평가 점수는 전임교수들에 대한 차년도 강사료 심의 자료로 활용된다. 우리는 처음부터 이러한 평가를 받는 것에 젖어있기 때문에 평가를 안받는 것이 오히려 이상하게 느껴진다.

항 목	요 소	요 소 별 정 의
업무 수행 결과	목표 달성도	자신이 작성한 목표관리 업무계획 대로 스스로 약속한 수행 목표를 달성한 정도
	목표 난이도	본인의 업무수행 능력을 종합적으로 평가하여 볼 때 수행업무의 양적, 질 적 수준이 본인 능력에 비하여 높거나 낮은 정도
	환경여건 애로도	업무를 수행함에 있어 스스로 통제할 수 없거나 예상할 수 없었던 장애 요 인이 발생한 정도
업무 수행 과정	직무수행 의욕	업무를 수행함에 있어 달성하고자 하였던 적극성과 노력 정도
	능동성	상사의 지시가 없어도 본인이 알아서 스스로 업무를 추진해간 정도
	정확성	업무를 수행함에 있어 얼마나 세심하고 정확하며 신뢰할 수 있게끔 처리하 여 요구 수준을 만족시킨 정도
	신속성	상황 변화에 대처하거나 고객 및 상사의 필요 형편에 부응하여 그 때 그때 신속하게 업무를 수행한 정도
	지시이행도	상사의 업무 방침을 제대로 이해하여 그에 따라 업무를 처리한 정도
	원가의식	업무를 수행함에 있어 인력, 자재, 시간, 비용 등을 의식하여 비용 절감 차 원에서 노력한 정도
	신뢰성	업무수행 결과가 질적으로 믿을 수 있게끔 처리된 정도
	성실성	업무수행을 위해 전반적으로 끈기 있게 노력한 정도

<표 2 - 14> 정성적 성과 평가 요소 사례

요즈음은 대학 강단의 교수들도 학생들로부터 강의 평가를 받는다. 교수에 대한 강의 평가제가 도입될 무렵 어떻게 나이 어린 학생들이 백발이 성성한 노교수들의 강의를 평가할 수 있느냐는 거부감이 있었던 것도 사실이다. 그러나 이제 교수들에 대한 강의 평가는 당연한 것으로 받아들여지고 있다. 강의 평가로 인한 부정적 문제점이 있기도 하지만, 그래도 교수들은 더욱 좋은 강의를 하려고 애쓴다. 좋은 강의의 혜택은 결국 학생들에게 돌아가는 것이므로 부정적인 면보다는 긍정적인 면이 많다고 본다. 요즈음 초중등학교 교사들에 대한 교원평가제 도입을 놓고 관련단체 간에 논쟁이 뜨겁다. 대학과 달리 초중등학교는 미성년 학생이라는 점에서 성인들과 달리 평가의 공정성

과 적절성에 대한 논란이 있을 수 있다고 본다. 그러나, 이 경우도 전문 교사 및 동료 교사, 학부모의 평가를 통해 공정성과 객관성을 확보하는 장치를 만든다면 보완될 수 있을 것이다.

공정성의 한계

정성적 성과의 경우도 목표 항목이나 목표 수준의 적절성에서 논란의 소지는 생긴다. 이는 결국 성과관리 프로세스 상에서 보완할 수 밖에 없을 것이다. 절차적 투명성을 거치면서 개인의 우선적 목표 제시, 상사와의 면담 합의를 통한 목표 확정, 일정 기간별로 성과의 지속적 신고 및 확정, 평가 기준의 사전 공지, 평가 결과의 예측 가능성 제고, 평가 등급에 대한 납득 불가시 이의 제기 및 심의 절차 마련이 이루어진다면 평가 결과에 대한 공정성은 개선될 것이다.

사람이 사람을 평가한다는 데는 어찌할 수 없는 주관성의 한계가 있는 법이다. 분명히 말해서 성과 평가란 어떤 사람을 평가하는 것이 아니고, 그 사람이 한 일의 결과를 평가하는 것이다. 그리고 일이라고 해도 일반적인 일이 아니라 그 기간 동안에 한 특정한 일의 결과를 목표치에 비해 평가하는 것이다. 물론 역량 평가는 각 개인이 가지고 있는 역량과 태도적인 요소를 평가하는 것이기 때문에 일이 아닌 그 사람을 놓고 평가하는 것이라고 할 수 있다. 어떤 식의 평가 제도를 운영하더라도 평가의 공정성이란 완벽하기 어렵다. 그만큼 말도 많고 이런 저런 불만도 생겨난다. 잘 받은 사람은 말이 없다. 문제는 언제나 잘못 받았다고 느끼는 불만 있는 사람들이 목소리를 높이는 점이다. 자신은 억울하다고 느낄 수 있다. 사람이란 자기 부족함을 먼저 생각하기 보다 남이 자기를 정당하게 봐주지 않았다고 생각하기 때문이다. 이 점이 어쩔 수 없이 공정성의 한계를 만들어 내는 것이다.

15. 괜찮은 보상 방법

　지난 2002년 6월 히딩크 감독이 이끄는 우리 축구 대표팀이 4강을
달성하였다. 23명의 축구팀이 국민에게 바친 더 없는 기쁨의 선물이
었다. 그 때 선수들의 노고의 결과에 대해 어떠한 보상을 해주어야 할
지 논란거리가 되었다. 축구대표팀이 구성되고 나서 월드컵이 개최
될 즈음 정몽준 축구협회장은 선수들의 결의를 다지는 동기부여 성
격의 보상금을 약속하였다. 16강, 8강, 4강의 경우마다 개인에게 얼
마의 보상금을 주겠다고 선수들에게 내건 것이었다. 그런데 우리 대
표팀이 4강을 달성하자 축구협회는 약속대로 개인별로 3억원의 보상
금을 지급해야 했다. 그 때 정 회장은 이런 얘기를 하였다. "대표 팀
소속 23명 선수를 팀 성적에 기여한 정도를 가지고 A, B, C 세 등급으
로 나누어 등급 간 차등을 두어 보상하겠다"는 것이었다. 예를 들면
홍명보, 안정환과 같이 기여도가 높은 선수가 있는 반면, 어떤 선수는
전 게임 내내 벤치에만 앉아있었고 한 게임도 출전 못한 선수도 있었
다. 그러니 그런 점을 고려하지 않고 전 선수들에게 똑같은 보상금을
준다는 것은 공정하지 않다는 것이었다.

월드컵 축구 대표팀 보상 사례 – 차등이냐 동일이냐

이러한 방침이 발표되자 네티즌들로부터 거센 항의가 나왔다. 그들은 선수들에게 보상금을 등급별로 나누어 차등하는 것이 오히려 공정하지 못하다고 주장하였다. 네티즌들은 협회에서 처음부터 선수 기여도에 따라 차등하겠다는 방침을 내걸지 않았다고 했다. 그리고 전 게임을 뛰었건 그렇지 않았건 그건 감독의 전략에 따른 것이었을 뿐 선수들 선택은 아니었다는 것이다. 나아가 몇 몇 스타급 선수들은 광고출연료 등 다른 추가 보상의 기회가 있으므로 여기에 차등을 두면 안 된다는 것이었다. 그리고 무엇보다도 승리는 팀 전체 노력의 결과이지 어느 특정인의 노고만은 아니라는 점이었다. 그래서 이러한 여론 반응에 따라 차등 보상 방침은 없었던 것으로 되었고, 전체 선수들은 동일한 액수의 보상을 받게 되었다. 이처럼 축구대표팀 선수들에 대한 보상을 팀원 간 차등으로 할 것이냐 동일하게 할 것이냐는 지난 독일 월드컵에서도 논란거리가 되었다. 독일월드컵 때에는 이 방침을 사전에 결정하지 못한 것으로 알려졌다.

한국적 정서 – 평등 지향

나는 평가와 보상에 대한 교육을 할 때 이 사례를 놓고 어느 보상 방안이 옳았는지에 대해 투표를 해 보았다. 그 결과는 투표에 참여한 그룹의 성향에 따라 다양하게 나타났다. 그렇지만 다수의 흐름은 차등하지 않는 일률적 보상 방안이 옳았다는 것이었다. 인사 담당자들이나 벤처기업에 근무하는 경영자 그룹에서는 등급별 차등이 바람직했다는 반응이 과반 넘게 나오기도 하였다. 반면에 제조업체의 현장 직원들, 노조 성향이 강한 직원들의 경우는 절대적으로 일률 지급 방안이 우세하였다. 공무원, 공기업 직원의 경우도 일률적 보상 방안이 우세하게 나타났다. 일률 지급을 지지하는 비율은 대체로 과반 이상이었다. 나는 이 결과를 보면서 한국 사람들의 의식 속에는 평등지향적 사고가 강하다는 점을 다시금 느꼈다. 정황에 따라 다르기는 하지만 개인의 능력과 실적에 따른 차등을 강조하는 것을 이기주의 행태로 보는 성향도 있다. 지금도 교육인적자원부가 초중고 교원 급여 중에 성과수당이라는 것을 만들어 성과에 따라 차등 지급하려는 방침에 거센 반대가 있다. 특히 전교조에서는 강력히 반발하여 성과수당의 일괄 반납을 결의하기도 하였다. 금액 차이가 그렇게 크지 않은데도 거부 움직임은 계속되고 있다. 거부 이유로서 성과 측정 시 객관적이고 공정한 평가 보장이 어렵다는 점을 지적하였다. 나아가 차등적 보상은 조직원들의 공동체 정신과 결속감에 암적인 영향을 미친다는 주장이다.

최고의 보상책이었던 승진

과거 기업에서 연공적 인사 관행이 강했던 시절에는 직원들에게 줄 수 있는 최고의 보상책은 승진이었다. 따라서, 남들보다 좀 빨리 승진하는 것, 그리고 승진해야 할 때 남들에게 뒤쳐지지 않고 승진하는 것이 직장생활 성공의 관건으로 인식되었다. 연공제 급여 체제 하에서 성과급이나 연봉 등 성과중심의 보상시스템이 도입되지 않았기 때문이었다. 당시에는 물질적 보상의 내용으로 승진과 호봉 승급이 전부였다. 그러나, 호봉 승급의 메리트는 그다지 크지 않았고 이것도 누적되어 결국은 승진 여부와 연결되었기 때문에 승진만이 최고의 보상책이었다. 성과에 따른 보너스 차등도 별로 없었고, 급여인상이란 베이스 업(Base Up)의 성격으로서 모든 조직원들에게 일률적으로 적용되는 인상이었다. 따라서 직원들 간에 성과 수준에 따른 보상 차등이란 별로 없었다. 지금도 공무원 보상 체계는 이러한 연공제 구조와 크게 다르지 않다. 그러나, 최근 들어 행정자치부 등 몇 몇의 중앙부처에서 성과급 지급 폭 확대 등 성과차등적인 보상책이 도입되고 있다. 그러나, 아직도 공무원 사회에서 가장 큰 보상은 뭐니뭐니해도 승진이라 아니할 수 없다.

▌승진 보상에서 성과급 보상으로 이동

한국사회의 조직 문화는 직위를 중요시한다. 어떤 타이틀을 가지고 불리우느냐가 그 사람의 실력을 나타내는 것이다. 그러니 승진에 목숨을 거는 것이 당연하다. 그러나 최근 몇 년간 이러한 조직 문화에 많은 변화가 온 것도 사실이다. 다단계의 계층 조직이 팀제 등으로 1~2단계 단축된 수평적 조직으로 변화되었다. 그리고, 실무자에 대한 임파워링(Empowering)이 강조되면서 타이틀에 대한 집착이 일부 기업에서는 약화된 것도 사실이다. 특히 프로젝트 성격의 업무가 많이 생겨나면서 TFT(Task Force Team), CFT(Cross Functional Team) 등 태스크(Task) 조직이나 임시조직이 많이 생겨나게 되었다. 조직 운영도 유연화되어 조직 책임자로서의 타이틀이 임시화되는 등 직위 타이틀 의미가 약화되는 현상이 나타나고 있다. 또한 일부 기업에서는 직위 호칭을 부르지 않는 것을 새로운 조직 문화로 만들어 가는 경우도 생겨나고 있다. 이러다 보니 승진이라는 직위 메리트는 약화되는 대신 성과에 대한 물질적 보상으로서 성과급이나 연봉 비중이 증가하는 양상이 되었다. 따라서 평가 시스템도 이러한 변화에 맞추어 직위보다는 성과급 등의 급여 보상으로 중심이 옮겨가는 양상이다. 물론, 기업과 공공조직은 양상이 다르다고 할 수 있다. 그러나 공공조직에도 이러한 방향으로 나가는 경향이 차츰 두드러지고 있다.

팀 차등이냐 개인 차등이냐

조직원에게 보상을 할 경우 조직과 개인 모두에게 차등을 둘건지, 조직만 차등을 두고 개인 차등을 두지 않는 방향으로 갈건지도 논란이 되고 있다. 경영자들은 잘한 사람과 못한 사람 간에 차등의 폭을 늘이려고 한다. 반면 노조 등에서는 차등의 폭을 줄이자고 한다. 잘한 사람에게 포상을 주는 포지티브(Positive) 방식으로 갈건지, 아니면 못한 사람에게 상대적 불이익을 주는 네거티브(Negative) 방식으로 갈 것인지도 논란거리이다. 예로서 어느 팀이 예상치 않게 좋은 팀 성과를 내었다고 하자. 이러한 성과에 대해 격려차 사장이 팀장을 조용히 불렀다. 그리고는 팀장에게 수 천 만원이 든 봉투를 주었다고 할 경우 팀장으로서는 어떻게 처리해야 할 것인가? 팀장이 상당 부분을 가지고, 신입사원이나 기여도가 낮은 팀원에게는 약간의 금액만을 줄 것인가? 전체 금액이 얼마 되지 않는 금액이라면 팀원들의 회식비 정도로 사용하고 개인별로 분배하지 않는 것이 한국적 정서에서 바람직할 것이다. 그러나, 팀 성과 보상금 규모가 클 경우에는 팀원 개인별로 나누지 않을 수 없을 것이다. 이 경우 팀 성과가 팀원 개인별로 나눌 수 있고, 나누어야 하는 경우에는 팀원별 차등이 바람직하다. 팀원 성과가 합쳐져서 팀 성과를 이루었으며, 팀원별 성과가 계량적으로 도출될 경우 개인별 성과 보상을 하지 않으면 앞으로 이런 경우가 되풀이될 때 팀 성과 향상은 기대하기 어렵다. 왜냐하면 팀 기여도가 높은 팀원들은 자신에게 정당한 보상이 주어지지 않았다고 생각하기 때문이다. 자동차 영업, 보험 등 영업 관련 팀의 팀원들 경우가 대표적 사례이다.

그러나 팀 성과를 팀원별 성과로 나눌 수 없을 뿐 아니라, 나누는 것이 바람직하지 않을 경우에는 팀원 차등이 바람직하지 않다. 이럴 경우에는 원칙적으로 팀 전체에게 주어진 금액을 팀원 수만큼 동일 금액으로 나누는 방법이 바람직하다. 왜냐하면 팀원별 성과가 정확하게 나오지 않을 뿐 아니라, 개인별 차등이 전체 팀 시너지에 부정적 영향을 미칠 수 있기 때문이다. 그러나 사원급이나 부차장 등 다양한 직급자로 팀 구성이 되었을 경우, 직급에 상관없이 일률적으로 동일한 1/n 구조로 가는 것은 지나친 평등주의라는 반대가 있을 수 있다. 이럴 경우 팀원 개인 기본급의 몇%라는 방식으로 하는 것이 적절한 조정안일 수 있다. 예로서 100%라는 지급율에서는 서로 간에 차등이 없다. 그러나, 각자의 기본급은 이미 팀원으로 참여할 때부터 차이가 있었다. 이는 개인적 특성으로 주어진 것이기 때문에 기존의 개인간 차등이 이미 반영되어 있는 것이다. 이처럼 팀 차등과 팀원 간 차등 폭을 어느 정도로 할 것인가는 팀 시너지(Synergy)도 살리면서 개인 기여도도 함께 고려하는 방향에서 이루어지는 것이 바람직하다.

16. 연봉제 이야기

　요즈음 대부분 직장에서는 동료 직원 연봉이 얼마인지 묻는 것이 금기라고 한다. 회사에서도 연봉액에 관한 한 인사 비밀 사항으로 하여 본인과 급여 담당 직원 외에는 볼 수 없도록 되어 있다. 급여를 담당하는 직원도 이 부분에 관한 한 철저하게 업무 비밀을 지키도록 되어 있다. 개인으로서도 비슷한 일을 하는 동료보다 많이 받을 것 같으면 그럴수록 자기 연봉을 알려서는 안되고, 적게 받을 것 같으면 자존심 때문에서라도 알리고 싶지 않을 것이다. 그런 만큼 직장인들은 연말쯤 되면 내년도 연봉이 얼마나 되느냐에 관심이 안 갈 수 없다. 고과 결과가 나오면 개인별로 연봉 계약을 하게 된다. 최고경영자와 인사관리자는 연봉 체계 및 개인별 수준을 어떻게 결정하는 것이 바람직한 것인지 고민하지 않을 수 없을 것이다.

연봉제 도입 추세

연봉제는 성과지향적인 보상을 지향하는 대표적 임금체계이다. 우리나라의 경우 IMF를 전후한 90년대 말부터 기업에 도입되기 시작하였다. 그러더니 최근 조사에 의하면 1000명 이상을 고용한 대기업의 경우 80%의 기업이 어떠한 형태로든 연봉제 임금체계를 도입하고 있다는 응답을 하였다. 공기업의 경우도 간부급을 중심으로 연봉제 도입이 활발하다. 최근 중앙정부도 1급부터 3급까지의 고위직 공무원에게 연봉제를 실시하겠다는 발표를 하였다. 이들에게 기존의 계급제를 없애고 고위공무원단의 일원으로서 일괄 관리하겠다는 것이다. 연봉제를 도입한 기업들은 연봉제가 노력과 성과에 상응하는 보상 시스템이라는 점을 강조한다. 우수 인재에게 상응하는 처우를 함으로써 핵심인재를 영입, 유지하는 데 효과적이라는 것이다. 연봉제를 통해 탄력적인 임금 책정이 가능해지기 때문에 인재 스카웃에 유연성을 높여 우수 인재 확보에 도움이 된다는 것이다. 따라서 열심히 일하는 직원의 모티베이션 제고에 긍정적이라는 것이다. 이제 연봉제는 민간, 공공의 전 부문에서 대표적인 급여 지급 형태로 자리 잡아 가고 있다.

미국식 연봉과 일본식 연봉

그러나, 연봉제를 실시하였거나 도입을 검토하고 있는 곳도 세부 내용을 들여다 보면 연봉제 형태는 다양한 모습으로 나타나고 있다. 일반적으로 연봉제는 서구식 급여 체제이다. 크게 양분하면 미국식과 일본식으로 나누어 볼 수 있다. 미국식 연봉은 담당 직무와 성과 수준에 기본을 둔 급여체계이다. 월 단위의 급여 지급액은 연봉 계약에 의거하여 매월 연봉의 1/12만큼 일률적으로 지급한다. 엄밀히 말해서 연봉 이외에 다른 명목의 급여 내지 상여, 퇴직금이란 것은 없다. 개인별 연봉 수준은 고급 직무에 성과가 좋으면 높고, 그렇지 못하면 낮은 수준이 된다. 전통적으로 미국기업의 급여 체제는 직무급이다. 이는 그 사람이 담당하는 직무에 따라 급여가 결정되는 방식이다. 직무수행자의 개인적 속성으로서 나이나 근속년수, 학력, 경력 등에 상관없이 직무 요소만 가지고 결정되는 것이다. 즉 아무리 박사학위를 가진 고학력자라도 누구나 할 수 있는 단순 서무 일을 맡는다면, 그 사람 급여는 낮은 수준이 될 수 밖에 없는 것이다. 따라서, 미국식 연봉제는 직무의 난이도를 나타내는 직무등급이 기본적인 연봉 수준을 결정한다. 그리고, 직무급에 성과 평가 결과에 따른 성과급이 가미된 형태라고 할 수 있다.

반면에 일본식 연봉제는 서구의 성과 중시를 받아들이기는 했지만, 전통적인 연공급 내지 자격급 성격이 바탕이 된 급여 형태이다. 연공급이란 나이 내지 근속년수를 고려하여 연공 기간에 따라 높아지는 형태의 급여이다. 자격급이란 업무수행역량을 나타내는 자격 개념에 따라 급여 수준이 결정되는 급여 형태이다. 따라서, 연봉을 결정할 때에도 성과만 가지고 따지지 않고, 연공이나 자격 수준을 고려하여 기본연봉을 결정한다. 그리고 기본연봉에 성과연봉을 더하는데 성과연봉은 성과 평가 결과에 따라 정해지게 된다. 기본연봉과 성과연봉 이외에도 기업에 따라 별도의 보너스나 개별 수당들이 지급되는 경우가 많다. 별도의 보너스는 기업 성과에 따라 연봉과는 상관없이 사기 제고를 위해 은혜적으로 주어지는 성격이다. 그리고 필요에 따라 별도의 수당들이 지급되는 경우도 있다. 그래서 전체 급여는 기본연봉, 성과연봉, 기타 부가급여로 구성되는 데 요소 별 비중은 기업마다 다양하다. 미국식 형태가 강한 기업은 성과연봉 비중이 높은 반면, 연공이나 자격을 중시하는 일본적 전통이 강한 기업들은 성과연봉의 비중이 상대적으로 낮다.

한국기업의 다양한 연봉제 형태

한국기업의 경우도 연봉제 양태는 다양하다. 미국식이 강한 기업도 있고 일본식이 강한 기업도 있다. 미국식 연봉제가 강한 기업은 연봉제로 전환시 기존의 퇴직금을 개인별로 정산해서 지급한 경우도 있다. 이 경우에는 연말에 회사 성과가 좋았다고 별도로 지급하는 성과급이 없다고 봐야 한다. 또한 명절 때 관례적으로 지급하는 떡값 같은 것도 없다. 연봉이 이 모든 것을 아우르는 것이다. 그리고 한 해 잘해서 연봉이 대폭 올랐다고 해서 그 수준이 그대로 유지되는 것도 아니다. 다음 해에 성과가 안 좋으면 연봉이 떨어질 수도 있는 것이다. 물론 급격한 하락이 없도록 기본급 수준의 연봉 규모를 유지하는 경우도 있다. 미국식 연봉제 기업에는 성과에 따른 연봉 격차도 큰 것으로 알려져 있다. 동일 레벨의 직급에 속하는 사람 간에도 성과가 매우 좋은 S 등급자와 성과가 아주 안 좋은 D 등급자 간의 연봉 격차는 연봉의 몇 배까지 나는 경우도 있다.

반면에 일본식 연봉제 성격이 강한 기업은 기존의 연공급과 자격급 성격을 유지한다. 이 부분을 기본연봉이라 하여 나이, 근속연수, 자격, 능력요소 등이 반영된 직급에 따라 레벨이 정해진다. 그러나 직급을 어느 정도로 세분화할 것인가, 또 직급별 기본연봉의 범위를 얼마로 할 것인가는 다양하다. 여기에 성과에 따라 결정되는 성과연봉이 더해진다. 기본연봉과 성과연봉의 비율을 얼마로 할 것인가는 업종과 기업에 따라 다양하다. 외자계 기업이나 금융부문, 컨설턴트, 회계사, 변호사 등 전문직과 영업직에 있어서는 성과연봉 비율이 높은 편이다. 기본연봉과 성과연봉 외에 별도의 성과 보너스와 수당 등이 지급되는 기업들도 많다. 삼성그룹에서 임직원들에게 지급하는 PS(이익배분, Profit Sharing) 성과급은 엄밀히 말해 성과연봉 외 별도의 성과급이라 보아야 한다. 이 부분은 연봉 계약시 정해지는 것이 아니고 회사별, 본부별, 팀별 성과 결과에 따라 사후적으로 주어지는 성격이다.

기업들은 연봉제를 실시해도 직원들의 정서상 명절 때 별도의 보너스를 떡값 명목으로 지불하지 않을 수 없다는 것이다.

일본식 연봉을 적용하는 기업들의 경우 동일 직급 내에서 연봉 차이가 얼마나 나느냐는 다양하다. S등급과 D등급 간의 차등 금액이 전체 연봉의 5% 미만으로 별 차이가 나지 않는 경우도 있다. 반면에 연봉액의 100% 이상 차이가 날 만큼 격차가 큰 경우도 있다. 이 경우에는 한 해 잘 받았다고 해서 그 수준이 그대로 유지되지 않는 경우가 일반적이다. 조직 성과나 개인 성과가 좋으면 잘 받지만 나빠지면 못 받게 되는 것이다. 그러니 직급이 낮은 사람이 높은 사람보다 더 많이 받는 경우도 비일비재하며, 입사 후배가 선배보다 훨씬 더 받는 경우도 다반사이다. 이처럼 연봉 결과에 민감하고 감정적으로 영향을 받게 되기 때문에 인사 비밀로 할 수 밖에 없는 것이다. 연봉 격차를 늘리는 것이 직원들 간에 불화를 조성하고 직장 분위기에 좋지 않다고 느끼는 경영자는 공식적인 연봉으로 보상하기 보다 비공식적인 격려금 형태로 지급하는 경우도 있다. 이런 경우 사장실로 몰래 불러 별도의 봉투를 지급하는 식이다. 회사에서 이러한 명목의 격려금을 인건비 상의 급여로 처리할지, 아니면 비급여성 경비나 사장 판공비로 처리할지는 형편마다 다를 것이다.

연봉제의 긍정적 기여 측면

연봉제를 도입한 기업들은 대체로 연봉제 도입이 조직원의 성과 제고에 상당한 도움이 되었다고 평가된다. 좋은 성과를 내지 못하면 급여도 잘 받을 수 없다는 의식이 생기기 때문에 성과 향상에 도움이 된다는 것이다. 그리고 급여관리 측면에서도 인건비를 단순하게 관리할 수 있다는 장점이 있다. 과거 우리 기업의 임금 구조는 기본급에다 각종 수당, 정기 보너스, 성과 보너스, 퇴직금, 복리후생적 급여 등 수없이 복잡한 항목들로 구성되었다. 수당의 경우도 가족수당, 근무수당, 자격수당 등 특정한 필요에 의해 생기게 된 것들이 적용 범위가 일반화되고 금액도 커지면서 지급 대상이나 규모가 복잡하게 되고 말았다. 이외에도 시간외 근무 수당, 년월차 등 법적 수당들이 있다. 이렇게 복잡한 임금체계를 유지하다 보니 성과요소는 자연 뒤로 쳐지게 된 것이다. 연봉제는 급여를 성과 중심으로 단순화시킨다는 장점을 가지고 있다. 직원마다 개별적인 면담과 합의에 의한 연봉 결정은 스스로의 책임의식을 강화하는 한편, 자율경영에 도움이 된다고 볼 수 있다. 나아가 조직 단위 별로 성과와 비용이 명확하게 됨으로 자율적 목표관리 정착에도 긍정적이다. 이처럼 조직원들의 무사안일과 게으름 타파에는 확실한 도움이 된다.

연봉제 실행에서 제기된 문제점

반면에 연봉제와 관련한 설문조사 및 전문가들의 평가에 의하면 연봉제 도입에 따르는 여러 우려 및 문제점들도 지적되고 있다. 우선 가시적 결과만을 중시하게 되며, 단기 실적주의로 흐를 경우 장기적 목표의식 없이 목전의 실적에만 매달린다는 것이다. 관리자들의 경우 장기적 관점을 경시할 가능성도 문제점으로 제기된다. 짧은 기간 내에 가시적 성과가 나타나기 어려운 부하 육성이나 신시장 개척, 장기 연구개발 프로젝트 등을 경시할 우려도 있다는 것이다. 성과에 대한 직원들의 스트레스와 불안감이 늘어감에 따라 사기 저하 가능성도 있다고 한다. 특히 성과 저하 시 연봉 삭감이 된다면 이로 인해 사기 저하가 발생하고 우수 핵심 인력 중에서도 퇴직지가 발생한다는 것이다. 그리고, 연봉제는 인건비 절감에는 도움이 되지 않는 것으로 나타났다. 즉 연봉제를 도입한다 해서 조직의 총액 인건비가 줄어드는 경우는 많지 않은 것으로 나타났다.

무엇보다 성과 평가의 공정성 및 객관성에 대한 신뢰 결여시 근본적으로 실패할 가능성이 있다는 점이 지적되고 있다. 내가 일을 잘 못해서 낮은 연봉을 받았다기 보다, 상사와 인간관계가 안 좋아서 그렇게 되었다는 생각을 가지게 된다는 것이다. 연봉 결과에 불만이 있는 사람들은 개인에게 주어진 업무의 양과 질이 근본적으로 적절하지 않았다는 점을 얘기하기도 한다. 나아가 본인에게 주어진 업무 과제 및 목표가 일방적으로 주어졌다는 점을 제기하기도 한다. 지나친 경쟁이나 개인 성과만을 강조하는 분위기로 나갈 경우 조직 연대감이 약화되는 문제점도 지적된다. 조직 내 인간관계 면에서도 부정적 영향이 있는 것으로 나타났다. 조직 및 개인간 성과 경쟁이 치열해지다 보니 상호간에 갈등 유발 요소로 작용한다고 볼 수 있다.

점진적 연봉제 도입

연봉제에는 평가자, 평가 과정, 평가 절차, 평가 결과 적용 등에 있어서 구성원들의 신뢰성 확보가 핵심적 성공요인이라 할 수 있다. 이런 점에서 평가 및 보상 프로세스의 투명성과 적절한 피드백이 관건이라 할 수 있다. 지나친 개인주의로 치우치는 것을 지양하기 위해서는 개인 단위의 성과 평가보다는 팀이나 부문 등 조직 단위의 성과 평가를 우선할 필요가 있다. 나아가 임원진 등 책임 있는 간부급부터 우선적 실시 대상으로 해야 한다. 따라서, 전체 직원을 대상으로 일괄 실시하는 것은 바람직하지 않다. 특히 공장 등 생산 현장에서 근무하는 생산직 사원이나 노조원들에게 연봉제 적용은 아직은 바람직하지 않아 보인다. 따라서 도입 대상도 임원, 팀장, 팀원으로 확대 적용해

가는 것이 바람직하다. 처음에는 팀장 이상에 대해 실시해 보고 나타나는 문제점을 보완한 후 팀원에게 확대 적용시켜가는 것이 좋다. 나아가 연봉제에 대한 전사적 공감 분위기가 형성된다면 생산직까지 확대시킬 수 있을 것이다. 어쨌든 아직은 제조업의 경우 전사적으로 시행하는 것은 바람직하지 않다.

　반면에 금융, 서비스, 영업 부문과 같이 연봉제 도입이 바람직한 곳도 있다. 물론 영업직 경우라도 개인별 성과 귀속이 분명하지 않은 직무에는 급격한 연봉제 도입이 바람직하지 않다고 보여진다. 연봉제 임금 적용이 바람직한 대상으로는 ①경영상 성과와 책임을 분명히 할 부분으로서 임원급, 팀장, 단위조직 책임자 ②영업직과 같이 실적이 기간별로 계수화되는 직무 담당자 ③외환 딜러, 증권사 애널리스트, 투자회사 펀드 매니저와 같이 실적이 금액으로 나타나며 개인별 인센티브 부여가 바람직한 직무 담당자 ④디자이너, 번역, 연구개발직과 같이 개인 단위로 전문적이고 독립적으로 일하는 직무 담당자 ⑤분사 예정 부문의 임직원 등 독립채산이 바람직한 조직의 책임자 ⑥업무가 정형화되어 실적이 쉽게 계량화되는 직무 담당자를 들 수 있을 것이다.

▌한국적 연봉제

공공부문이나 제조업체에는 연봉제를 도입하더라도 일본식 연봉제가 바람직할 것이다. 기존의 급여를 기본연봉과 성과연봉으로 분리하여 연공급과 자격급, 성과급 성격을 공존시키는 것이다. 필요 시에는 별도로 연말 성과급이나 떡값 등 부가급여를 두는 것도 가능할 것이다. 기본연봉에는 기존의 기본급 및 관례회된 상여금 부분 − 매년 고정적으로 지급해온 년 몇 백%의 상여금 중 아예 고정급 성격으로 기본급화시킬 부분 −과 속인(屬人)적 성격의 수당 − 직급, 가족, 직무, 주택, 자격 등− 을 포함 시킨다. 반면에 성과연봉에는 그야말로 개인 및 해당 조직 성과에 따라 지급될 순수한 의미의 성과급을 넣어야 한다. 초기에는 기본연봉 부분을 중심으로 하여 성과연봉을 부가적으로 운용하는 것이 좋다. 그러다가 점차적으로 기본연봉 부분의 비중은 줄이면서 성과연봉 부분을 늘려가는 것이 바람직하다.

처음부터 성과연봉 부분을 과반 이상으로 잡는 것은 바람직하지 않다. 기본연봉과 성과연봉, 기타 부가급여의 비중을 어떻게 구성할 것인가는 조직 형편에 따라 다를 것이다. 한국적 연봉제는 기존의 연공급, 자격급, 성과급 성격을 아우르는 것이다. 급여와 같이 직원들에게 민감한 사항일수록 일시에 급격한 변화를 일으키기 보다는 오랜 시간에 걸쳐 공감대와 피드백을 해가면서 점진적으로 정착시키는 것이 바람직하다.

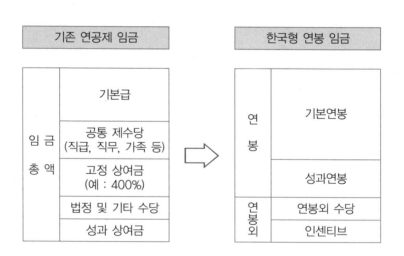

〈표 2 − 15〉 기존의 연공제 임금을 한국형 연봉제로 전환하는 구조

17. 인사관리자의 고민

나는 대우그룹에서 10여 년 가까이 인사 담당자로서 일한 경력을 가지고 있다. 1981년부터 대우조선 인사부에서 시작하여 대우계열사 전반의 인사기획 및 고과, 급여, 노사 등 사람과 관련된 일들을 전반적으로 담당해 보았다. 대우기획조정실 1부에서 근무할 시에는 임원 인사팀장으로서 개별 임원의 채용, 이동, 평가, 보상, 퇴직 등과 관련된 일을 맡기도 하였다. 그러다 1990년에 건강 문제로 인해 대우경제연구소로 자리를 옮겼고, 1996년에 대우가 구조조정 되기 전 대우그룹을 사직하였다. 그러다 보니 대우사태의 전개를 바라볼 때 과거의 인사 담당자로서 안타까움을 함께 느끼게 되었다.

▌떠나고 싶었던 인사 업무
내가 임원 인사관리 일을 하였을 80년대에는 대우그룹에서 일했었던 수백 명의 이사급 이상 임원에 대해 아직도 이름만 대면 인적 사항이 머리에 남아있을 정도로 잘 알고 있었다. 당시 개별 인물관리를 5년 여간 하다 보니 "누구 하면 그 사람 출신 학교가 어디고, 경력이 어떠하며, 전문 분야가 어디고, 급여가 얼마며, 무슨 사장 밑에서 어떤 평가를 받았다."는 것이 머리에 그대로 저장되었다. 그래서 당시 인사 담당 기조실 임원이나 기조실장이 "누구 어때?"라고 물으면 당장 그 사람에 대한 정보가 입에서 술술 흘러나올 정도였다. 당시에는 컴퓨터를 통한 인사 데이터베이스 관리가 지금처럼 발전하지 못했을 때였다. 그래서 인사 담당자의 머리가 인사 DB(Data Base) 창고 역할을 하였다. 상사가 물어보거나 필요할 때 마다 기억을 살리거나 자료를 찾아 순발력 있게 답변하는 것이 능력이었다. 그야말로 내 머리를 돌리는 것이 지금의 인물 검색 기능을 하는 것이라고 볼 수 있었다. 그런다 보니 주변 상사나 동료들은 나를 'Walking Dictionary'라고도 불렀다. 걸어 다니는 인물 사전이라는 말이다. 그러나 그 얘기가 칭찬으로 좋게만 들리는 것은 아니었다. 오히려 마음에 회의가 들게 되었다. "내가 이 사람들에 대한 개별 정보를 이렇게 머리 속에 넣어가지고 다닐 필요가 있는가? 만약 내가 이 자리를 떠나면 이러한 지식들이 뭐 그리 소용될 것이 있단 말인가?"는 생각이 드는 것이었다.

임원 인사관리를 하다 보니 사람들에 대한 비공식적 정보수집도 하게 되었다. 그러다 보니 의도적으로 저녁 자리, 술 자리를 갖게 되었고, 이런 곳에서 사람들에 대한 얘기를 물어보기도 하고 관련된 얘기들을 듣게 되었다. 그야말로 지금 실시하는 다면평가 같은 것을 비공식으로 수행한 셈이었다. 낮 시간 보다 밤 시간이 바빴다. 그러다 보니 과로가 쌓였고, 스트레스도 늘게 되었다. 결국 나는 서른여섯의 나이에 당시 기조1부 인사과장으로 재임시 뇌졸중으로 쓰러지는 불운을 당하게 되었다. 그 후 나는 8개월여를 휴직하게 되었고 1년 가까이 투병생활을 하는 어려움을 겪었다. 그리고 이 사건은 나의 직장 생활뿐 아니라 내 인생을 바꾸어 놓는 계기가 되었다. 그 이후 나는 인사업무를 더 이상 하고 싶지 않았다. 나는 조용하게 책 읽고 조사하는 연구 업무를 하고 싶었다. 당시 대우경제연구소장으로 있던 이한구 소장을 기조실 근무 때 알게 되었다. 그에게 가서 "연구소에서 근무하고 싶다"고 말했다. 그랬더니 "오라."고 하여 나는 경제연구소로 자리를 옮기게 되었고, 6년여를 경영 컨설팅 분야에서 일하다가 96년에 퇴직하게 되었다.

경제연구소로 옮기고 난 후, 새로운 업무에다 새로운 상사, 동료들과 적응하다 보니 그것이 스트레스가 되었다. 어느 날 경미한 마비 증상이 다시 발생하였다. 이로 인해 한 차례 더 휴직할 수 밖에 없게 되었다. 91년 말 3개월간 휴직 후 나름대로 열심히 한다고 적응하고 있을 때였다. 아침에 출근하다가 게시판을 보니 나에 대한 인사발령문이 붙어 있는 것이었다. 나를 산업조사부에서 특수연구부로 부서이동 시킨다는 발령문이었다. 나로서는 금시초문이었다. 나에 대한 인사 사항인데 윗사람으로부터 전혀 듣지도 못했다. 당시 특수연구부는 보직이 불분명한 사람들을 임시로 발령 내는 대기소 같은 성격이었다. 비참한 심정이 들었다. '아! 직장생활이란 게 이런거로구나!'라는 서글픔이 확 몰려왔다. "몸도 건강하지 않은데 이제 잘 버티어낼 수 있을까?" 괴로웠다! 사람들에게 한 만큼 당한다는 생각도 들었다. 이전에 기조실에서 임원 인사관리 담당자는 꽤 힘있는 자리였다. 내가 실무자로서 기획한 인사제도나 시스템, 인사 방안은 결재를 받으면 바로 30여개 계열사에 시행되었다. 개인적으로는 누구보다도 좋은 평가를 받았고 3년 만에 대리, 그리고 3년 만에 과장으로 진급하였다. 그런데 그 해 나는 인사평가에서 처음으로 최하위등급인 D를 받았다. 그야말로 물을 먹은 것이었다. 그러나, 지금 생각하면 아무리 잘 나가는 사람도 한 두 번쯤은 물을 먹는 것이 상례인 것 같다. 아니 그런 걸 겪을 필요가 있다고도 본다. 왜냐하면 사람의 일이란 자기가 아무리 노력하고 잘한다고 해서 그렇게 되는 법이 아니기 때문이다.

▌인사관리자의 사명의식

인사관리자 자리에 있으면 무엇보다 사람에 관한 비밀 지키는 게 중요해진다. 가끔 주변에 친분이 있는 사람 중 인사 정보가 필요한 사람들이 무얼 물어보는 경우가 생긴다. 그러나 이럴 때 입을 잘 지키지 못하면 문제가 된다. 그러다 보니, 자연 대학동창회나 비공식적 모임에 갈 때 가끔 불편함을 느끼게 되기도 한다. 그리고 어느 때 약자를 배려해주고 싶은 마음이 생길 때에는 속에서 갈등이 생기기도 한다. 그러나, 조직을 관리하는 인사관리자의 입장에서는 회사 입장에서 조직원들을 바라보지 않을 수 없다. 나아가 첨예한 이해관계 문제가 생길 때에는 '갑'과 '을' 내지 사용자와 근로자 간의 관점에서 필히 어느 입장을 취하지 않을 수 없게 되기도 한다.

이전에는 인사 업무라면 누구나 할 수 있는 업무라고 생각하는 경향이 강했다. 그래서 전문성을 별로 인정 받지 못하는 점도 있었다. 그러나, 최근에 올수록 인사 업무는 보다 전문적인 분야로 인정 받고 있다. 비교적 능력 있고 똑똑하다는 사람들을 그 자리에 갔다 놓는 경향도 더해지는 것 같다. 잘 나가는 대기업일수록 사장을 시킬만한 유능한 인물이라면 경력관리상 꼭 인사담당 간부 경험을 갖게 만든다. 어떤 인사담당자는 자신이 대서소 기능에 불과하고, 윗사람들의 생각을 정리하고 기록하는 기능 밖에 하지 못한다며 위축되는 경우도 있다. 그러나 그 점은 인사담당자 역량 여하에 따라 달라질 수 있다. 오히려 실무자가 윗사람에게 영향을 미칠 수 있는 점도 충분히 있다. 좋은 제도나 시스템을 연구개발하고 제안하며, 그 운용을 적절히 잘

해나갈 때 그에 대한 신임은 더해갈 수 있다.

인사관리의 과제

인사관리자가 자기 자리를 잡고 주어진 역할을 잘 수행해야 자신에게도 좋고 조직에게도 좋은 것이다. 인사관리자는 기업 환경 변화에 따른 전략적 인력관리 및 환경 변화에 대응한 유연한 인력관리에 신경써야 한다. 구조조정, 인수합병, 분사, 아웃소싱, 전략적 제휴 등 전사적인 조직 변화에 따라 적절한 인재 배치를 하는 것이야말로 인사관리의 주요 기능이다. 그리고 팀제 및 네트워크형 조직을 도입하여 수직조직을 수평조직으로, 키다리(Tall) 조직을 땅딸이(Flat) 조직으로 옮겨가는 것을 준비해야 한다. 이를 통해 신속하고 유연한 현장 중심의 의사결정이 이루어지게 해야 한다. 이는 실무자에게 권한을 더 주는 동시에 책임도 지게 하는 임파워링(Empowering) 구조로 나아가는 것이다.

보상과 관련한 제도 및 시스템도 잘 만들어야 한다. 성과관리에 있어서 자주 제기되는 문제점 중의 하나는 평가와 보상간 연계가 부족하다는 점이다. 이는 평가 결과에 따른 적절한 보상이 이루어지지 않는다는 점과 연결된다. 일을 잘한 조직이나 사람에게는 응분의 대가가 주어져야 한다는 점은 합리적 인사관리의 기본이다. 열심히 했는데 그에 대한 소정의 보상이 이루어지지 않을 경우 조직원들은 더 이상 열심히 하려는 의욕을 가질 수 없게 된다. 잘한 사람과 그렇지 못한 사람의 성과 보상 간에 얼마간 차등을 두어야 할지는 정책적 차원의 결정 과제라 할 수 있다. 그러나, 차등 폭의 크기랄지, 보상의 내용 구성은 다양하게 이루어져야 할 것이다. 과거 연공 중심의 급여 구조는 때 되면 호봉 올려주고 베이스 업(Base Up)을 통해 일률적으로 급여인상 하는 등 성과와 잘 연결되지 않는다는 약점이 있었다. 그러나 지금은 기업이나 공공부문 모두 성과지향의 임금시스템으로서 성과급 및 연봉제 도입을 확대하고 있다. 나아가 급여 이외의 다양한 성과 모티베이션을 제공하는 것도 필요하다. 스톡옵션이랄지 자유근무시간제, 재택근무제 등을 고려해 볼 수 있을 것이다. 나아가 인사관리자는 지식정보화 추세에 맞추어 개인 역량개발을 활성화시키는 데도 앞장서야 한다. 다양한 교육 프로그램 및 연수 제도 개발, 조직 구성원에 대한 미래지향적 경력관리를 유도해야 한다. 직무전환 및 구조조정 대상자에 대해서는 지원적 차원에서 역량개발을 위한 적절한 프로그램을 개발해야 할 것이다. 이처럼 인사관리자의 역량과 성과에 따라 그 조직의 성과 수준은 달라지게 된다. 그리고 어느 조직이 얼마만큼의 성과 혁신을 이루어내는가는 역량 있는 인사전문가들을 얼마나 잘 활용하는가에 달려있다고 할 것이다.

제 3 부

성과 혁신을 이끄는 리더십

18. 장 부장 이야기

장부장은 MBC가 2002년에 만든 '달려라 장부장'이란 드라마의 주인공이다. 이 드라마에서 장 부장은 기업체의 팀장으로서 여러 가지 변화를 겪어가는 우리 시대 40대 인물을 대표하는 사람으로 묘사되고 있다. 밑에서 올라오는 유능한 팀원에게 팀장 자리를 내주고는 방황하는 오늘의 중년 팀장들의 고뇌가 이 한편의 드라마에 담겨있다. 이 사례를 기업체나 공공기관의 30대 이상 직장인 교육생들에게 자주 보여주었다. 그리고는 이들에게 "만약 나라면 이런 상황에서 어떻게 할 것인가?"의 고민을 함께 나누어 보라고 한다. 다양한 응답이 나온다. 그러나 최근에 올수록 반응이 좀 달라지는 성향을 보인다.

이 시대 40대 직장인을 대변하는 인물

장 부장은 1남1녀의 중고등학생을 둔 40대의 아버지이다. 그리고, 장남으로서 시골에 계신 부모님께 나름대로의 도리를 다하려 하는 평범한 가장이다. 직장인으로서 그는 어느 보험회사의 영업팀장이다. 현재 그는 책임 맡고 있는 영업팀의 실적 부진에 고심하고 있다. 그러던 중 화재가 발생한 고객사의 보험 가입이 일부분만 되어 있었던 사실로 인해 직속 상사인 한 이사로부터 심한 질책을 받는다. 한편 영업 팀 내에서 제일 높은 실적을 올려 팀 실적에 기여하고 있는 윤 과장은 다른 회사로부터 스카우트 제의를 받는다. 한 이사는 어떤 일이 있어도 윤 과장을 설득해 전직하지 못하도록 책임지라고 한다. 그는 그 날 점심 때 팀원들이 자기만 빼고 윤 과장과 만나 함께 점심 식사하는 것을 보고는 왕따 당하는 비감을 느낀다. 팀원들이 자신보다 윤 과장을 더 따른다는 분위기를 느끼고는 저녁에 윤 과장을 개인적으로 만나 자제하라는 식의 심경을 애기한다.

그러나, 그 다음 날 한 이사로부터 윤 과장이 사표내지 않을 것임을 거꾸로 전해 들은 장 부장은 몹시 불쾌해 한다. 그리하여 윤 과장을 불러 "내가 너에게 오늘이 있도록 키워주었는데 나를 무시하고 이럴 수 있느냐!"고 흥분하며, 이런 행동은 조직의 위계질서를 저버리는 것이라고 나무란다. 하지만 윤 과장은 "지금은 회사만을 바라보고 자신의 모든 것을 바치며 일하는 시대는 지나갔다"고 말한다. 그리고 조직이 자신의 앞날을 보장해 주지도 않는데, 능력을 인정 받을 때 자기 이익에 따라 선택해야 한다는 생각을 피력한다.

장부장의 고민

한편 장부장의 아내는 남편의 중간 퇴직금을 활용해 전원 주택으로 이사 할 꿈을 가져 왔다. 그리하여 남편에게 중간퇴직금 결산을 요구하는데 "이미 중간퇴직금을 신청해서 탔다"는 애기를 듣는다. 그리고 그 돈으로 주식 투자를 한 결과 반이 넘는 돈을 날렸다는 고백에, "일언반구의 상의도 없이 어떻게 이럴 수 있느냐!"며 격분한다. 그리고는 한판 부부싸움을 벌린다. 외롭게 집을 나온 장 부장은 동료 이 부장의 자취 방으로 찾아간다. 이 부장은 캐나다로 아내와 아이들을 보내 놓고는 기러기 아빠 노릇을 하고 있는 처지이다. 이들은 이 시대에서 구조조정과 명예퇴직을 당한 동료들의 삶과 아이들 교육으로 고단한 삶을 살고 있는 자신들의 신세를 한탄한다. 다음날 한 이사는 장 부장에게 회사 방침에 따라 영업팀장으로서 윤 과장이 임명되었다고 알려준다. 그리고 장 부장에게 "부하 밑에서 팀원으로 일하기 어려울 테니 잠시 부산으로 내려가 있으라"고 말한다. 한 이사의 제안에 장 부장은 "이럴 수는 없다!"고 재고를 요청하지만, 한 이사는 "이미 자신의 손을 떠난 상태"라고 말한다. 상심에 빠진 장 부장은 어떻게 해야 할지 깊은 고심에 빠진다.

▌나라면 어떤 선택을 할 것인가?

드라마를 이 부분까지 보여주고는 "만약 당신이 장부장이라면 이런 상황에서 어떻게 하겠느냐?"는 질문을 던진다. 아니 "장부장이 당신의 가까운 친구나 선후배라면 당신은 어떻게 조언하겠느냐?"고 질문하기도 한다. 장부장은 윗사람으로부터 능력 부족으로 인식되어 부하인 윤과장에게 팀장 자리를 뺏긴 상태이다. 상사인 한 이사가 장 부장에게 "부산으로 내려가 있으라!"고 하는데 "부산으로 내려 갈 것인가? 아니면 사표를 내고 새로운 인생을 시작할 것인가?"에 대해 자기 의견을 내보라는 것이다. 이에 대한 의견은 크게 세 가지로 나온다. 첫째는 기분 나쁘지만 일단 부산으로 내려가서 재기 기회를 본다는 방안이다. 둘째는 사표를 낸다는 것이다. 회사의 일방적 보직 이동 조치를 거부함과 동시에 새로운 직장이나 직업을 찾는다는 것이다. 셋째는 윤과장 밑에 팀원으로 들어간다는 방안이다. 제일 많은 응답은 회사의 방침에 순응하여 부산으로 내려간다는 것이었다. 사표를 낸다는 응답도 20~30% 정도 되었다. 그러나, 윤과장 밑으로 들어간다는 응답은 2~3년 전만 해도 5% 정도였었다. 그러나 최근에 올수록 윤과장 밑으로 들어가겠다는 응답이 늘어나는 추세이다. 어느 그룹의 경우에는 응답자의 과반 이상이 윤과장 밑으로 들어가겠다는 응답을 보이기도 하였다. 그리고 사표를 내겠다는 응답은 계속 줄어드는 추세이다. 이렇게 응답이 달라지는 것은 기업체뿐 아니라 일부 공공기관에도 팀제 정착이 보편화되어 가는 것에 영향 받은 것으로 보인다. 드라마에서 작가는 장부장이 팀원으로서 팀장인 윤과장 밑으로 들어가는 것으로 끝을 맺는다.

▌팀제 도입의 영향

한국 기업에 팀제가 도입된지 이제 십여 년에 접어들었다. 대부분의 기업은 이제 부, 과 등의 조직 명칭을 쓰지 않는다. 대부분의 조직이 00팀으로 불리운다. 참여정부 들어서 공공기관에도 팀제 도입이 가속화되고 있다. 행정자치부 등 중앙부처가 이에 앞장서고 있다. 기업의 팀제 도입에는 대체로 부 단위 조직이 팀 단위로 바뀌었다. 그리고 과 단위 조직은 없어지는 추세였다. 그럼으로써 3단계 계층(실무자 → 과장 → 부장) 조직을 2단계(팀원 → 팀장)으로 줄임으로 의사결정의 신속성을 기하였다. 실무자의 권한과 책임도 강화시키는 방향으로 나가 현장 중시를 통한 신속한 상황 대응을 강화시키고 있다. 그런 과정에서 과장으로 불리우는 과 단위 책임자들은 더 이상 책임자가 아니고 실무자로 변신하여야 하였다. 결재 라인에서 도장을 찍을 필요도 없어졌고, 팀원들을 지시하거나 통제하는 역할도 사라졌다. 고참실무자로서 조언은 할 수 있었지만 본인 스스로 자기 업무를 하여야 했고 누구에게 시킬 형편이 되지 못했다. 일이 과중하더라도 이제 자기 혼자서 해야 했다. 카피(Copy)하는 것, 커피(Coffee)타는 것도 이제 스스로 알아서 해야 했다.

이를 악물고 달라져야 할 때

이러한 변화에 따른 장단점은 조직마다 다르게 나타났다. 그런데 이러한 변화에 잘 적응하지 못하는 과거의 과장급들에게서 불만이 터져 나올 수 밖에 없었다. 과거에는 후배들이 조직의 長으로서 대접해주기도 했지만 이제는 그것마저 없어졌다. 기분 나쁜 일이 한 두 가지가 아니었다. 그런데 어떤 기업은 팀제 도입을 인력 감축이라는 구조조정 방편으로 활용하기도 하였다. 팀장, 지점장에 직급이 낮은 젊은 후배를 보임시키고 팀원으로 나이 많은 고직급자를 발령 내는 것이었다. 감정적으로 본다면 회사를 그만 두도록 유도하는 것으로 보일 수도 있었다. 그러나, 팀제 도입이 활성화되면 이런 경우가 다반사로 생길 수 있다. 팀제라는 조직의 특징이 조직 운용의 수평성과 가변성을 근간으로 하고 있기 때문이다. 그러다 보니 공무원 조직에도 이제는 사무관이 팀장인데 서기관이 팀원으로서 자리할 수 있게 된다는 것이다.

팀제 도입에서 나타나는 것처럼 이런 변화는 직장인들 일상에 다반사로 나타난다. 그야말로 과거처럼 직급이 자리를 보장해주는 시대는 지났다. 공무원들도 1~3급의 고위공직자들 경우 계급제가 사라지고 일괄적으로 고위공무원단에 소속되는 변화가 생기고 있다. 팀제라는 제도는 장점과 기대되는 긍정적 효과가 있기 때문에 도입하려는 것이다. 환경 변화가 우리의 기존 생각대로 되지 않거나 그와 반대로 움직인다면 환경을 바꿀 것이 아니라 나를 바꾸어야 한다. 조직을 둘러싼 환경은 급속하게 변하는데 과거의 사고방식으로 살아가려 하니 문제가 생길 수 밖에 없다. 디지털 시대를 아날로그 방식으로 살아갈 수는 없는 것이다. 먼저 생각을 바꿔야 한다. 생각을 바꿔야 말이 바뀌고 행동이 바뀌는 것이다. 사무엘 스마일즈의 다음 얘기는 언제 들어도 시원하다. "생각이 바뀌면 행동이 바뀌고, 행동이 바뀌면 습관이 바뀌고, 습관이 바뀌면 성품이 바뀌고, 성품이 바뀌면 운명이 바뀐다"는 것이다. 개인적으로 생각하는 방식, 말하는 스타일, 행동하는 양태 모두를 바꾸어야 할 때가 있다. 주위 환경이 이러한 변화를 요구할 때 달라지지 않으면 살아남을 수 없다. 환경 변화에 맞추어 나 자신을 변화시키지 못할 때 결국 도태되고 마는 것이다. 장 부장의 경우도 결국은 외부 변화에 대응하지 못하고 뒤쳐짐으로 인해 팀장에서 팀원으로 강등당할 수 밖에 없는 사례라 할 수 있다.

팀장에게 요구되는 능력

40대 이상 직장인들에게 "직장 생활을 하는 데 가장 중요한 능력이 무엇이냐?"는 설문조사를 실시하였다. 이 질문에 대해 가장 많은 응답으로 나온 것이 '대인관계' 라는 응답이었다. 두번 째로는 '커뮤니케이션' 이었으며, 그 다음으로 '수행 직무에 있어서의 전문지식', 이어서 '창의력', '문제해결', '의사결정' 능력으로 응답이 나왔다. 수행 직무에 있어서의 전문 지식이 대인관계 및 커뮤니케이션 보다 낮게 나왔다는 것은 시사해 주는 바가 크다.

능력을 지식으로 보는 것은 잘못된 것이다. 능력은 지식 이상의 것이라고 할 수 있다. 물론 능력을 구성하는 요소에 지식이 포함되지만 '능력=지식' 이라고 할 수는 없다. 보다 중요한 능력은 지식 보다는 감성, 지혜, 순발력 이런 것이라고 할 수 있다. 직무가 요구하는 구체적 능력으로서의 역량도 이와 비슷하다고 할 것이다. 직무 수행에 필요한 전문 지식은 역량의 중요 요소이기는 하다. 그러나 해당 직무 수행에 필요한 지식을 알고 있다 해서 역량이 발휘되는 것은 아니다. 팀장에게 요구되는 역량은 전문지식을 활용하여 대인관계 및 커뮤니케이션을 잘하면서, 창의적으로 사고하여 직무 수행시 부닥치는 제반 문제에 대해 적절한 해결과 의사결정을 하는 능력이라고 봐야 할 것이다.

본인과 같은 기업교육 분야의 교수 직무에 있어서 요구되는 능력은 일반적인 경영학, 교육학, 심리학 분야의 지식이다. 그리고 여기에 말하기, 듣기 능력도 요구된다. 그러나 내가 실제로 좋은 강의를 하기 위해 요구되는 것은 단순한 지식 이상의 것이었다. 나는 '전략적 목표관리' 과정이라는 20시간짜리 강의를 한 두 달에 한번 꼴로 하지만, 매번 똑 같은 내용의 지식을 앵무새 식으로 되풀이하지 않는다. 그 때마다 교육생들 수준과 구성, 분위기에 따라 사례와 내용을 달리한다. 어떤 경우에는 아주 타이트하게 하는 경우도 있지만, 어떤 경우는 가볍게 재미 위주로 하기도 한다. 이런 능력은 지식에서 나오는 것이 아니다. 오랜 경험에서 나오는 현장 대응능력인 것이다. 이런 것이 대인관계 능력이기도 하고, 커뮤니케이션과 문제해결 능력이기도 한 것이다.

내가 아니면 안 되는 차별화된 역량 개발

지금은 기업들도 자신의 강점 분야를 선택하여 역량을 집중시키는 시대이다. 이제는 개인도 자신이 잘하는 분야를 선택하여 이 분야에서 프로로서 목숨을 거는 태도가 있어야 한다. 경쟁시대에서는 자신의 실력을 높이지 않으면 좋은 대접을 받기 어렵다. 자기 몸값은 자기 스스로가 올려야 한다. 누가 도와주길 기대하기는 어렵다. 그러기 위해서는 내가 아니면 안 되는 차별화된 자신만의 역량을 개발해야 한다. 이것이 사오정 오륙도 시대에 살아남는 비결이다. 팀장의 경우 높은 자리로 올라갈수록 자기가 일을 잘하는 것도 중요하지만 팀원들로 하여금 일을 잘하게끔 유도하고 코치하는 능력이 더 중요해진다. 진짜 중요한 역량은 자기가 직접 일해서 무엇을 이루어내기보다 남들로 하여금 일을 잘하게 만드는 것이다. 그런 의미에서 리더에게 중요한 역량이 바로 리더십으로서 부하통솔력이라 할 것이다.

19. 과업행동과 관계행동

전에 근무했던 어느 회사의 사장은 몹시 바쁘셨던 분이었다. 그런데 이 분이 빠트리지 않고 꼭 하는 게 있었다. 직원들이 부모님 喪을 당하면 직위를 불문하고 상가에 가서 밤늦게 까지 자리를 지켜주는 것이었다. 사장의 이런 배려를 한번 받고 나면 그 직원에게는 회사에 대한 충성이 저절로 우러나오는 것이었다. 그 사장은 관계지향적인 행동을 잘하는 분이었다. 근무 시간에 종종 신입 직원들의 부서엘 들러 직원의 이름을 부르거나 지나가는 사람을 툭 치는 것이었다. 그리고 "잘 돼 가?" "애가 아프다며?" 등으로 관심을 표해 주었다. 그러니 직원들이 그 사장님을 좋아하고 잘 따랐다. 이 점이 그 분의 매력이었다. 반면에 후임 사장님은 이런 관계지향행동을 전혀 하지 않는 분이었다. 성과에 대한 점검은 확실히 하는 반면 직원들과는 항시 어느 정도의 거리를 두셨다. 이 분은 자신의 전문적 실력으로 그 자리를 유지하신 분이었다.

과업지향형(일 중심)과 관계지향형(사람 중심)
성과 혁신을 이루는 데는 조직의 리더가 결정적 역할을 한다. 같은 일을 해도 어느 조직에서 하느냐에 따라 일의 결과는 천양지차가 난다. 그리고 똑같은 일을, 똑같은 조직에서 수행한다 할지라도 조직의 리더가 누구이냐에 따라 엄청난 차이가 난다. 좋은 리더가 있는 조직은 좋은 성과를 낸다. 물론 좋은 리더가 있어도 조직원이 좋지 못하면 좋은 성과를 내지 못할 수 있다. 좋은 리더와 좋은 조직원이 하나가 되었을 때 그 조직은 반드시 좋은 성과를 내게 되어 있다. 그러면 리더와 조직원 중에 누가 더 중요한 사람인가? 리더가 조직원보다 중요하다. 물론 좋은 리더가 좋은 조직원을 만들고, 좋은 조직원이 좋은 리더를 만들기도 한다. 닭이 먼저냐 달걀이 먼저냐는 논란이 될 수 있지만, 닭으로서 리더가 먼저라고 해야 할 것이다.

사람 중에는 일 중심적으로 사람을 대하는 스타일이 있고, 사람 중심적으로 사람을 대하는 스타일이 있다. 한 사람 내에도 두 가지 성향이 공존한다. 일반적으로 리더가 조직 내에서 하는 행동을 과업지향행동(Task Oriented Behavior)과 관계지향행동(Relation Oriented Behavior)으로 구분한다. 과업지향행동은 리더나 조직에게 주어진 과업을 제대로 수행하기 위해 필요한 행동이다. 이는 목표 설정과 역할 배분, 명령과 지시, 통제와 감독, 성과 평가와 질책으로 나타난다. 커뮤니케이션 행태로는 리더 중심으로 말하는 성격이다. 과업지향행동은 합리성 추구라는 조직 행동에 바탕을 둔다. 반면에 관계지향행동이란 부하와의 상호관계 형성 및 유지를 위한 행동이다. 이는 상대를 지원, 지지, 격려, 칭찬, 인정해주며 공감과 경청, 동기부여의 형태를 취한다. 커뮤니케이션 행태로 상대의 얘기를 잘 듣고 이에 답하는 쌍방적 성격이다. 관계지향행동은 감성 추구라는 인간 행동에 바탕을 둔다.

조직 성과를 위해서 리더는 과업 행동만 잘하면 될 것 같지만 그렇지 않다. 요즈음과 같은 감성 시대에는 오히려 관계행동을 잘 해야 조직 성과가 오른다. 즉 일만 가지고 부하를 쪼으고 푸시(Push)한다고 해서 성과가 잘 오르는 게 아니라는 것이다. 오히려 칭찬과 격려해주며 마음을 잘 읽어 주어야 좋은 성과가 나는 것이다. 일반적으로 남성의 경우는 과업행동에 익숙하고, 여성의 경우는 관계행동에 익숙하다고 한다.

▌리더십과 영향력

좋은 리더가 된다는 것은 참으로 어렵다. 리더십이 무엇이냐를 정의할 때 일반적으로 "특정한 상황에서 리더가 팔로우어(Follower, 부하)들에게 미치는 영향력이다."라고 정의한다. 그래서 리더십을 연구할 때는 리더, 팔로우어, 상황, 영향력의 네 가지 요소를 가지고 분석한다. 사람들에게 영향력을 미친다는 것은 그 리더가 타인에게 미치는 뭔가 긍정적인 것을 가지고 있어야 가능하다. 리더가 가지는 영향력에는 지위영향력과 개인영향력이 있다고 한다. 지위영향력이란 그 사람이 가지는 지위에서 나오는 영향력이다. 이 영향력을 네 가지로 더 세분한다. 첫째로 조직이 공식적으로 그를 특정 지위에 임명함으로써 오는 영향력이다. 이를 합법적 영향력이라고 한다. 둘째로 인사고과, 급여 등에서 부하에게 좋은 보상을 줄 수 있는 보상적 영향력이다. 셋째로 리더보다 더 높은 직위에 있는 사람과 연결되는 데서 오는 연결적 영향력이다. 넷째로 리더에게 따르지 않을 경우 징계 등의 불이익을 줄 수 있는 강제적 영향력이다. 다음으로 개인영향력이란 그 지위와 상관없이 리더가 부하들에게 미치는 영향력이다. 여기에는 리더의 전문적 능력에서 나오는 전문적 영향력이 있다. 그 다음으로 리더의 정보력에서 나오는 정보적 영향력, 마지막으로 리더의 인격이나 성품에서 나오는 준거적 영향력이 있다. 개인 영향력이란 그 사람이 특정의 지위에 있기 때문에 가지는 영향력이 아니라, 그 사람 개인이 가지는 전문성, 정보력, 좋은 인품 등에서 우러나오는 영향력이라고 할 수 있다.

지위 영향력과 개인 영향력

좋은 리더일수록 지위영향력 보다는 개인영향력을 통해 팔로워 (Follower)들에게 따르고 싶다는 마음을 불러 일으킨다. 지위영향력만을 행사하는 리더는 그 지위가 사라질 때 팔로워들에게 따돌림 당하고 만다. 반면에 개인영향력을 통해 팔로워들에게 자발적인 복종감을 불러 일으키는 리더는 지위와 상관없이 그가 어디에 있건 따르는 사람들을 불러 모을 수 있다.

좋은 리더는 그가 가진 전문적 능력으로 사람들을 이끈다. 그의 실력에 근거한 의사결정을 사람들은 믿고 따른다. 그러면서도 그에게는 따뜻한 인간미가 있다. 어렵고 힘들어 할 때 따뜻한 말 한마디라도 던져주는 사람, 사람을 배려해주는 마음, 팀원을 성장시키는 데 마음을 쏟는 사람, 그런 사람이 따르고 싶은 사람이다. 그리고 팀원에게 일을 맡겼으면 어느 정도 까지는 기다려 줄줄 아는 그런 마음도 있어야 한다. 결과가 만족스럽지 못해 속이 터질지라도 팀원의 성장을 위해 격려해주고 인내심 있게 기다려 줄줄 아는 마음, 그것도 좋은 팀장의 모습이다. 이처럼 좋은 리더는 인간미가 있는 사람이다. 과업 보다는 사람 자체에 관심을 가지고 사람을 사랑하는 사람이다.

나는 여러 곳에서의 직장 생활을 통하여 여러 분의 상사들을 모셨다. 그 중에는 인간미가 넘치는 분들이 많았다. 내가 모신 어느 임원은 일 처리에 있어서 절대 강압적으로 말하지 않았다. 사무실에 들어오면 사원들에게 다가가서 등을 토닥거려주면서 개인적인 가족 형편들을 묻곤 하였다. 그렇다고 이 분이 업무 처리에 있어서 적당하게 넘어가느냐 하면 그렇지 않았다. 일에 있어서는 누구보다도 책임감과 헌신도가 높았다. 그러면서도 딱딱하지 않고 부드러웠다. 지금 돌이켜 생각하면 그런 분을 통해서 사람을 이끌어가는 방법을 배웠다고 생각된다.

▌균형과 조화

위에서 리더가 하는 두 유형의 조직 행동을 살펴보았다. 자연의 법칙을 보면, 양지가 있고 음지가 있는 것처럼 조직 내 인간 행동에도 양과 음의 두 측면이 있기 마련이다. 그런데 이 두 가지의 바람직한 관계는 서로가 배타적으로 밀어내는 것이 아니고, 서로가 서로로 인해 보완되고 시너지를 이루는 조화의 관계여야 한다는 것이다. 두 가지 중 한 가지만 필요한 것이 아니다. 지금 시대는 'Or(양자택일)'의 시대가 아니고 'And(상호공존)'의 시대라고들 한다. 두 가지 요소가 어느 한쪽에 치우치지 않고 상호 조화되는 것이 바로 균형이다. 균형과 조화는 이 시대 리더십의 핵심이다. 이 두 가지 행동의 조화와 균형은 조직 경영 및 리더십 전반에 요구된다. 과업행동과 관계행동, 지위영향력과 개인영향력, 동양적 경영과 서양적 경영, 경쟁과 협력, 원칙 지향과 상황 대응, 장기적 관점과 단기적 관점 모두가 그렇다. 심지어 BSC에서 주창하는 4가지 관점 – 재무관점, 고객관점, 비즈니스 프로세스 관점, 학습과 성장 관점 – 이란 것도 결국 일(재무와 내부 프로세스 관점)과 사람(고객과 학습 및 성장 관점)의 두 가지 요소를 모두 고려해야 한다는 얘기이다.

20. 원칙 지향과 상황 대응

　나는 리더십 강의를 할 때 '속담 평가'라는 과제를 가지고 얘기를 풀어간다. 먼저 우리 사회에 전래적으로 내려오는 10가지 속담을 제시한다. 그리고는 그 속담이 오늘날에도 맞으면 O표, 틀리면 X표, 맞을 수도 있고 틀릴 수도 있다고 하면 △표를 하라고 한다. 먼저 개인의 의견을 정하고 그 의견을 가지고 팀원들과 토의하여 팀의 답을 한 가지로 정하라고 한다. 그리고 나서 정답을 제시해 준다.

▌속담평가 사례

　내가 타당성을 평가해 보라고 제시하는 속담은 다음 열 가지이다. ①티끌 모아 태산이 된다. ②모르는 게 약이다. ③사공이 많으면 배가 산으로 간다. ④모난 돌이 정 맞는다. ⑤시작이 반이다. ⑥될성싶은 나무는 떡잎부터 알아본다. ⑦열 번 찍어 안 넘어 가는 나무 없다. ⑧암탉이 울면 나라가 망한다. ⑨짚신도 짝이 있다. ⑩급할수록 돌아가라. 당신은 이 속담의 타당성 여부를 개인적으로 평가할 때 어떤 답을 하겠는가?

　내가 강의 시 제시하는 정답도 토론을 통하여 만들어졌다. 따라서

이 답은 영원 불변한 답은 아니라고 생각한다. 이 토론에 참여하신 분들은 한국생산성본부 교수실에서 근무하시는 전임교수들이다. 이분들은 경영학, 교육학, 심리학 분야에서 석사 이상의 학력을 가지고 계시며, 오랜 동안 대기업에서 중간관리자급 이상으로 근무하신 경력이 있으신 분들이다. 이들이 토론을 거쳐 제시한 정답은 모두 △표이다. 교육생들이 속담을 평가하는 성향은 그들의 가치관이나 또 그들이 속한 조직 문화에 따라 많이 달랐다. 내가 체험한 바로는 공무원, 공기업 등에서 일하시는 분들은 O표 내지 X표 반응이 비교적 높은 편이었다. 반면에 영업, 마케팅, 광고홍보, 벤처기업 등에서 일하시는 분들은 비교적 △표 반응이 높게 나타나는 것 같았다. 통계적으로 정리된 결과는 아니지만 그렇게 느껴졌다. 유교적 사고와 전통적 가치가 강한 분들, 그리고 조직 문화가 법이나 규정 등 원칙에 따라 업무 처리하는데 익숙하신 분들은 O표 또는 X표를 선호하는 것 같다. 반면에 상대주의적 가치를 가지신 분들 그리고 조직 문화상 여건이나 환경에 맞추어 일 처리하는데 익숙하신 분들은 △표로 반응하는 것 같았다.

행위 이론의 원칙지향성

학문적으로 볼 때 리더십 이론에는 다양한 이론들이 있다. 큰 흐름을 살펴보면 특성이론, 행위이론, 상황이론, 교환이론 등으로 나뉘어진다. 특성 이론은 위인들의 삶을 통하여 그들이 가지는 공통된 특성을 바람직한 교훈으로 찾으려고 하였다. 행위이론은 리더의 행동을 유형으로 구분하여 이를 상호 비교하면서 바람직한 유형을 도출하려는 입장이었다. 예를 들면 민주형이 독재형이나 자유방임형보다 바람직하다는 것이다. 특성이론이나 행위이론 모두는 바람직한 리더의 보편적 특성이나 행위를 찾으려는 성향이다.

행위이론에는 리더의 유형을 몇 가지로 분류하는 행위유형(스타일, Style) 이론이 잘 알려져 있다. 이 중 대표적인 것이 리더가 조직 내에서 하는 과업과 관계 행동의 높고 낮음을 기준으로 리더의 유형을 4가지로 분류하는 것이다. 과업행동 수준은 높은데, 관계행동이 낮은 경우를 권위형으로 분류한다. 반면에 관계행동은 잘 하는데, 과업행동을 잘 못하는 유형을 친목형으로 부른다. 한편 관계와 과업 모든 면에서 낮은 수준의 리더는 무능형으로 불리며, 두 가지 행동 수준이 모두 높은 유형을 통합형이라고 한다. 대부분의 사람은 과업지향형이거나 관계지향형의 특성을 띠면서 한쪽으로 기우는 성향을 보인다. 그러나 어느 한 쪽으로만 치우치면 과업 달성에 부정적인 결과를 가져올 수 있다. 일반적으로 행위유형 이론가들은 개인적으로는 이 두 가지 유형의 행동을 모두 잘 하는 통합형 리더의 조직이 성과가 높다고 말한다. 이런 점에서 바람직한 리더는 한편으로는 과업지향행동을, 또 한편으로는 관계지향행동을 하면서 양자간에 균형을 이룰 수 있어야 한다고 본다. 의사결정 측면에서도 리더는 독재형이나 자유방임형 보다 민주형을 지향해야 한다는 것이다. 이처럼 행위이론은 보편성과 원칙지향성이 강한 편이라고 할 수 있다.

▎상황 이론의 상황적합성

그러나 상황이론의 지지자들은 좀 다르다. 그들은 상황을 초월하여 보편적으로 바람직한 리더의 행위나 특성을 찾는 것이 적절하지 않다고 본다. 왜냐하면 어떤 상황에서는 바람직하다고 받아들여지는 행위나 특성이 다른 상황에서 바람직하지 않을 수 있다는 것이다. 따라서 이러한 입장에 근거한다면 "맞느냐? 틀리냐?"는 가치 판단이 들어가는 평가는 그것이 적용되는 상황과 연결되어야만 올바른 평가가 이루어질 수 있다는 것이다. 그런데 상황이 거두절미된 상태에서 이루어지는 속담 평가와 같은 경우는 그 속담이 적용되는 상황에 따라서 "맞을 수도 있고 틀릴 수도 있다."는 식으로 판단할 수 밖에 없다는 것이다. 그래서 앞서 소개한 속담의 정답이 모두 △표가 된 것이다.

상황이론(Contingency Theory)은 중요한 시사점을 던져준다. 리더십 이론에서 상황대응모델(Situational Model)을 강조하는 것은 오늘의 조직 환경이 너무 급변하고 다양하다는 점 때문이다. 과거 아날로그 시대, 산업화 시대에서 바람직하다고 여겨지는 리더상이 디지털 시대, 지식정보화 시대에서는 더 이상 바람직하지 않은 경우가 많기 때문이다. 독재형은 나쁘고 민주형이 좋다는 것도 상황과 관계없이 말하다 보면 잘못될 수도 있는 것이다. 물론 우리는 민주형 리더를 바란다. 그러나 독재형 리더가 필요한 상황도 있으며, 이와는 정반대인 자유방임형이 바람직한 경우도 있는 것이다. 예를 들어 팀 성과가 형편없는데 팀원들에게는 능력이나 하고자 하는 의지도 전혀 없는 상태에서, 당장 어느 정도의 성과를 내야 하는 팀장의 경우를 상정해보자. 당신이라면 이런 상황에서 어떻게 의사결정 하겠는가? 독재형으로 할 수 밖에 없을 것이다. 예를 들어 어느 첨단의 연구개발 프로젝트 팀이 결성되었는데 기존의 정보나 데이터가 전혀 없다고 하자. 그런데 팀원들은 박사급 경력자들이고 당신보다 선배라고 하자. 그런데 당신이 팀장으로 임명되었다. 당신이라면 이런 경우에 어떻게 의사결정 하겠는가? 자유방임형으로 할 수 밖에 없을 것이다.

"내가 팀장으로서 팀원들에 대한 행동을 과업지향으로 할 것이냐, 관계지향으로 할 것이냐?"도 팀 성과나 팀원의 상황에 따라 달라질 수 밖에 없다고 봐야 한다. 팀장은 과업지향이 필요한 상황에서는 과업지향으로 행동하고, 관계지향이 필요한 상황에서는 관계행동을 구사할 수 있어야 한다. 과업지향으로 나가야 할 때 관계지향으로 나가거나, 관계지향으로 나가야 할 때 과업지향으로 나가는 것은 바람직하지 않다. 상황에 따라 팀장으로서의 리더십 옷을 갈아입을 수 있어야 하는 것이다. 우리는 장소와 때에 맞추어 옷을 선택하여 갈아입는다. 품위 있는 정장을 입어야 할 자리가 있는 반면, 캐주얼하게 입어야 할 자리도 있다. 장례식장이나 빈소를 방문할 때는 검은 색 정장과 넥타이를 착용해야 하는 것이다. 상황이론의 대표 격인 허쉬(Hersey) 모델도 부하의 특성에 따라 리더의 행동스타일이 달라져야 한다는 것을 말한다. 이 모델에서 부하의 특성은 부하의 능력과 의욕이라는 요소로 정의된다. 능력과 의욕 모두가 부족한 팀원에게는 일일이 모든 것을 지시하고 통제하며 보고 받는 지시적(Telling) 리더십을 구사해야 한다고 한다. 그리고 의욕은 있으나 능력이 부족한 팀원에게는 지시하고 가르치되, 상대와 쌍방적으로 대화하면서 격려해주는 식의 설득적(Selling) 리더십을 구사하라고 한다. 반면에 능력은 있으나 의욕이 부족한 팀원에게는 격려와 동기부여를 하면서 참여를 북돋우는 참여적(Participating) 리더십을, 능력과 의욕 모두가 충분한 팀원에게는 업무 처리와 의사결정 모두를 맡기는 식의 위임적(Delegating) 리더십을 구사하라고 한다. 이처럼 팀장의 의사결정 방식이나 행동 스타일은 팀장이 처한 팀 상황에 따라 달라져야 한다는 것이다. 상황과 관련 없이 보편성과 원칙 지향만으로 민주형이나 통합형을 지향하라는 것은 오히려 바람직하지 않다는 것이다. 이처럼 상황이론은 상황에 따른 다양성과 유연성, 상황적합성을 강조한다. 상황론자들은 자신들이 지향하는 원칙이란 "원칙이 없다는 것이 원칙이다"라고 말한다. 결국 상황리더십 이론도 한편으로 원칙 지향적 보편성이 지나치게 강조되다 보니까 이에 반발하여 상황성을 부각시킨 것이라고 할 수 있다.

카멜레온 되기

팀장들은 카멜레온처럼 상황에 따라 자기 변신을 유연하게 할 필요가 있다. 오늘날 조직들이 처해있는 환경은 너무 급변하고 과거와는 다른 양태이다. 어느 경영학자는 21세기 리더에게 가장 요구되는 덕목은 유연성(Flexibility)이라고 말한다. 과거 산업화, 아날로그 시대에 적용되던 좋은 팀장의 특성은 지식정보화, 디지털 시대에는 적용되기 어려운 것이다. 디지털 시대의 정보통신 혁명으로 인해 이제는 각종 경영 관련 정보가 인터넷, 인트라넷을 통해 공개적으로 실시간 공유되고 있다. 이런 상황에서 팀장과 팀원과의 관계는 수직적 상하관계 성격보다는 수평적 네트워크 관계로 전개되고 있다. 자연히 과거의 지시와 통제 중심의 중간관리자 역할은 사라지고 있는 것이다.

그러나 한편으로 상황대응적인 점들만을 너무 강조하다 보면 도덕성, 정직성, 투명성, 인간미, 인간 중심 등 보편적으로 중요한 원칙들이 무시되는 방향으로 갈 수도 있다. 이러한 덕목들은 여전히 중요한 핵심가치라고 아니할 수 없을 것이다. 상황에 따른 유연성만을 강조하다 보면 흔들리지 않는 기본 원칙들을 무시하는 경향으로 이어질 수도 있다. 결론적으로 팀을 이끌고 가는 팀장에게는 원칙 지향과 상황 대응의 두 가지가 다 필요하다. 기본적으로는 과업과 관계 행동이 모두 다 필요하다는 원칙 지향적 관점을 가지되, 상황에 따라 유연하게 대응하는 상황대응능력이 필요하다 할 것이다.

21. 일본적 경영과 미국적 경영

오래 전 미국 조지워싱턴 대학에서 경영학 석사학위를 밟고 있던 때였다. 일본의 한 기업체에서 연수 차 파견된 일본인을 사귈 기회가 있었다. 당시 그와 나는 인사관리 과목을 같이 듣고 있었다. 어느 날 그에게 이런 질문을 하였다. "같이 회사에 입사한 동기들 있지 않느냐? 너는 동기들에 비해서 빨리 (진급해) 가는 편이냐 늦는 편이냐?"라고 물었다. 그랬더니 그 친구 답변이 "우리는 부장 될 때 까지 웬만하면 같이 가!"라고 말하는 것이었다. 그래서 나는 다시 이렇게 물었다. "아니, 너희 입사 동기들 중에 일 잘하고 능력 있다는 친구들 있을 것 아니냐?"라고 물었다. 그랬더니 그 친구 대답이 이랬다. "우리는 누가 일 잘한다, 똑똑하다고 하면 그 친구가 진짜로 탁월해서라기 보다 그 주변에 있는 사람들이 그를 잘 도와줘서 그런 얘기를 듣는 것이라고 생각해"라고 말하는 것이었다. 그러면서 덧붙이는 말이 "We have no elite, no hero. (우리는 엘리트나 영웅을 만들지 않아)"라고 하는 것이었다. 나에게는 그 때 그 친구에게서 들은 얘기가 아주 인상적이었다. 그래서 그런지 오랜 시간이 지난 지금에도 그 얘기가 머리속에 남아 있다.

No Elite, No Hero

일본적 경영을 보면 독특한 것이 있다. 일반적으로 일본 기업들이 가지는 공통적 경영철학을 일본적 경영이라고 표현한다. 대표적인 특성 세가지로서 '종신고용제', '연공서열제', '기업내 노조'라고 한다. 일본인들은 집단주의적 성향이 강하다. 1987년경 대우자동차에서 경차 티코(Tico) 개발을 할 때 일본 하마마쯔에 있는 스즈끼(Suzuki) 공장에서 몇 주간 연수 경험을 가진 적이 있었다. 그 당시 미국이나 전 세계는 "일본 기업을 배우자!"는 캐치 프레이즈 하에 자동차, 전자 분야의 생산성과 품질을 배우는데 열심이었다. 그 때 느낀 일본인들의 오야지 꼬붕 정신은 참 인상적이었다. "내가 회사와 상사에게 충성을 바치면, 회사는 반대 급부로 나의 고용 안정과 연공에 따른 대우를 해 준다!"는 정신이었다. 미국 유학 시 사귀었던 일본인 친구의 'No elite, No hero'도 이런 배경에서 나왔을 것이다. 그러나 일본은 90년대에 접어들면서 버블 붕괴를 겪게 되었다. 장기 불황에 접어들자 일본 기업들이 지닌 경영 철학에는 변화가 오게 되었다. 그들이 금과옥조처럼 여겨 왔던 종신고용과 연공서열제에 도전의 바람이 불어왔다. 많은 일본 기업들이 이러한 관행을 바꾸고 능력주의와 성과에 따른 차별 대우를 당연한 것으로 여기는 변화가 일어났다.

글로벌 스탠다드

90년대에 접어들자 일본에게서 제조업 경영을 배우던 미국은 IT 분야를 중심으로 주도권을 회복하게 되었다. 그러자 미국 기업은 글로벌 스탠다드(Global Standard)라는 이름으로 일본과는 차별되는 미국적 경영을 다시 부각시켰다. 이러한 경영 방식이 인사관리 분야에서 능력주의, 신인사제도, 성과급, 연봉제 등의 형태로 한국기업에

물밀듯이 밀려들었다. 사람을 선발, 배치, 평가, 보상하는 방식에 있어서 연공이라는 속인(屬人)적 요소— 나이, 근속기간, 학력, 경력 등—보다는 직무 요소를 강조하였다. 연공보다는 능력을, 능력 보다는 성과를 우선시하게 되었다. 회사와 직원간의 고용 관계에 있어서도 능력과 성과가 좋으면 어디에서든지 스카우트 제의가 들어오는 반면, 능력이나 성과가 좋지 않으면 언제든지 자리를 내놓아야 하는 분위기가 강해졌다.

　고용주로서의 회사는 실력 있는 인재를 데려오는 것에 회사의 미래가 달려있는 것으로 인식하게 되었다. 그래서 핵심인재 확보 전쟁으로서 기업들의 인재 모셔오기와 인재 유지ㆍ개발이 기업 경쟁력 핵심으로 인식되었다. 반면 직원들 입장에서는 평생 직장의식이 깨진 만큼 실력 있으면 더 좋은 직장으로의 전직을 선호하게 되었다. 대우그룹 기획조정실 제1부(그룹인력관리위원회)에서 일할 당시 재벌 기업들은 매년 수 천명의 신입 및 경력 직원들을 뽑았다. 나는 수만 통의 입사신청서를 놓고 서류심사 하는 일을 하였다. 당시 서류심사를 할 때 몇 가지 원칙이 있었다. 그 중의 하나가 회사를 자주 옮겨 다닌 사람은 뽑지 않는다는 것이었다. 특정 분야의 전문 경력자를 뽑거나 임원 및 간부직원들을 뽑을 때는 예외이긴 하였다. 그러나, 신입, 경력을 불문하고 비교적 젊은 부류의 사원, 대리, 과장급을 채용할 때는 이 원칙이 강하게 작용하였다. 이는 몇 차례 전직을 한 사람의 경우 "조직 생활을 하는 데 뭔가 문제가 있었다"는 것으로 판단하였기 때문이었다. 80년대까지 한국의 재벌이나 기업들의 인사 관행에는 이런 경향이 공통적으로 있었다. 그러나, 90년대 중반 이후부터 이러한 관행은 거의 사라진 것으로 보인다. 종업원의 직업 윤리 면에서도 실력만 있으면 본인 판단에 따라 언제든지 기존의 직장을 떠날 수 있다는 분위기가 강화되었다. 기존 직장이 마음에 들지 않을 경우 전직을 하는 풍토는 당연시 내지 더 바람직한 것으로 인식되었다.

조직 위주와 개인 위주

일본기업들은 조직 내에서 개인을 강조하기 보다, 개인을 조직의 일원으로 보는 경향이 강하다. 반면에 미국기업은 조직 속의 개인으로 보기 보다 조직을 다양한 개인들이 모인 곳으로 본다. 따라서 개인 간의 차이를 당연하게 받아들이고, 다양성 속에서 공유할 점을 찾는 분위기다. 회사 생활에서 조직 구성원들과 회식을 할 때에도 일본인들은 동일 메뉴를 같이 먹는 것에 대해 별 거부감 없이 받아들인다. 그러나, 미국인들은 개인 취향에 따라 각자의 메뉴를 시키며, 서로가 같은 음식을 먹는 것을 오히려 이상한 것으로 받아들인다.

천재경영론

몇 년 전 삼성그룹의 이건희 회장이 '천재경영론'을 주창하여 관심을 끈 때가 있었다. 이 회장은 "앞으로 21세기 기업은 천재 한 사람이 탁월한 역량으로 전 기업의 구성원들을 먹여 살릴 수 있다"는 것이다. 제조업의 경우 생산 공정에 수 백 명이 달라붙어 운영해가는 시스템이 아니고 천재 한 사람이 만드는 프로그램이나 시스템이 이를 대체할 수 있다는 것이다. 앞으로 천재 한 사람이 10만~20만의 사람을 먹여 살리는 구조가 된다는 것이다. 이건희 회장은 줄곧 '인재 삼성'을 외쳐오면서 핵심인재의 중요성을 누차 강조해 왔다. 빌 게이츠와 같은 핵심인재 한 사람이 마이크로소프트(Microsoft)를 끌고 가는 것처럼 핵심인재를 확보하는 것이 세계적 경쟁력을 갖춘 기업이 되는 데 핵심과제라는 것이다. 그는 중역들에게 말하기를 전 세계를 다니

며 핵심인재를 데려오라고 한다. 꼭 한국인일 필요가 없으며 일본인
도 인도인도 괜찮다는 것이다. 그런데 그가 말하는 핵심인재란 인재
한 사람이 적어도 십만 명 이상을 먹여 살릴 정도의 매출이나 이익을
창출할 능력을 가진 사람이라는 것이다. 그리고 그런 핵심인재에게
는 기존 사장이 받는 연봉의 몇 배에 해당하는 보상을 해주어야 한다
고 말한다.

이러한 소수의 핵심인재 중시 사고가 21세기 기업 환경에서는 필
요하다는 데 많은 사람들이 공감한다. 그런데도 많은 한국인들은 천
재니 핵심인재의 필요성을 받아들이면서도, 보상 체계 상으로 상하
간 엄청난 차등을 두는 것에는 편치 않아 하는 것 같다. 잘나가는 사
람들에 비해 초라한 자신들의 모습을 보는 것 같아 불편함이나 거부
감 같은 것을 느끼는 것 같기도 하다. 그래서 재능 있는 애들은 중고
등학교 때부터 특별하게 키워야 한다는 것을 받아들이면서도 그것이
확대되는 것은 싫어한다. 고교 평준화의 원칙은 절대 흔들지 말아야
한다고 말한다.

▌연공과 능력, 그리고 성과

IMF 이후 많은 기업들이 성과급, 연봉의 임금체계를 도입하고 있
다. 노동부 자료에 의하면1,000명 이상 종업원의 대기업 중 80%가
연봉제를 실시하고 있는 것으로 나타났다. 특히 일부 외국계 및 금융,
IT 분야 기업의 경우 연봉제 도입 비율은 훨씬 높다. 대세는 성과에
따라 팀이나 팀원 개인 단위로 성과 수당, 상여금, 연봉 등의 보상 차
등을 늘리는 것으로 가고 있다. 다만 그 폭과 방식을 어떻게 할 것인
가에 대해서는 기업 마다 상당한 차이가 있는 것이 현실이다. 제조업
체는 팀 단위의 차등 성격이 강하다. 금융 분야에서는 팀원 단위의 차

등이 강하다. 동일 기업 내에서도 영업 분야는 개인별 차등이 강하다.

어느 팀이건 팀 목표에 따른 성과를 내어야 한다. 그런데 그 성과를 내는 사람은 결국 팀원 개인들이다. 팀원의 성과를 비교해 보면 잘하는 사람이 있고 못하는 사람이 있을 수 밖에 없다. 능력과 성과에 따라 보상의 차등을 두는 것은 합리적이라고 할 수 있다. 이전에는 우리 기업의 보상 체계가 연공에 중점을 둔 연공급 체계였다. 연공급에서는 연공을 구성하는 요소가 높으면 능력이나 성과도 높다고 하는 전제가 있었다. 그러나 이제 연공요소가 높다고 능력이나 성과가 높다고 볼 수 없는 시대가 되었다. 그리고 능력이 높다고 반드시 성과가 높은 것도 아니다. 시장 상황이 나빠지면 개인 능력과 상관없이 성과에 부정적 영향이 오기 때문이다. 이제는 연공급의 타당성이 받아들여지기 어려운 시대가 되었다. 그런데 연공의 요소를 무시할 수도 없는 것이 한국적 정서이기도 하다. 성과 지향을 받아들이면서 한국적 평등 정서인 연공을 어떻게 가미할 것인지가 한국적 연봉제의 고민이 아닐까 싶다.

동서양 경영의 수렴

동양(일본)적 경영의 특성은 종신고용, 연공서열제, 기업내 노조, 집단주의적 성향, 차등 폭이 크지 않는 보상이라는 특징을 가진다. 반면에 서양(미국, 영국)적 특성은 실적과 성과 강조, 직무급, 연봉제, 차등 폭이 큰 보상, 고용 유연성으로 나타난다. 효율과 성과, 스피드를 중시하는 미국식 경영은 장기 투자 기피, 종업원 애착심 결핍, 지나친 경쟁 스트레스의 약점을 드러내고 있다. 그래서 기업들은 일본식 경영의 공동체지향, 온정주의, 종신 고용 등의 장점을 접목시켜 양자를 조화 속에 공존시켜 가려 한다. 최근에는 양자가 수렴화 현상을 보이기도 한다. 많은 기업들이 양자의 장점을 접목시키려는 노력들을 하고 있다. 영국 테스코가 지분을 가지고 있는 삼성테스코 홈 플러스는 영국식 합리주의에 한국적인 신바람 정서를 접목시킨 '신바레이션' 이라는 기업문화 운동을 전개하여 성과를 극대화시키고 있다. 한국P&G는 당장 필요한 직무에 경력사원을 뽑아 쓰다가 불황일 때는 해고하는 식의 인사정책을 쓰지 않는다. 오직 신입사원 만을 뽑아 회사 문화와 핵심가치를 교육시키며 조직에 대한 충성을 강조한다.

한국 사람들의 정서에는 일본적 경영과 유사한 성향이 있다. 반면에 미국인들의 개인주의적 성향도 있다. 기업에 따라서는 극명한 차이를 보이기도 한다. 전통적인 제조업은 집단적 성향이 강한 편이다. 반면에 외국계 기업이나 IT, 벤처, 금융, 서비스 기업에는 개인적 성향이 강하다. 세대 별로도 성향이 다르다. 구세대는 집단적 성향이 강한 반면, 신세대는 개인적 성향이 강하다. 한국 기업의 경우 전반적으로는 두 가지 특징이 혼재하고 있으나, 개별적으로 어떤 특성이 강한지는 기업 문화에 따른 차이가 크다고 할 것이다. 대세는 연공에서 성과 지향으로 옮아가고 있다. 그러나, 최근 수년간 노조의 목소리가 강화됨에 따라 일본적 특성으로 회귀하는 경향도 보이고 있다. 보상 방식에 있어서도 차등 폭이 축소되는 성향을 보이기도 한다. 삼성그룹에서는 이익배분(PS)에 있어서 최고와 최저간의 차등 폭을 줄이는 방향을 검토하고 있다고 한다. 반면에 공공부문에는 민간기업의 경쟁 요소를 도입하는 추세가 강화되고 있다. 결국 무엇이 바람직한가는 조직문화와 경영자의 경영철학에 따라 달라진다고 보아야 할 것이다.

22. 경쟁과 협력

　우리는 어렸을 때부터 경쟁 속에서 자라났다. 시험 결과를 석차나 등급으로 평가를 받으면서 남보다 더 잘하도록 교육받아왔다. 유치원에서부터 초중고등학교, 대학입시, 취직 시험을 거치면서 남보다 잘해야 하고 경쟁에서 이겨야 한다는 얘기를 귀에 못이 박히도록 들어왔다. 경쟁을 시키면 사람들은 이기기 위해 열심히 노력한다. 경쟁과 그 결과에 따른 차등 보상은 사람들이 좋은 성과를 내도록 동기부여 하는 데 효과적이다. 이기기 위해서 열심히 하는 점도 있지만 지지 않기 위해서 더 열심히 애쓰는 점도 있다. 경쟁 분위기를 조성해서 잘한 사람에게는 더 좋은 보상을, 못한 사람에게는 상대적 불이익을 주면 전체적인 성과도 좋아지게 마련이다. 잘한 사람이나 못한 사람이나 차등을 두지 않고 똑같이 대우하면 사람들은 적극적으로 하려 하지 않는다. 그리고 경쟁을 통해서 창의력도 개발되고 독창적이고 좋은 아이디어가 제안된다. 개인 차원뿐 아니라 조직 차원에서도 다른 조직과 실적 경쟁을 시키면 조직 구성원끼리의 협력 성향은 높아진다. 평소에는 적대적 관계에 있던 개인들일지라도 조직의 승리를 위해 서로 힘을 합하고 협조적이 되는 것이다.

▌보이지 않는 손 - 시장 시스템과 자기 책임적 의사결정, 그리고 경쟁의 법칙

자본주의 경제를 움직이는 바퀴가 있는데 외부 바퀴와 내부 바퀴의 두 가지이다. 외부 바퀴는 공급자와 수요자가 만나 가격을 결정하는 시장 시스템이다. 내부 바퀴는 경제활동에 참여하는 가계, 기업, 정부로 구성하는 개별 주체들의 자기 책임적인 의사결정이다. 고전경제학자인 아담 스미스는 자본주의 경제에서는 보이지 않는 손이 시장을 끌어나간다고 한다. 그 보이지 않는 손이란 바로 이 두 개의 바퀴이다. 경제 주체의 개별적 의사결정 배경에는 각 주체가 자기 이익을 추구한다는 바탕 위에서 합리적으로 행동한다고 보는 것이다

자본주의 시장 경제는 시장에 참여하는 공급자, 수요자 간에 경쟁이 있을 때 상품 생산에 투입되는 요소- 자본과 노동 - 배분에 최적화가 이루어진다고 본다. 수요공급에 따른 가격 결정 법칙이란 것도 시장 내에 경쟁이 있을 경우 최적으로 이루어지는 것이다. 그리고 이렇게 형성된 가격을 통해 어떤 상품이나 서비스 생산을 위해 자본과 사람이 얼마나 투입되어야 할지 결정된다. 반면에 독점은 시장의 효율을 떨어트린다. 공급자의 시장 독점은 자신의 이익만을 위해 수요자의 만족도를 떨어트린다고 본다. 이처럼 경제 활동이나 사회 전반에 걸쳐 경쟁이 가져다 주는 좋은 점들이 있다. 자본주의 경제는 이러한 시장 경쟁구조를 통해 사회주의 경제체제가 이룩하지 못한 놀라운 생산력 발전과 물질적 풍요를 가져왔다. 자본주의와 사회주의 간의 경제체제 경쟁은 90년대 초 소련 및 동구 사회주의권의 붕괴로 인해 이미 실험이 끝난 것으로 보아야 한다. 공산당 일당 독재를 유지하고 있는 중국도 경제 면에서는 자본주의 시장 체제로 매진하는 것이 바로 이 점 때문이다.

경쟁력 마인드

경쟁이 없는 곳에 경쟁을 도입시키는 방안이 성과와 효율성을 제고시키는 점에서 훌륭한 대안이 된다는 점은 이제 공통적으로 받아들여지고 있다. 시장에서 경쟁체제를 활성화시키는 것이 경제에 활력을 불어넣는 길이라는 주장은 공감되고 있다. 과거 경제 활동에 있어서 정부규제 강화, 공공재 분야 확대, 국가 기간사업의 국유화 조치, 사회복지 확대 정책 등은 자본주의 경제 체제의 고질병이라고 불려온 소수 독점자본으로의 경제력 집중화와 부익부 빈익빈 문제를 해결하는데 도움이 된 점도 있었다. 그러나 정부 개입 확대와 공공부분 확대는 오히려 정부 실패를 야기시켰다. 나아가 민간경제 활력을 희생시킴으로 전체적인 경제성장에 부정적 효과를 가져왔다는 것은 이제 많은 학자들이 공감하는 사항이다. 거시경제뿐 아니라 미시적인 측면에서도 경쟁적 요소를 강화시키는 것이 기업이나 공공 부분 성장과 효율 면에서 바람직하다는 것이다. 이런 점에서 최근 전력, 철도 등 국가기간 사업 분야의 민영화는 바람직한 방향이라 할 것이다.

기업들의 경영전략 측면에서도 글로벌화된 경쟁 시장에서의 경쟁력 강화는 핵심 전략으로 추구되고 있다. 선택과 집중이라는 기업전략, 핵심역량 강화 전략 모두 경제 주체로서 기업들의 경쟁력 강화 일환으로 이루어지는 것이다. 임직원 개인들에 대한 성과지향적 목표 관리도 개인에 대한 경쟁력 강화 차원에서 이루어진다. 연공 중심의 연공급 임금체계에서 능력이나 성과를 강조하는 능력급, 성과급, 연봉제 임금 체계로 가는 방향은 경쟁지향이 개인이나 조직의 성과에 긍정적인 효과를 가져온다는 점 때문이다.

지나친 경쟁, 끝없는 비교

그러나 경쟁이 지니는 또 다른 측면이 있다. 모든 사물에는 양과 음이 있고, 오른편이 있으면 왼편이 있는 것처럼 장점이 있으면 단점이 있기 마련이다. 경쟁은 승자와 패자를 만들어내기 마련이다. 승자로서는 좋지만 패자로서는 실패이다. 한 두 번의 경쟁으로 그치지않고 게임이 계속 되풀이 된다면 한 번 졌다고 해서 그렇게 낙심할 필요는 없다. 다음에 또 기회가 있기 때문이다. 그러나 한번 지거나 실패하고 나서 아예 다음 번에 기회가 안 주어지는 경우가 있다. 한 번의 실패가 영영 실패가 되어 버리는 경우가 문제이다. 그리고 경쟁은 종국에는 독점을 낳는 경향이 있다. 게임을 하려면 경쟁 조건이 게임 참가자에게 공정하게 적용되어야 한다. 규칙이나 필요한 정보 등이 공유되어야 한다. 그런데 그렇지 못한 경우가 종종 있다. 한 번 이긴 사람은 유리한 고지를 차지하게 되고 그것이 기득권으로 될 수 있다. 그러면 기득권자는 100m 달리기를 하여도 남보다 먼저 나가서 뛰는 경기를 하게 된다. 그렇게 되면 공정한 경기로 이어지기 어렵다.

경쟁은 또 다른 경쟁을 불러오고 승자는 자기 자리를 지키기 위해 그 자리에서 밀려나지 않기 위해 온갖 방법을 동원한다. 정당한 실력 대결 보다는 각종의 비정상적 방법들이 추구되기도 한다. 기업 차원에서는 이해관계가 걸려있는 사람에게 접대와 로비를 한다. 여기에서 정경유착이 끊이지 않고 발생한다. 조직 내 임직원 관계에서도 학연, 지연 등의 연고주의가 동원된다. 누구 누구에게 줄을 서야 하는지 이런 곳에는 탁월하게 눈치 보면서 줄서기를 잘하는 사람들이 생긴다. 업무 상의 실력보다도 아부하는 실력이 더 중요해진다. 여기에서 비리가 싹트고 인사 청탁과 뇌물이 오고 가는 구조가 생긴다.

승자가 겸손하지 않고 교만할 때 그는 좋은 모델이 되기 보다는 다

른 사람들에게 좌절감을 불러일으키는 사람이 된다. 그리고, 경쟁에
서 진 사람에게는 패배의식과 좌절감, 열등감이 쌓이게 된다. 이렇게
되면 조직 분위기가 주위 사람을 모두 자신의 경쟁 상대로 보게 된다.
경쟁 구조만 있는 조직에서의 인간 관계는 파이나누기가 될 가능성
이 높다. 이렇게 되면 사람들간의 관계는 "네가 더 가지면 내가 덜 가
져야 한다"는 식이 되고 만다. 최근 기업들이 성과급이나 연봉제를
도입하면서 직장 내에서의 인간관계가 이런 식으로 흐르는 점이 있
다. 치열한 상호 경쟁 속에서 살아남으려는 서로의 관계는 토마스 홉
스가 말한 것과 같이 '만인에 대한 만인의 투쟁' 과 같은 모습을 띄게
된다.

　경쟁 구조에 따른 실적 차등을 강화시키면 단기적으로는 실적 향상
에 긍정적 효과를 가져온다. 그러나, 경쟁구조에서 남이 잘되면 내가
못 되는 구조로 몰고 가는 것은 당장에는 효과가 날지 몰라도 장기적
으로는 조직 성과 면에서도 부정적이다. 연봉제를 실시하는 많은 기
업의 경우 직원들은 옆에 있는 동료의 연봉이 얼마인지 모른다. 90년
대에는 월급이나 상여금 봉투가 나오면 옆 사람 몰래 화장실에 가서
펴보았다. 그러나 요즈음은 월급 봉투 자체를 주위 사람들이 볼 수 있
게끔 노출시키지 않는다. 사내 인트라넷을 통해 암호 인증을 통해 개
인만이 볼 수 있도록 하는 것이다.

▌단기 실적주의의 문제

2002년 미국기업 엔론의 회계 부정이 뉴욕증시를 곤두박질치게
만든 사건이 있었다. 경영자들은 주주들로부터 받는 실적 압력으로
인해 단기실적주의를 지향하게 된다. 어떻게 하든지 외형적으로 나
타나는 매출, 이익 실적을 좋게 보이게 하는데 온갖 방법을 강구하게

된다. 여기에서 분식 회계의 유혹을 받게 되는 것이다. 이러한 분위기는 기업 전체적으로 중장기적인 경영 과제들을 기피하게 만든다. 장기적으로 노력해도 성과가 불확실한 과제에는 매달리지 않으려 한다. 당장 눈에 들어오는 결과가 중요하다. 경영자의 경우도 올해 실적이 어떠한가가 중요하지 내년이나 몇 년 후는 나도 모르겠다는 식이다. 내가 경영자로 재임하는 기간이 문제이지, 본인이 물러난 이후의 회사 형편은 안중에 없는 것이다. 그래서 장기적으로 이익을 창출해 내는 방향으로 가는 것이 바람직한 경우에도 경영자는 단기간에 이익을 실현하려고 한다. 그리고 장기적으로 투자가 필요한 일, 기초 체력을 튼튼하게 하는 연구개발 등은 소홀히 하게 된다. 그러니 단기적으로는 결과가 좋아 보이지만 실상은 속으로 곪아가게 되는 것이다.

협력 정신 고양

이러한 경쟁의 약점을 극복하기 위해서는 조직 내에서 협력 정신을 키워야 한다. 협력은 공동체 정신을 바탕으로 한다. 공동체 정신이란 "우리 모두가 잘 되어야 나도 잘되는 것"이라는 인식을 바탕으로 한다. "네가 잘 되면 내가 못 되는 것"이 아니라 "네가 잘 하면 우리 모두가 잘하는 것"이라는 정신이다. 협력은 팀 정신을 기본으로 한다. 팀 정신이란 "우리 모두보다 잘난 개인은 없다"라는 신념을 바탕으로 한다. 이는 아무리 탁월한 개인이 이룩한 성과일지라도 팀원 모두가 힘을 합한 결과 보다는 낮지 않다는 믿음인 것이다. 이럴 때 팀원들은 서로 힘을 합하고 협조한다. 그리고 한 개인의 이익만을 내세우지 않고, 우리 팀과 조직의 이익을 위하여 개인이 양보하기도 하고 나아가 희생하기도 하는 것이다. 팀원 개인의 이익 보다는 팀의 이익, 부분의 이익 보다는 전체의 이익, 개인 차원의 보상 보다는 집단 차원의 보상이 우선하는 것이다.

협력을 위해서는 서로 양보할 줄 알아야 한다. 오늘 우리에게는 경쟁 정신 못지 않게 협력 정신이 필요하다. 기업이나 단위 조직으로는 외부 경쟁자를 향한 경쟁을 강조하며 경쟁력 배양을 추구할 필요가 있다. 이를 위해 성과나 실적 지향의 시스템을 구축해야 한다. 그러나 조직 내부적으로는 경쟁 못지 않게 협력이 강조되어야 한다. 협력이란 무엇인가? 서로 공존하는 것이다. 서로의 존재를, 가치를, 필요성을 인정하고 이 위에서 서로가 함께 힘을 합해 가는 것이다. 경영자와 노조, 팀장과 팀원, 모기업과 협력업체, 생산팀과 영업팀, 관리팀과 기술팀의 관계에 상호협력이 강화되어야 하는 것이다. 협력은 서로를 위하고 돕는 것이다. 서로의 필요를 인지하고 그에 맞추어 주는 것이다. 그리고 서로의 약점을 보완해 주는 것이다. 잘할 때 칭찬 해주고 못할 때 욕하기 보다는 격려해주는 것이다.

▌경쟁과 협력의 균형

오늘 우리에게 꼭 필요한 리더는 이러한 경쟁 정신과 협력 정신 간에 적절한 균형을 갖춘 사람이다. 경쟁이 필요할 때는 경쟁을 추구하고, 협력이 필요할 때는 협력을 북돋우는 사람 그러한 리더가 오늘의 시대 상황이 요구하는 바람직한 리더가 아닐까 한다. 결국은 균형이다. 좋은 리더는 경쟁과 협력 두 가지 모두를 갖추고 있어야 한다. 그러면서 경쟁이 필요할 때는 경쟁 카드를 쓰는 사람이 되어야 한다. 반면에 지금은 경쟁 보다는 협력이 필요하다고 판단되면 협력정신을 고취하는 사람이 되어야 한다. 상황과 여건에 따라 양자를 적절하게 배합시킬 수 있는 자질을 갖춘 사람 이런 사람이 오늘 우리에게 필요한 리더이다.

나는 집단주의적 사고가 강한 조직, 자기 계발과 프로 정신이 약해 보이는 그룹, 적당히 처신해 가려는 분위기가 느껴지는 그룹에서는 예외 없이 경쟁력과 탁월성을 강조한다. 탁월성 추구는 바로 경쟁력 강화인 것이다. 그러나 나는 이에 못지 않게 협력 정신에 대해서도 강조한다. 잘나가는 사람들이나 약은 사람들이 많은 곳일수록 협력 정신을 강조한다. 그래서 교육을 마칠 때 마다 협력 정신을 북돋는 인사를 꼭 연습시킨다. 이러한 협력 정신 배양 인사를 나는 상호섬김 인사라 부른다. 이 인사는 다음의 세 마디 인사이다. "당신의 만족이 나의 만족입니다. 당신의 기쁨이 나의 기쁨입니다. 당신의 행복이 나의 행복입니다." 나는 이 인사를 전파하는데 사명감을 느끼고 있다. 왜냐하면 이 인사를 할 때마다 이기주의를 향해 치닫는 우리 마음에 인간애를 불 피우는 것 같아서이다.

23. 좋은 리더란?

어느 경영자가 주재하는 회의를 옆에서 참관한 적이 있었다. 그 회의는 아주 심각한 주제를 다루는 회의였다. 참석자는 동종 업계 여러 회사에서 오신 분들이었다. 또한 서로 간 입장이 첨예하게 대립되는 상태에 있었다. 회의를 잘못 이끌어가다가는 감정 폭발이 일어날 수도 있는 그런 아슬아슬한 분위기였다. 전체적으로 참석자에 간에 입장이 2~3개 정도로 대립되는 상태였다. 그런데 이번 회의에서 최종 결론을 내야 할 처지에 있는 성격의 회의였다.

▌성과 혁신에 있어서 리더의 역할

그런데 내가 혀를 내두를 정도로 그 경영자의 능력에 탄복됐던 것은 그가 회의에서 주제를 다루어가는 솜씨였다. 그는 감정적으로 치달을 수 있는 회의 분위기를 차분하고도 평화롭게 이끌었다. 눈치와 긴장이 짝 깔려있는 상황에서 성공적으로 결론을 도출하였다. 상반되는 입장을 상생적으로 조정하여 최선의 결론을 이끌어낸 것이다. 그런데 회의 진행 내내 그는 자기 개인 입장을 전혀 드러내지 않았다. 물론 그에게도 선호하는 입장이 있었다. 그러나, 어찌 보면 그는 자기 생각을 드러내지 않으면서 자신이 준비해 온 대로 회의를 이끌어갔다. 그는 자기 의견을 내놓고 말하지 않았다. 대신 타인의 입을 통해 자기 생각이 표출되도록 하였다. 그리고 그 의견에 대해 반대자들의 생각도 충분히 제시되게끔 하였다. 반대 발언이 충분히 제기되도록 하여 감정적으로 불만이 쌓이지 않도록 하였다. 그러면서도 납득과 수긍이 이루어지도록 한 것이다. 어느 조직의 성과를 향상시키는 데 결정적 역할을 하는 사람은 바로 그 조직의 리더이다. 조직 전체로 보면 리더는 최고경영자가 되기도 하고, 팀 조직으로 보면 팀장이기도 하다.

고슴도치형 리더

사람에게는 누구나 장점이 있는 반면에 나름대로의 약점이 있다. 멀리서 보면 "참 괜찮은 사람이다"라는 마음이 들어 가까이 다가가고 싶은 사람이 있다. 그러나 가까이 가서 그를 자세히 알게 되면 의외로 실망하는 경우가 있다. 가까이 갈수록 마음을 아프게 찌르는 리더가 있다. 그런 상사에게는 "어느 정도의 거리를 두고 멀찌감치 모시는 게 좋지, 너무 가까이 다가가지 말라"는 충고가 있다. 그런 리더를 고슴도치형 리더라고 한다. 고슴도치는 가까이 갈수록 바늘이 솟아나와 가까이 다가가는 사람을 찌르기 때문이다. 조직의 최상층부에 있는 리더일수록 이런 유형이 많지 않나 싶다. 리더도 외로울 것이다. 자신에게 부과된 과업이 무척 힘들게 느껴질 때가 있을 것이다. 자신만이 그 짐을 혼자 지는 것 같을 것이다. 그래서 믿고 신뢰하면서 그 짐을 같이 나누어 질 부하나 동료가 아쉬울 것이다. 그래서 외로움도 클 것이다. 아쉬움이 도를 넘어서면 부하들에 대한 미움 내지는 무시감도 생길 것이다. 그러나 그렇다고 해서 리더가 자신을 팔로워들과 지나치게 격리시키면 문제가 생긴다.

　고슴도치 리더가 되면 결국 조직 구성원과 진정한 공감대를 이루기 어렵다. 겉으로는 그럴 듯한데 속을 보면 그렇지 않은 것이다. 위선적 리더가 될 수 있다. 투명성이 부족하기 때문이다. 윤리성에서도 문제가 생길 수 있다. 고슴도치 리더가 되지 않기 위해서는 자신을 외부로 드러낼 수 있어야 한다. 물론 그러기 위해서는 자기 스스로에게 위선적인 면이 없어야 할 것이다. 좋은 리더가 된다는 것은 쉽지 않다. 그러나, 윤리성과 투명성은 좋은 리더가 되기 위한 기본이다.

자수성가형 리더

　우리 사회에는 자수성가형 리더들이 많다. 사업에 성공한 사람들일수록 가난한 가정에서 태어나 젊었을 때 고생하여 재산을 모은 사람들이 많다. 그들은 오늘의 위치에 오기까지 많은 고생을 한 사람들이다. 부모나 누구의 도움도 받지 않고 스스로 개척하여 기업을 일구거나 지금의 명성을 얻은 사람들이다. 그래서 그들은 자신의 눈높이가 높은 편이다. 이런 점에서 자수성가형 리더일수록 부하들을 잘 신뢰하지 못한다. 믿고 맡기기도 어렵다. 왜냐하면 자기만큼 해주는 사람이 없기 때문이다. 자수성가형 리더의 대표적 특징이 아랫 사람들을 믿고 맡기지 못한다는 점이다. 개인적으로는 탁월한 능력을 가지고 있지만, 사람들을 잘 키우는 데는 약하다. 자신이 그만큼 고생해서 이룩한 만큼 다른 사람들은 미덥지가 못한 것이다. 이런 분들이 가지는 약점은 사람들을 따뜻하게 배려해 주는 것이 약하다는 점이 아닌가 싶다.

　자수성가형 리더는 관계행동을 잘 배워야 한다. 너무 과업 지향으로만 부하들을 대하지 말아야 하다. 사람이란 믿어주고 신뢰해주면 최선을 다해 헌신한다. 나의 보스가 나를 인정해주는 한 마디나 행동을 보여줄 때 사람들은 더욱 열심히 하게 된다. 물론 그러기까지 시간이 걸린다. 그리고 믿었다가 배신 당할 수도 있다. 그렇다고 해서 부하나 타인을 믿지 못하고 질책조로만 대하면 결국은 그 결과는 부정적으로 자신에게 돌아오고 만다.

똑부형, 똑게형, 멍부형, 멍게형

리더를 네 가지 유형으로 분류한다고 한다. 똑똑하면서도 부지런한 사람을 '똑부형'이라고 한다. 똑똑하지만 게으른 사람은 '똑게형', 멍청하고 부지런한 사람은 '멍부형', 멍청하고 게으른 사람은 '멍게형'이라고 한다. 제일 문제가 많은 리더의 유형은 멍부형이다. 멍게형은 어차피 더 이상 책임 있는 자리로 올라가기 어렵다. 게으르기 때문에 일을 벌리지도 않는다. 이런 리더는 어차피 남에게 큰 영향을 미치기 어렵다. 문제는 리더의 자리에 있는데 멍청하게 열심히 일하는 사람이다. 이런 사람은 자기가 열심히 하기 때문에 좋은 리더라고 생각할지 모른다. 그러나, 이런 사람은 전략적으로 방향 잡기를 잘 못하기 때문에 조직 전체를 고생시키고 헛수고하게 할 수 있다. 리더일수록 열심히 한다고만 되는 게 아니다. 문제는 전략적 사고를 못하기 때문에 '목적'보다는 '목표'에, '효과성'보다는 '효율성'에, '전체'보다는 '부분'에, '중장기적 사고'보다는 눈앞에 있는 '단기적 사고'에 매달리는 것이다. 리더일수록 방향을 잘 잡아주어야 한다. 속도계보다는 나침반을 읽는 사고를 해야 한다.

관리자형과 리더형

요즘 제일 바람직한 유형은 '똑게형'이라고 한다. 리더는 좀 게을

러야 한다고 한다. 왜냐하면 리더는 일을 직접 수행하는 사람이라기보다 일이 잘되도록 이루어지게 만드는 사람이기 때문이다. 리더는 자기가 직접 나서서 그 일을 자기 손과 발로 이루는 사람이 아니다. 이는 실무자가 하는 역할이다. 리더는 그 일이 부하들의 손과 발을 통해 잘 이루어지도록 만드는 사람이다. 그래서 리더는 자기가 직접 나서서 일을 하려고 하기 보다, 일의 방향과 방법을 잘 제시해 주는 사람이어야 한다. 그래서 리더는 '일을 올바르게 하기(Do Things Right)' 보다는 '올바른 일을 하는 것(Do Right Things)'을 생각하는 사람이어야 한다. 그리고 '기존의 조직을 잘 관리하는 데 중점을 두기' 보다 '기존 조직이 외부 변화에 잘 적응하도록 조직을 변화시키는데 중점을 두는' 사람이어야 한다. 전자를 '관리자형'이라고 한다면 후자를 '리더형'이라고 한다. 진정한 리더는 관리자형이기 보다 리더형이 되어야 한다.

임파워링(Empowering) 리더

좋은 리더는 부하들을 잘 키워주는 사람이다. 그런 의미에서 똑게형이 바람직하다는 것이다. 똑게형은 임파워링을 잘하는 사람이다. 임파워링이란 단순히 상사가 가지고 있던 권한을 부하에게 위임해주는 것만을 말하지 않는다. 임파워링이란 직무 분야에서의 코칭(Coaching)과 인격적인 멘토링(Mentoring)을 통해 부하의 태도, 능력, 성과를 총체적으로 높여주는 것이다. 코칭은 직무 분야에서 부하의 성과 향상을 목적으로 일정 기간 스킬 향상 위주로 지도하는 것이다. 반면에 멘토링은 직무 분야 및 인생 전반에서 부하의 태도와 능력, 성과 모든 분야에 걸쳐 장기적으로 인격적 관계를 맺어가는 것이다. 멘토링에서 멘토(Mentor)는 스승과도 역할을 맡은 자이며, 멘티

(Mentee)는 제자와 같은 자리에 있는 사람이다. 좋은 리더는 전체 조직의 앞에 서서 목표를 향해 조직원들을 독려하는 역할을 해야 한다. 그러면서도 한 사람의 멘토로서 한 사람의 부하로서의 멘티를 스승과 같이 이끌어주는 면을 가져야 한다. 강하면서도 부드러운 점, 전체를 보면서도 한 사람의 인격을 놓치지 않는 그런 두 가지가 다 있어야 한다.

24. 변화를 성공적으로 이끌기

　　그간 참여정부가 들어선 이후 곳곳에서 개혁을 구호로 내세워 왔다. 정부 내에서도 변화와 혁신이 행정의 큰 흐름으로 자리 잡아왔다. 정부 혁신에 이어 사회 전반으로 정치 개혁, 언론 개혁, 기업 개혁, 사법 개혁 등 수많은 부분이 개혁되어야 한다고 주장되고 있다. 개혁이란 기존의 잘못된 것을 바꾸자는 것이다. 기존의 방식으로 해서는 더 이상 안 된다는 것이다. 그런데 원론적으로는 동감이 되면서도, 특정한 개혁이 정말 타당한 것이지 잘될 것인지에 대해서는 의구심이 가는 부분이 한 두 가지가 아니다. 총론은 맞는데 각론은 "뭔가 이건 아닌데!"라거나 방향 설정이 잘못된 것으로 느껴지기도 한다. 어쩌면 개혁을 말하는 사람들이 우선적으로 개혁되어야 할 사람 같기도 하다. 개혁 방향을 둘러싸고 서로 싸우면서 갈등이 증폭되는 양상을 보면 과연 올바른 개혁이란 무엇인가를 놓고 고민하지 않을 수 없다. "변해야 산다"라는 말들은 모두가 한다. 그런데 무엇이 어떻게 변해야 할지에 대해서 백가쟁명 식이다.

성과 혁신을 위한 변화 주도자

조직이나 개인이 좋은 성과를 내기 위해서는 변화를 동반할 수 밖에 없다. 과거에 하던 방식이 아닌 새로운 방식으로 하려니 변화가 불가피하다. 일의 목적, 목표, 전략이 바뀌니 리더와 실무자 모두 사고와 행동 면에서 변화가 불가피하다. 그러나, 변화라는 게 그렇게 쉽질 않다. 근본적으로 사람이란 나이 삼십 넘으면 생각이나 태도를 바꾸는 게 잘 안 된다고들 말한다. 성인의 경우 자기 습관 하나 바꾸는데도 얼마나 치열한 노력을 해야 하는지 모른다. 흡연자들의 경우 담배를 끊어야 한다는 것은 누구나 잘 안다. 그러나 실천을 못한다. 습관이 들었기 때문이다. 사람들은 몸에 익숙한 것을 좋아한다. 자기가 늘 하던 것을 따라서 하게 되어 있다. 생각하는 것도, 말하는 것도, 행동하는 것도 이전에 하던 식대로 해야 편한 것이다. 기존의 것이 주는 익숙함, 편안함이라는 것이 있기 때문이다. 그래서 사람들은 속성상 변화에 대해 거부하는 성향이 있다. 개인 차원의 변화뿐 아니라 조직 차원의 변화도 그렇다. 특별히 변화를 통해서 "나에게 좋은 점이 무엇이다!"라는 것에 확신이 서지 않으면 사람들은 기존의 것에 그냥 머무르려고 한다.

그러나, 조직 차원에서 변화나 혁신이 필요할 때가 있다. 조직 전체가 일하는 방식을 바꾸어야 할 때가 있다. 조직의 성과가 부진한 현상은 바로 무엇인가 바뀌어야 한다는 것을 말해주는 것이다. 부분적으로 작은 변화가 필요할 때도 있지만 근본적이고도 획기적인 변화가 필요할 때도 있다. 팀장을 바꾸어야 할 때도 있지만 팀장 외 팀원 모두가 바뀌지 않으면 안될 때도 있다.

조직 차원에서의 변화는 구성원들이 자발적으로 동참할 때 비람직한 결과를 얻을 수 있다. 자발적인 동참이 아니고 강제적이고 강압적인 방법을 통해서 변화에 동참시킬 경우 이러한 변화는 성공할 확률이 낮아진다. 강압적인 변화 시도에는 반드시 반대 세력의 저항을 불러 일으킨다. 이럴 경우 변화는 갈등과 대립을 불러 일으키고, 극단적인 경우에는 무력 충돌 내지 폭력적 상황으로 이어질 수 있다. 변화를 주도적으로 이끌어가야 하는 리더에게는 어떻게 하면 조직 구성원이 변화를 긍정적으로 받아들이고 변화가 성공적으로 이루어지게 할 것인지 큰 고민이 아닐 수 없다. 성공적인 변화를 이루어내는데 필요한 요소가 있다.

1. 기존의 문제점을 인식하고 위기의식을 이끌어내야 한다.

변화하려고 하는 것은 기존의 것에 문제가 있기 때문이다. 기존 방식이나 스타일이 잘 돌아가고 좋은 성과를 내고 있다면 굳이 변화할 필요가 없는 것이다. 그러면 기존 것에 어떠한 문제가 있는지, 그대로 놓아두면 어떤 나쁜 결과가 오는지가 분명해야 한다. 이 부분이 정확히 정리되어야만 변화의 타당성 논리가 도출될 수 있다. 여기에서 변화의 비전도 나오고 변화의 공감대가 형성되는 것이다. 나아가 변화하지 않으면 공멸한다거나 심각한 결과가 초래될 수 있다는 점에 대해 위기의식을 느낀다면 변화는 한층 빨리 이루어질 수 있을 것이다.

2. 변화 후 얻게 될 결과물에 대한 비전을 보여 주어야 한다.

바람직한 변화가 되려면 리더부터 변화에 대한 확실한 그림을 보여 주어야 한다. 적어도 이러한 그림이 멋있게 보이지 않는다면 변화를 수용하려는 부류는 늘어나지 않을 것이다. 그래서 변화를 추진하는 리더는 왜 이러한 변화를 추구하는지, 이 변화를 통해서 무엇을 얻고자 하는지, 이 변화가 이루어지면 어떤 좋은 결과가 있는지를 제시해

주어야 한다. 이것이 변화의 비전이다. 이러한 비전 제시가 없다면 사람들은 따라오지 않을 것이며 변화에 대한 두려움만을 주는 결과가 되고 말 것이다. 리더가 제시하는 비전은 구성원들에게 신뢰감을 줄 수 있는 것이 되어야 한다.

3. 조직 구성원들로부터 변화에 대한 공감대를 얻어야 한다.

변화에 대한 구성원의 공감대를 형성하지 못하면 변화 시도는 실패하고 말 것이다. 몇 몇 사람들이 앞에 나가 설치기만 하다가 용두사미 격으로 끝나버릴 수 있다. 결국 변화의 성공은 변화 주창자들이 느끼는 문제의식과 비전을 구성원들이 함께 가질 수 있느냐는 데 있다. 예를 들어 지금 우리 사회에서 개혁과 관련된 큰 과제이지만 아직도 이해관계자들 간에 첨예한 갈등을 불러 일으키는 주제가 부동산과 교육 관련 정책이다. 이와 관련하여 여와 야, 관계 부처와 주민 등 이해관계자 간에 치열한 의견 대립을 보이고 있다. 아직은 정부 정책이 제대로 실행될는지 그리고 기대하는 효과를 거둘 수 있을지에 대해서는 미지수라고 할 것이다. 어떠한 개혁도 주창자와 여론 형성자들은 공감대 형성을 통해 구성원들이 변화 과정에 동참하도록 유도해야 한다.

4. 변화를 주도할 그룹을 잘 형성해야 한다.

변화 주도 그룹은 현 상태의 문제점을 분석하고 정리하여 "왜 현재에 머물러 있으면 안되는지!"에 대한 명확한 근거와 논리를 제시해야 한다, 그리고 이들이 앞장서서 변화의 전도사로서 변화의 타당성과 불가피성을 타 조직원들에게 호소하고 그들로부터 공감대와 지지를 얻어내는 역할을 해야 한다. 가능하면 이러한 그룹은 구성원들로부

터 좋은 인상을 받고 있는 사람들, 신뢰감을 줄 수 있는 사람들이어야
할 것이다.

5. 구성원들이 가지는 변화에 대한 두려움을 줄여 주어야 한다.

모든 변화의 과정에는 이에 따르는 거부감이 있다. 변화 주창자들
은 변화에 대한 좋은 점을 장미빛으로 제시하지만 그 변화란 미래에
일어날 것이다. 그래서 변화주창자가 아닌 사람들은 그 변화가 제시
한 대로 제대로 될 것인지, 아닌지는 그 때 가봐야 된다고 생각하는
게 일반적이다. 근본적으로 변화의 결과는 미래에 될 일이기 때문에
불확실하다는 것이다. 물론 기존의 문제점은 인정하지만 이 문제를
해결하는 대안이 만족스럽지 못하다면 사람들은 현재의 것이 불만족
스럽기는 하지만 더 나은 대안이 없기 때문에 그냥 참고 지내려 한다.
　근본적으로 변화 과정이란 이성적인 과정이라기보다 감정적이다.
사람들은 이 과정에서 두려움과 분노, 미움의 감정들을 가지게 된다.
그래서 지혜로운 변화관리자들은 사람들의 감정을 잘 이끌어주는데
신경을 써야 한다. 그래서 변화의 과정에는 사람들의 마음을 잘 품어
주는 어머니와 같은 모성적 리더가 필요한 것이다.

6. 변화를 반대하는 부류들을 잘 유도해야 한다.

변화에 대해 반응하는 성향을 유형별로 나눠보면 변화 주창자, 지
지자, 긍정적 수용자, 부정적 수용자, 적극적 거부자로 나눌 수 있다.
어쩔 수 없이 모든 변화에는 지지자가 있는 반면 반대자 내지 저항자
가 있게 마련이다. 처음부터 모두가 이구동성으로 찬성하고 지지하
는 변화란 드물다. 대체로 변화로 인해 이익을 얻게 되는 측이 있는가
하면 변화로 인해 손실을 보는 측도 있을 수 있다. 특히 변화로 인해

관련자들의 이해관계가 달라질 경우에는 변화 거부자들의 발언이 강해질 수 있다. 조직 차원에서 어떠한 변화가 올 경우 사람들은 나에게 어떠한 영향이 미칠 것인가를 먼저 생각한다. "나에게 좋은 것인가, 나쁜 것인가?"를 놓고 주판알을 튕기게 되는 것이다. 기업이 구조조정이라는 변화를 실시할 경우 당연히 여기에는 피해를 보는 그룹이 나올 수 있다. 이들은 구조조정이라는 변화에 대한 강력한 거부자로 등장할 수 밖에 없다. 그래서 어떠한 변화 시도도 그에 대한 반대자, 저항자가 나온다는 점을 고려해야 한다. 모든 변화 주도자들은 변화의 반대자, 저항자들에게 어떻게 대처할 것인가를 생각하고 이에 대한 대안을 마련해야 한다. 결국은 변화의 성공은 반대자들을 얼마나 잘 설득하여 이들이 변화에 동참하도록 하느냐에 성공 여부가 달려 있다.

7. 변화 과정을 지혜롭게 이끌어야 한다.

변화에 대한 긍정적 수용자들은 주도 세력들을 따라 변화에 동참하는 것이 비교적 쉬운 편이다. 그러나 부정적 반응자들은 변화를 받아들이기 까지 시간이 걸린다. 먼저 변화 주도자들은 초기에 반대자들을 적으로 대하지 말아야 한다. 이들이 감정적으로 변화 주도자들을 거부할수록 변화는 더욱 어려워지게 된다. 이들이 변화를 긍정적으로 받아들이기 위해서는 어떤 계기가 필요하다. 그래서 변화 주도자들은 반대자들의 의식이나 마음을 돌릴 수 있게끔 하는 어떤 계기를 만들 필요가 있다. 이러한 계기가 만들어지면 저항하는 힘은 급속히 줄어들고 부정적 반응자들도 이를 받아들이는 속도가 높아지게 되는 것이다.

변화의 속도를 조절할 줄 아는 지혜도 필요하다. 상황에 따라 변화 속도를 좀 늦추어야 할 경우와 변화에 스피드를 주어야 할 경우를 잘 분별할 줄 알아야 한다. 반대자의 목소리가 높고 상황이 여의치 않을 경우에는 드러나지 않게 있으면서 좀 기다릴 필요도 있을 것이다. 그러나, 변화에 성공할 길목이 되는 시점에서는 적절한 성공의 경험을 거둠으로써 변화 주도자들로 하여금 성공에 대한 자신감을 갖도록 해야 할 것이다.

25. 성공한 변화, 실패한 변화

대우그룹의 김우중 회장은 금융과 마케팅의 귀재였다. 이 부분에 관한 한 탁월한 감각이 있으셨던 분이었다. 그러나 너무 혼자서 다 하려고 한 것이 약점이 아니었나 싶다. 대우그룹이 해체된 원인에 대해 언론, 정부 관계자, 경영학자들의 많은 얘기가 있었다. 그러나, 이에 대한 평가는 좀 더 뒤로 미루어질지도 모른다. 어쨌든 타당한 귀감으로 삼아야 할 지적들이 많다. 김회장의 리더십 스타일과 대우의 실패를 연결 짓는 얘기도 많다. 그의 리더십 스타일에는 강점과 약점이 함께 있었다고 봐야 할 것이다. 약점을 들자면 김회장은 자신의 권한을 위임하는데 실패한 것이 아닌가 싶다. 자신이 세세한 의사결정까지도 직접 하려 했으니, 밑에 핵심 사장들조차 끝없이 "어찌 하오리까?"의 태도로 나갈 수 밖에 없었다. 이러한 점들은 카리스마적인 리더가 가지는 한계이자 자수성가형 지도자들이 지니는 공통적 약점이기도 하다. 아래 사람을 믿지 못하니 아래 사람들도 필요한 때에 해야 할 얘기를 하지 못한 것이다. 안된다는 얘기를 할 수 없었던 것이다. 총수에게 'No' 라고 말할 수 있는 부하를 둘 수 있느냐 여부가 리더의 그릇이 아닐까도 싶다. 쉬운 일은 아니다. 그러나 그 정도까지 나아가지 못했던 점이 아쉽다.

삼성과 대우의 변화 노력

삼성의 이건희 회장은 1993년 신경영을 주창하면서 삼성 그룹사의 경영혁신을 이끌었다. 오늘의 삼성전자가 있을 수 있는 것은 '프랑크푸르트 선언'이라고 불리우는 그 때의 변화 몸부림이 있었기 때문이다. 당시 이건희 회장은 심각한 위기의식을 느꼈다. 그리고 그룹사 임직원 전체가 이러한 위기의식을 느끼도록 변화 주도자 역할을 하였다. 그리하여 소위 "마누라와 자식 빼고는 다 바꾸라"는 식의 철저한 혁신을 주도하였다. 당시 국내 최고라는 안일한 자부심에 빠져 있었던 임직원들을 깨트리면서 변화에 동참하도록 하였다. 품질 불량 발생시 과감히 라인 전체를 세우는 철저한 품질경영이 바닥 현장에서 실천되도록 하였다. 그리고 당시 세계적으로 앞서가는 초일류 선진 기업들을 과감히 벤치마킹 하였다. 그들과의 경쟁에서 살아남아야만 글로벌 무한 경쟁에서 살아남는다는 의식을 심어주었다.

삼성의 이병철 회장과 이건희 회장에게 공통점이 있다면 깊은 사고 속에 있었던 통찰력이 아닌가 싶다. 이 분들은 철저하게 준비하고 나서 행동에 옮기는 스타일이다. 돌다리도 두들겨 보고 건너는 신중함이 그들의 특징이다. 이병철 회장이 반도체 사업에 뛰어들기로 한 것이나 이건희 회장이 IMF 이후 불확실한 경제 환경 속에서 반도체 시설 투자를 늘린 것은 어찌 보면 도박과 같은 의사결정이었다. 그러나 그들의 당시 결정이 오늘의 삼성뿐 아니라 한국경제를 받쳐 주는 역할을 하고 있다 해도 과언이 아니다. 그러한 의사결정이 가능할 수 있었던 것은 오랜 동안의 연구와 치밀한 검토, 그리고 신중에 신중을 거듭한 심사숙고이다. 불확실한 미래 환경에서 결정적 한 수를 두는 데는 보이지 않는 오랜 시간의 치밀한 준비가 필요하다. 이처럼 치밀한 분석과 연구 조사에 바탕을 둔 적시의 의사결정 그것이 오늘의 삼성을 이루는데 기여한 최고경영자들의 장점이었다. 90년대 초까지 삼성은 관리의 삼성이라고 했다. 기획, 재무, 인사, 감사 등 관리 분야에서 일하는 사람들이 회사를 이끌어가는 분위기였다. 그런 점에서 독일병정식 분위기가 있었고, 아직도 그런 점이 남아있는 것 같다. 그러나 삼성의 경영진은 이런 분위기를 바꾸려고 하였다. 무소불위의 권력을 자랑하던 삼성 비서실을 해체시켰고, 관리 중심의 기업 문화를 품질 중심의 기업 문화로 바꾸었다.

대우 그룹을 이끌던 멤버들은 본받을 만한 점이 많은 사람들이었다. 대우의 기업 문화는 개인을 비교적 존중해주고 합리성을 우선하는 분위기였다. 과거의 삼성처럼 꽉 짜여진 조직의 관리 시스템으로 끌어가는 분위기가 아니었다. 자율의 가치를 존중했고, 사람을 조직을 위한 도구로 생각하는 분위기도 아니었다. 그런 예가 80년대의 군사정권 시절 학생운동 및 재야운동을 했던 사람들을 다른 그룹보다 적극적으로 채용하였던 배경이기도 하였다. 그리고, 대우맨이라고 불리웠던 사람들은 참으로 열심히 일한 사람들이었다. 대우의 사훈이 창조, 도전, 희생이었다. 그 동기가 진급을 위해서든 출세를 위해서든 어쨌든 밤을 낮으로 알고 일한 사람들이었다. 나의 경우도 그러했다. 집에 들어가지 못하고, 밤잠을 자지 못하고 회사를 위해 뛰었던 날들이 얼마나 많았는지 모른다. 수많은 사람들이 국내와 해외에서 일과 관련된 사고로 다치기도 하고 죽기도 하였다. 대우도 계열사의 경영상 문제들을 해결해 가면서 자신의 기업 문화를 변화시키려는 발버둥을 많이 하였다. 특히, 90년대 들어서 '관리혁명' 이라는 캐치 프레이즈 하에 기업 체질을 바꾸려는 노력을 경주하였다. 그러나, 그 노력이 IMF사태를 전후한 대우의 위기를 넘기는데 기여하지 못했다. 변화 노력이 경영진 몇 사람을 바꾸고 기업 전략을 바꾸는 데 머무르지 않고, 기업 문화를 바꾸는데 까지 이어지지 못했던 것이다.

▌김 회장의 리더십

대우에는 탁월함과 성실함을 지닌 인재들이 많았다고 생각된다. 샤프하고 명석하며 희생적인 사람들이었다. 그러나 김 회장 자신이 너무 뛰어났기 때문에 오히려 그것이 문제였다고 볼 수도 있다. 시스템에 의해서 돌아가게끔 하기 보다는 자신이 직접 발로 뛰고 해결하는 식이었다. 혼자서 백마 타고 청룡도를 휘두르며 달려 나갔다. 그리고는 부하들에게 "나를 따르라!"는 식으로 외치는 경영을 해왔기 때문에 일인 중심 경영을 벗어나지 못하지 않았나 싶다. 회장 밑에 있었던 브레인들도 그런 스타일에 젖어버려 자신이 판단하고 결정하며 대처하기 보다는 회장만 바라보는 식이 되지 않았나 싶다. 그랬기 때문에 이러한 장점들에도 불구하고 직원들을 하나로 묶어 내는데 약하지 않았나 싶다. 결국 노사분규가 끊이지 않았다. 금융 중심의 화이트칼라들이 기술력과 품질, 제조업을 이끌어 가는 데는 역부족이었다. 자동차, 전자, 조선 어디에서도 1등을 하지 못하고 말았다. 또 결정적인 순간에 오너에게 싫은 소리라도 해가면서 방향을 틀도록 진언할 수 있었던 사람이 없었다는 얘기도 있다. 물론 많은 오너들이 이러한 진언을 받아들이지 못하는 현실이기도 했다. 이러한 얘기를 하면 눈 밖에 나기 때문이었다. 대우는 핵심 경영진에 가족이 포함되지 않은 점이 타 재벌에 비해 장점이라고 했는데 회장의 심복이라는 사람들이 그런 역할을 못했다고 본다. 오히려 전문인 경영이 가족 경영만 못했다는 얘기가 나오게 되는 것도 이런 이유가 아닌가 싶다.

세상이란 변한다. 시대적 환경이나 여건은 바뀌는 것이다. 그 바뀌는 흐름과 특징을 빨리 읽는 것이 통찰력이다. 그리고 그 변화의 물결을 올라 탈 수 있느냐가 중요하다. 여건이 바뀌면 강점이라는 것도 어느새 약점이 되고 만다. 때로는 약점이었던 것이 강점으로 될 수도 있다. 굳어진 모습이나 고정관념이 누구에게나 있지만 이러한 자신의 모습을 바꿀 수 있느냐가 탁월한 리더만의 능력이 아닌가 싶다. 대우는 대마불사라는 고정관념에 매달려있었다. 어느 누구도 설마 대우가 망하리라고는 생각하지 못했을지도 모른다. 굳어진 고정관념, 생각, 태도, 자기 울타리 한계를 벗어나는 것, 이것을 할 수 있느냐가 오늘날의 리더들이 풀어야 할 자기 숙제가 아닌가 싶다.

▌나부터의 변화 – 1·5·20의 법칙

조직 차원의 변화일지라도 결국 모든 변화는 개인에서부터 출발하는 것이다. 사람들이 생각과 태도가 달라져야 그들의 행동이 변하는 것이다. 그런데 누군가에서부터 이 변화는 시작되어야 하는 것이다. 누가 변화를 시작할 것인가? 조직 혁신에서 1·5·20의 법칙이란 게 있다. 이 법칙은 80대 20의 법칙에서 파생되어 온 것이다. 80대 20의 법칙은 중요한 요소 20%가 결과의 80%를 결정짓는다는 법칙이다. 조직 활동 측면에서 보면 중요한 조직 구성원 20%가 조직 성과의 80%를 담당한다고 할 수 있다. 즉 창조적 소수로서의 20%가 조직 성과 산출에 결정적 역할을 한다는 것이다. 따라서 이러한 논리는 조직 변화나 혁신에도 마찬가지로 적용될 수 있다. 문제 있는 팀, 뭔가 달라져야 하는 팀에서 변화를 추진할 때 중요한 팀원으로서 20%가 동참한다면 변화는 성공한다는 얘기다. 그러면 20%의 변화를 어떻게 가져올 것인가에 대해 1·5·20의 법칙은 의미심장하다.

1·5·20의 법칙은 조직 변화의 맨 처음 단계로서 한 사람의 변화부터 시작한다. 그 다음 단계에서 한 사람의 변화는 주위 동서남북에 있는 네 사람에게 영향을 미쳐 본인을 포함한 총 다섯 사람이 변화하게 된다. 이는 팀장 한 사람만이라도 제대로 된 변화를 한다면 팀장이 주위의 네 사람에게 영향을 미쳐 다섯 사람이 변화에 동참하게 된다. 그리고 셋째 단계로 그 다섯 사람이 각기 네 사람씩을 변화시키면 결국은 이십 사람이 변화되게 된다. 마지막으로 이십 사람만 변화되면 백 사람이 변화되는 것은 어렵지 않다. 아니 나머지 팔십 사람이 변화되지 않더라도 이십 사람이 조직 성과의 80%를 산출해 내므로 전체 성과에서도 변화가 일어난다. 그러면 왜 조직이 변화되지 않는 것인가? 중요한 20%가 변화되지 않기 때문이다. 20%가 변화되지 않는 것은 5%가 변화되지 않기 때문이고, 5%가 변화되지 않는 것은 1%로서 팀장인 내가 변화되지 않기 때문이다. 결국은 바람직한 변화란 나부터 시작해서 이러한 변화가 퍼져 나가야 하는 것이다. 결국 팀의 변화도 팀장의 변화 여부로 귀결되는 것이다. 결국 무엇이 문제라고 남 탓할 것이 아니라 바로 팀장 한 사람으로부터 변화되는 게 중요하다.

26. 사람을 변화시키는 힘

나는 강의를 할 때 박수 훈련을 시킨다. 손바닥 박수, 손끝 박수, 손가락 박수, 주먹 박수, 손목 박수 등 다양한 박수를 소개해주고 박수를 치게 한다. 이런 시간을 스팟(Spot)이라고 하는데, 교육생들의 분위기를 집중시키고 지루함을 없애며 재미있는 교육이 되도록 하는 효과가 있다. 하지만 박수 훈련을 시키는 이유에는 박수가 가지는 의미를 마음 속에 배게 하도록 하는 점도 있다. 박수란 무엇인가? 박수란 칭찬과 격려, 인정의 표현이다. 어느 조직이건 박수를 잘 치는 분위기가 있을 때 그 조직은 살아있고 생기 있는 조직이 된다. 그래서 리더의 자리에 있는 사람일수록 박수를 잘 쳐야 된다고 확신한다.

칭찬과 인정, 격려의 말

사람이란 어느 때 열심히 일하는가? 바로 격려 받고 인정 받을 때이다. 특히 남자의 경우 인정해주는 말을 해주는 것이 중요하다. "수고했어, 잘 했어, 대단해, 자네 덕택이야, 자네가 최고야!" 등의 말은 남자들을 흥분시키는 파워를 가지고 있다. 의기소침해 있고 자신감이 없는 사람일수록 이런 말 한 마디가 그 사람을 팔딱팔딱하게 만드는 마력을 발휘한다. 여자에게는 격려해주는 말이 필요하다. "힘들었지, 수고했어, 멋있는데, 아주 깔끔해, 아름다운데!" 등의 이런 말은 여자들의 가슴을 뛰게 만든다. 이런 말 한마디가 무기력해진 사람들의 가슴에 불을 붙이는 것이다. 존 맥스웰(John Maxwell)은 "탁월한 리더의 비결은 부하들을 아홉 번 칭찬해주고, 한 번 조언 내지 질책하는데 있다"고 한다. 잘 새겨 들을 말이다

▌비판적 언어의 진실

나는 대학시절 학생운동권의 선배들로부터 많은 영향을 받았다. 그들로부터 제일 먼저 훈련 받은 것은 사물을 비판적으로 보는 습관 기르기였다. "문제의식을 가져라, 현실을 비판적으로 보는 눈을 길러라."는 얘기를 수도 없이 들었다. 당시 이념서클에서 독서 토론을 하는 것이 사회현실 비판, 타인의 생각 비판 등 이런 훈련이었다. 그 결과 나는 아주 날카로운 비판론자가 되었다. 그러니 현실을 부정적으로 보는 인식이 오랜 동안 몸에 배이게 되었다. 이런 훈련이 예리한 관찰력과 분석력 기르기 면에서는 좋은 훈련이 된 점도 있었다. 그러나 나는 그러한 훈련이 내 일생에 부정적 영향을 미쳤다는 점을 나이가 들어서야 깨닫게 되었다. 그리고 그러한 선배들을 만나게 된 점을 후회하게 되었다.

사물을 비판적이고 부정적으로 보도록 하는 시각을 교육시키는 것은 인간을 몰라도 한참 모르는 것이다. 철이 들면서 깨닫게 된 것은 사람이 진정으로 변하는 것은 문제를 지적 받을 때가 아니라는 점이었다. 그 사람을 위한다는 선의를 가지고 그 사람의 약점이나 문제점을 지적해 줄 수 있다. 그러나 사람은 자신의 약점이나 문제점을 지적받을 때는 잘 변하지 않는다. 오히려 겉으로 드러나지 않게 반발과 자

기 방어를 불러 일으킨다. 사람은 자신의 약점이나 문제점이 무엇인지 모를 수 있다. 자신이 그러한 점을 모를 때 잘 조언해주는 것이 필요하긴 하다. 그러나 이런 역할은 정말 그 사람에 대한 사랑이 전제되어야 한다. 사랑이 전제되지 않고 지적해주는 것은 반발을 불러일으킨다. 이럴 때 사람들은 보호막을 치고 자신을 방어하려고 한다. 이런 역할은 부모나 정말 신뢰하는 오랜 친구가 아니면 해주기 어렵다. 가까운 사람이라도 잘못 얘기해주면 오해 받을 수 있다.

알지만 못하는 것이 더 많다

성인들에 있어서 많은 경우는 자신의 약점이나 문제점이 무엇인지 스스로 안다. 알지만 해결을 못하고 있는 것이다. 우리 인생에 있어서 해야 할 것을 하지 못한 결과를 놓고 한번 분석해 보자. 모르기 때문에 못하는 것인가? 아니면 알면서도 못하는 것인가? 양자가 다 있을 것이다. 그러나 비중을 놓고 볼 때 나는 후자가 단연 많으리라고 본다. 우리 인생살이란 알면서도 못하는 것, 바꾸어져야 한다고 알지만 예전 습성 그대로 해버리는 것이 훨씬 더 많다. 그럴 때 그 사람이 알지만 실천하지 못하는 것을 할 수 있도록 도와주는 것이 바로 칭찬이다. 몰라서 못하는 것은 굳이 들추어낼 필요도 없다고 본다. 알면서도 못하는 것 이것 하나만이라도 실천하는 것 이게 중요하지 않겠는가! 결국 실천을 위해 필요한 도구를 개발해야 하는데 이게 칭찬, 격려, 인정인 것이다. 특히 남자들은 인정 받을 때 헌신한다. 자신에게 돈 많이 주는 상사에게는 돈 주는 만큼 충성하지만, 자신을 정말 인정해주는 상사에게는 목숨까지 내놓고 충성하는 것이 남자들의 마음이다.

말의 법칙

나는 매번 강의를 시작 할 때마다 교육생들과 이런 인사를 주고 받는다. 먼저 내가 "여러분, 오늘 어떻습니까?"라고 큰 소리로 묻는다. 그러면 교육생 모두는 큰 소리로 "좋습니다!"라고 대답한다. 물론 처음부터 이렇게 대답하는 것은 아니다. 내가 시범을 보이고 그렇게 하도록 유도하기 때문이다. 나는 어느 교육장을 가던지 꼭 이 인사로 강의를 시작한다. 그리고 교육생 모두에게 가정이나 직장에서 이 표현을 습관화하고 주위에도 전파하라고 한다.

"좋다"라는 표현은 우리의 긍정적 자세를 함축적으로 표현해주는 용어이다. 나는 하루의 시작을 "좋습니다"라는 말로 시작하면 그 날에 하는 모든 것들이 좋아진다고 믿는다. "그런 근거가 어디 있느냐?"고 따져 묻는다면, 나는 그것을 '말의 법칙' 때문이라고 말한다. '말의 법칙'이란 무엇인가? 그것은 "사람은 하는 말에 따라 생각이나 행동, 결과가 따라간다"는 것이다. 말로 "좋습니다"라고 얘기하면 몸 상태도 좋아진다는 것이다. 힘든 일을 해야 하는 상황일지라도 즐겁게 할 수 있다는 것이다. 그래서 일의 결과도 좋아진다는 것이다. 나는 항상 긍정적인 말, 긍정적인 표현을 하도록 권고한다. "잘 됩니다", "잘 될 겁니다", "좋아질 겁니다", "할 수 있습니다" 이런 용어를 자주 사용하라고 한다. 이런 말을 자꾸 하라고 해서 사실 자체를 왜곡하라는 것은 아니다. 잘 안될 경우 잘 안 된다는 사실이나, 나쁜 상황을 거짓말 차원에서 말하지 말라는 것은 아니다. 다만 안 되는 사실, 나빠지고 있는 사실을 얘기하더라도 마지막에는 이러한 표현을 덧붙이라는 얘기다.

인간이란 아주 신비한 존재이다. 말이란 그 사람의 인격과 내면 상태를 표현해 주는 가장 중요한 도구이다. "안 되요", "힘들어요", "피

곤해 죽겠어요", "아이 짜증나" 등의 부정적 표현에 익숙한 사람은 부정적 생각과 결과를 맞는다. 이런 말이 입에 밴 사람들은 불평과 원망으로 살게 된다. 하루야마 시게오가 쓴 뇌내혁명(腦內革命)에서는 우리의 우뇌를 개발하는 여러 방법에 대해 쓰고 있다. 그런데 하루야마 시게오도 긍정적 말을 하는 것이 우뇌를 개발하는 한 방법이라고 말한다. 그래서 비록 안 좋은 일이 있을지라도 말이라도 "좋다!"라고 하면 실제로 몸과 마음이 따라서 좋아진다는 것이다. 반면에 "아이 죽겠어" "아이 힘들어" "너무 싫어" "아이 안되겠어"라는 말을 하면 몸과 마음도 따라서 그렇게 된다는 거다.

물은 답을 알고 있다

'물은 답을 알고 있다'라는 책의 저자 에모토 마사루는 "우리 몸은 70%가 물로 구성되어 있다"고 한다. 생명력 있는 물을 유지하는 비결은 항시 긍정적인 애기, 사랑과 감사의 애기를 할 때라고 한다. 물에다 대고 "고맙다, 사랑한다, 기쁘다, 즐겁다"라고 애기하고 나서 물을 얼렸다고 한다. 그랬더니 물의 결정이 아름다운 정육각형의 모습을 띠었다고 한다. 반면에 "밉다. 싫다. 나쁘다. 너 죽어라. 뒈져라" 등의 부정적인 애기를 할 때에는 물의 결정체 모습이 육각형도 아니고 이상하게 이지러진 모습을 띠었다는 것이다. 거부하는 말, 비판하는 말, 욕하는 말을 할 때 그 말을 하거나 듣는 사람의 몸 속에 있는 물은 이지러진 모습을 띠는 것이다. 그러니 생기가 없는 몸이 되는 것이다.

유명한 조직이론가인 켄 블랜차드(Ken Blanchard)가 쓴 책 중에 '칭찬은 고래도 춤추게 한다'가 있다. 사람은 칭찬 받을 때 자신감을 가지고 '할 수 있다'는 용기가 생긴다. 비난이나 질책, 비판보다는 칭찬이야말로 사람을 변화시키는 강력한 무기이다. 그래서 어떤 사람에게 꼭 한 가지를 지적해주고 싶다면 먼저 그 이야기를 하기 전에 열 가지 칭찬을 먼저 해주라는 말이 있다. 아이들을 교육시키고 사람들과 관계 맺을 때에도 이 점은 필요한 지혜이다.

나는 비판을 하는 사람이 필요하다고는 본다. 그러나 그 사람은 비판하는 만큼 자신도 비판 받을 각오를 하고 비판해야 한다. 사람이란 그런거다. 비판한다고 달라지면 달라져도 벌써 달라졌을 것이다. 오히려 비판하지 말고 그 사람이나 결과를 놓고 먼저 칭찬해 보라. 그리고 나중에 개인적으로 만나 조용히 "이런 점이 더 해졌으면 좋겠다"는 의견을 제안으로 말해보라. 그러면 그 지적도 별 거부감 없이 받아들여질 것이다. 조직 내에서 성과를 올리는 비결은 결국 칭찬과 인정, 격려를 잘해주는 것이다.

27. 커뮤니케이션 능력

나의 부모님 고향은 경상남도이다. 나는 경상도 사람들이 어떻다는 얘기를 들으면서 자라왔다. 그 중에 "경상도 남자들은 하루에 세 마디 밖에 할 줄 모른다"는 얘기가 있다. 그 세 마디 중 첫째는 남자들이 직장을 갔다 와서 집 대문 열고 들어오면서 처음 하는 얘기인 "아~는 ?"(아이가 어떠냐고 묻는 얘기)이다. 그리고, 혼자서 신문을 보다가 저녁 먹을 때 하는 얘기 "묵자!" (밥 먹자는 얘기)가 두 번 째이다. 그리고 저녁 시간에 TV를 보는 등 쉬다가 잠잘 때 되어서 하는 한 마디 "자자 !" (잠자자는 얘기)가 세 번 째이다. 이 세 마디 밖에는 다른 이야기를 할 줄도 모르고 할 필요도 느끼지 않고 살아왔다는 이야기다. 우스개 소리로 하는 이야기지만 성인 남자들이 얼마나 자기 속의 얘기를 할 줄 모르는가를 보여주는 이야기가 아닌가 싶다.

▌'군자는 입이 무거워야' 의 문제

팀 성과를 혁신시키는 데는 팀장의 역할이 중요하다. 그 중에서도 커뮤니케이션을 잘하는 능력이 팀상에게 제일 중요하지 않나 싶다. 팀원들과 더불어 사명과 비전, 전략과 목표를 놓고 끊임없이 대화하고 조정하는 것 이게 바로 성과 혁신의 핵심 성공요소라 할 수 있다. 그런데 문제는 팀장들에게 의사소통 능력이 부족하다는 점이다. 대체로 나이가 든 한국 사람일수록 자기 얘기를 하고 남의 얘기 들어주는 것을 잘 할 줄 모른다. 자기 속에 있는 얘기들을 자연스럽게 표현하는 것도 서툴다. 그리고 남의 얘기를 잘 들어주는 것은 더 서투른 것 같다. 왜 그럴까? 우리는 어렸을 때부터 자기 속 얘기를 드러내는 것이 경망스러운 것이라는 얘기를 들으며 자랐다. 속에 있는 얘기를 잘 드러내지 않고 담아두는 것이 오히려 미덕이라는 얘기를 들으며 자란 것이다. 나의 고등학교 때 담임 선생님은 종종 三綱五倫의 가치를 역설하셨다. 그 분은 어려서부터 동네 서당에서 한학을 배우신 분이셨다. 우리는 그 선생님 별명을 훈장이라고 붙였다. 그 분은 "남자는 이래야 한다"는 말씀을 당시 사춘기에 있던 당신의 학생들에게 가르치셨는데, 종종 "군자는 입이 무거워야 한다"고 했다. "여자 아이들처럼 재잘거려서는 안 된다"는 얘기를 늘상 하셨다.

이처럼 경상도 남자뿐만이 아니라 한국 남자들이 일반적으로 자기 얘기를 잘 못한다는 것은 유교적 분위기에서 자라온 영향이 크다. "말 많은 사람 싫다", "말 많으면 실수가 따른다"고 한다. 남자들이 자기 이야기를 잘 안 한다는 것은 쓸 데 없는 이야기를 할 경우 손해 볼 가능성도 있기 때문이다. 그리고 괜히 말 잘 못할 경우 오히려 문제만 만들기 때문에 말에 신중을 기한다는 점에서 좋은 점이 있다. 나아가 상대가 두 마디 말할 때 나는 한 마디만 말하라고 하면 듣는 것에 익숙할 수도 있다는 점에서 긍정적일 수 있다.

그러나, 말을 잘 할 줄 모른다는 것은 조직 생활을 하는 데 있어서 치명적이다. 자기 감정을 자연스럽고 솔직하게 표현할 줄 모른다는 것이다. 그래서 말을 안하니 무슨 생각을 하는지 알지 못하고 그로 인해 딴 생각을 하도록 만든다. 상대로 하여금 잘못 판단하도록 하는 것이다. 조직 생활을 해 나가는 데 있어서도 해야 할 이야기를 안 하는 데서 오해와 문제를 일으키는 경우가 더 많다. "나는 이렇게 느낀다. 생각한다."는 내면의 얘기를 솔직하게 터 놓지 못하기 때문에 더 꼬이게 되는 것이다. 갈등이 생겼을 때 대화로 잘 풀어나가고 서로간에 이해를 높이는데도 마이너스가 되는 것이다.

훈련이 필요한 커뮤니케이션 능력

리더의 자리에 있는 사람일수록 커뮤니케이션 능력이 뛰어나야 한다. 사람과 만나고 회의, 미팅, 방문 때마다 말해야 할 때와 하지 말아야 할 때, 들어주어야 할 때와 말해야 할 때, 가만 있어야 할 때와 나서야 할 때를 잘 분별할 줄 알아야 한다. 그리고 어떤 식으로 화두를 꺼내야 할지, 어떻게 상대의 관심을 끌고 어프로치 해야 할지에 대해 순간 순간 재치 있게 대응할 줄 알아야 한다. 대화를 끊어지지 않게 이어가는 능력, 상대방의 촛점과 관심을 끌어내는 능력 이것도 훈련하고 연습해야만 한다.

자기가 말하는 것도 중요하지만 말을 잘 들어주는 것도 중요하다. 강사의 경우도 사람 앞에 섰을 때 5분 안에 상대의 관심과 흥미를 끌지 못하면 그 강의는 실패라고 한다. 브리핑이나 프레젠테이션, 영업 면담, 회의 모두에서 마찬가지이다. 팀을 이끌어가는 팀장들은 다음과 같은 커뮤니케이션 능력들을 개발해야 한다. ①자기 생각을 논리적으로 간결하게 말할 줄 아는 능력 ②상대가 하는 얘기를 잘 들어줄 줄 아는 능력 ③혼자서만 일방적으로 말하지 않고 팀원과 쌍방적으로 대화할 줄 아는 능력 ④비난이나 비판조의 얘기 보다 격려나 칭찬, 인정의 얘기를 해줄 수 있는 능력 ⑤내가 불쾌할 경우 나의 감정이나 기분을 솔직하게 표현할 줄 아는 능력 ⑥얘기하려고 하는 요점을 짧고도 분명하게 표현할 줄 아는 능력 ⑦서로 간에 이견이 있을 경우 이를 잘 듣고 서로 간의 차이점을 이해하고 조정할 줄 아는 능력 ⑧지혜롭게 'No'라고 말할 줄 아는 능력 ⑨팀원에게 개선점이나 부족한 점을 지적해줄 때 칭찬이나 격려와 함께 말할 줄 아는 능력 ⑩특정 팀원이 혼자서만 얘기할 경우 지혜롭게 대화의 방향이 다른 팀원에게 돌려지도록 유도하는 능력이 그러하다. 이런 커뮤니케이션 능력은 그냥 습득되는 것이 아니다. 오랜 동안의 훈련과 경험을 통해 조금씩 쌓여지는 것이다.

회의를 잘 이끄는 능력

대우에서 근무할 때 그룹 계열사 사장들이 전부 모인 사장단회의를 지켜볼 일이 종종 있었다. 이런 회의에서는 회장의 발언이 전체의 90%를 넘어선다. 일방적 지시 모임일 뿐이다. 모두가 굳게 입을 다물고 눈을 지긋이 내리 깔고 있다. 웬만해서는 입을 열지 않는다. 말 한 번 잘못했다가 찍힐까 봐 조심하는 분위기이다. 회의하는 모습 하나만 봐도 그 조직이 어떻게 돌아가는지 모든 게 드러나게 되어 있다. 혼자서 원맨쇼 하는 스타일의 경영자는 이런 식으로 회의를 진행한다. 겉으로는 문제가 없고 잘 돌아가는 것처럼 보이지만 속으로 보면 곪아 터지게 되어 있다. 한국의 많은 조직들이 아직도 제일 높은 사람 혼자서만 일방적으로 떠드는 회의 문화에서 벗어나지 못하고 있다.

수많은 팀장들이 회의를 하면서 다음과 같은 행태의 커뮤니케이션을 다반사로 한다. 그 예로서 ①무슨 이야기를 하는지 도저히 알아들을 수 없을 정도로 왔다 갔다 하는 식 ②회의 시 혼자서 계속 떠들거나 듣는 사람들은 아랑곳 하지 않고 일방적으로 얘기하는 식 ③남이 발언하는 데 비웃거나 뒤에서 욕하는 식 ④자기와 다른 의견을 낼 경우 그럴 수 있다는 것을 받아들이지 못하고 감정적으로 대응하는 식 ⑤지시해야 할 때, 들어주어야 할 때, 권면해야 할 때, 질책해야 할 때를 잘 구분하지 못하고 엉뚱하게 반응하는 식 ⑥사람들 앞에서 공개적으로 특정인을 면박주거나 타인이 민망할 정도로 무안을 주는 식이다.

커뮤니케이션에 미숙한 팀장일수록 회의하는데 미숙하다. 팀원의 애기를 잘 들어주거나 자신의 애기를 조리 있게 표현할 줄도 모른다. 회의 주재하는 모습을 살펴보면 그의 리더십이 어느 정도인지 다 드러난다. 회의를 끌어 가는 능력에서 그가 가진 영향력 전부가 드러날 수 밖에 없기 때문이다. 회의 석상에서는 훈계조, 질책조, 지시조 일변도로 나가거나, 혼자서 일방적으로 떠들지 않는 것이 바람직하다. 긴장되는 주제의 회의일수록 팀장이 분위기를 잘 풀어주어야 꼬이질 않는다. 시작 시 조크 한마디랄지 가능하면 회의 분위기를 밝게 가져가는 것이 좋다. 참석자들의 발언을 유도하는 것도 당사자에게 의견을 묻는 형태를 취함으로 이슈에 관련되는 관계자가 자연스럽게 애기할 수 있도록 유도해야 한다. 그리고 상충되는 이해관계 당사자들은 자기 의견을 개진할 기회를 준다든지 가능하면 많은 팀원들이 참여하도록 이끄는 것이 바람직하다.

28. 바라봄의 법칙

나는 존 맥스웰(John Maxwell)이 한 다음의 말들을 참 좋아한다. "우리가 비전을 이루려고 노력하는 것이 아니라 비전이 나를 끌고 간다." 내가 주체가 되어 꿈을 이루어 가는 것이 아니라, 그 꿈이 주체가되어서 나를 끌고 간다는 것이다. 그래서 어려움이나 장애가 있더라도 그 꿈은 반드시 이루어진다는 것이다. 당신에게는 이런 꿈이 있는가? 나의 삶을 이끌어가는 원천과 같고 나를 드라이브하는 엔진과 같은 그런 꿈 말이다. 나의 상태에 불문하고 나를 이끌어 가는 것, 내가그것을 쫓아가는 것이 아니라, 그것이 나를 끌어가는 그런 꿈 말이다.

그 꿈이 나를 끌고 갑니다.

나와 아내는 집에서 종종 원액을 추출하여 만드는 커피를 마신다. 원두커피 원액인 에스프레소(Espresso)에다 데운 우유를 저어서 만든거품을 얹으면 카푸치노(Capuccino)가 된다. 볶아진 커피 원두를 직접갈아서 커피가루를 만들면 맛과 향이 더 좋다. 캔 커피나 자판기 커피와는 근본적으로 다르다! 우리 부부가 카푸치노를 직접 만들어 마시게된 데는 어느 분이 에스프레소 만드는 기계를 선물한 이후부터였다.

그러나 하워드 슐츠(Howard Schultz) 스타벅스 회장이 쓴 '스타벅스
―커피 한 잔에 담긴 성공 신화' 책을 읽은 연유에도 기인한다. 요즘 시
내 요충지 마다 스타벅스 커피숍이 자리를 잡고 있다. 이곳은 프랜차
이즈 대신 전부 직영으로 하여 맛과 품질 수준을 유지시켜 간다. 요즈
음 대부분의 물장사가 커피 장사임을 보면서 "커피 하나로 전 세계의
음료 문화를 이렇게 바꿀 수 있구나!"를 새삼 느낀다. 하워드 슐츠는
1981년 당시 시애틀에서 몇 군데 밖에 없던 스타벅스 커피점에서 에
스프레소 커피를 맛본 이래 그의 꿈이 바뀌고 말았다. 그는 미국의 서
부북 지역에서만 머물렀던 에스프레소 커피가 전 미국 아니 전 세계에
퍼져나갈 수 있다는 비전을 가졌다. 그래서 당시 자신이 근무하던 가
정용품 판매회사 임원이라는 안정된 자리를 버리고 뉴욕에서 시애틀
로 옮겨 갔다. 연봉이 깎이는 데도 불구하고 그 비전 때문에 다른 것은
포기해도 좋다는 마음 때문이었다. 안정된 자리를 버리고 불확실하고
위험하지만 새로운 미래의 비전을 가지고 나간 것이다. 그리고 일생을
그 비전을 이루기 위해 헌신한 것이다. 그리고 그 비전을 공유할만한
사람들을 만나면서 그 사람들에게 자신의 비전을 전염시켰다.

　결국 중요한 것은 사람이다. 모든 것을 다 잘 할 수 있는 사람은 없
다. 그러니 사람을 모아야 하고 사람들간에 팀웍이 필요하다. 팀원 간
에 하나가 되기 위해서는 먼저 팀 비전의 공유가 이루어져야 된다. 스
타벅스의 경우 사업의 확장이란 매출이 늘고 영업점이 느는 것만은
아니다. 비전이 공유되는 범위가 넓어지는 것이다. 어쨌든 열심히 하
는 사람은 못 당하게 되어있다. 성공하는 사람들의 가장 대표적인 특
징이라면 뭔가에 미쳐 있을 정도로 빠져있는 그 열정이다. 그러한 열
정이 어디서 나오는가? 비전과 꿈 이린 데서 오는 것이다. 열정이 있
는 사람은 그 사람 주위에 사람을 모은다. 열정이 있으면 밥 먹는 것

도 잊고 그 일을 하게 되는 것이다.

목표의 시각화

많은 사람들이 비전을 가진다. 특정 분야에서 최고의 전문가가 되고 최고의 기업을 이루어보겠다는 꿈들을 가진다. 그런데 그 꿈이 실제로 이루어지는 경우는 드물다. 왜 그럴까? 그 꿈을 구체화시키고 실천시키는 역량을 함께 가져야 하는데 그러지 못하기 때문이다. 꿈이 구체화되는 것이 무엇인가? 바로 목표이다. 나아가 보다 구체적이고 현실적인 것으로서 매월, 매일의 세부 계획이다. 이걸 만들 줄 알아야 한다. 실천할 수 있는 세부적이고 구체적인 플랜들을 만들고 이것을 실천해 나가는 것, 잘 되는 것과 안 되는 것들에 대해 원인과 대안을 검토하여 피드백시키는 것, 그리고 다시 실천하는 것이 뒤따라야 꿈과 목표가 이루어진다. 실천이라는 게 무엇인가? 발로 뛰는 거다. 실행력인 것이다. 이게 따라가지 않으면 결국 비전이라는 것은 몽상이 되고 허망한 신기루가 되고 만다. 그래서 '착안원대 착수비근(着眼遠大 着手卑近)'이라고 하지 않는가? 꿈은 크게 가지되 시작은 가까운 데서부터 하라는 거다.

내가 15년 전 뇌졸중으로 투병할 때 밤이면 혈압이 오르는 경우가 있었다. 한번은 혈압이 몹시 올라 불안하였다. 나는 이 때 시편 23편 4절을 계속 암송하면서 지금 사망의 골짜기를 통과하는 양의 자리에 있다고 생각하였다. 그리고 그 때 마음 속에서 풀밭 위에 누워 편히 쉬는 양, 시냇가에서 시원한 물을 마시는 양의 모습을 머리 속에 생생히 그렸다. 그랬더니 그 이후에도 혈압이 올라가는 상황이 생길 때 마다 이런 방법으로 대처하면서 불안감을 극복할 수 있었다. 특별히 이 기간 동안 나를 찾아온 어느 목사님의 다음 얘기가 마음에 와 닿았다.

어느 남자 분이 교통사고를 당했는데 가망이 없을 정도로 심하게 다친 상태였다. 그런데 목사님이 수술실에 들어가서 그 분에게 5분만 의식이 돌아오도록 기도했다. 그러자 기적같이 그 분의 의식이 돌아오게 되었다. 목사는 그에게 이렇게 말했다. "이제 당신이 가장 건강하던 때 퇴근 후 집에 돌아와서 저녁 식탁에 가족들과 둘러 앉아 담소하며 맛있게 식사하던 장면을 생생하게 떠올리라"고 하였다. 그리고는 "그 모습만을 계속 마음 속으로 그리고 바라보라"고 했다. 또 "내가 다시 그러한 저녁 식사자리를 가질거라"고 입으로 시인하라고 했다. 그리고 나서 목사님은 그 분을 위해 간절히 기도했다. 그런데 무슨 일이 일어난 줄 아는가? 의사들이 "이 사람 곧 죽을거라"며 수술할 필요도 없다던 그 사람이 일주일 만에 퇴원하게 된 것이다.

나의 경우도 그러했다. 뇌졸중으로 1년 가까이 투병했는데 다시 재발하고 말았다. 의사는 "뇌졸중 환자의 15%가 보통 재발한다"면서 "당신의 막힌 뇌혈관 부위는 숨골 부분이라서 한 번 더 재발하면 죽는다"고 하였다. 나는 두 번째 투병 생활을 하면서 "내가 죽을지도 모른다"는 두려움과 싸워야 했다. 밤에 혈압 수치가 오르면 나는 밤새 두려움에 젖었다. 그럴 때 마다 나는 그 목사님의 이야기를 생각했다. 그리고 나의 인생에서 가장 좋았던 때를 마음 속에 떠올렸다. 미국에서 유학할 때 가족과 함께 캐나다에 갔을 때인데 몬트리올 부근의 어느 공원에서 하루를 지나게 되었다. 밤에 들어갈 때는 몰랐는데 아침에 일어나 보니 텐트 주위의 안개가 걷히면서 온타리오 호수가 나타나는데 너무나 환상적이었다. 나는 그곳에서 한 살짜리 아들을 데리고 자연 속에서 감동하던 때의 모습을 떠올렸다. 그리고 언젠가 그 곳에 다시 가서 가족들과 함께 지내는 모습을 마음 속에 그렸다. 나는 그곳에 다시 가서 서는 모습을 늘상 마음에 품고 그렸다. 그리고 가족에게 그곳에 다시 가게 될 것이라고 말했다. 그리고 나는 회복되었다. 그 목사님이 교통사고 환자에게 하라고 했던 것을 나에게 그대로 적용시켰던 것이다.

▌팀 목표 달성에 바라봄의 법칙 적용

나는 인간 삶에 '바라봄의 법칙'이 있다는 것을 체험적으로 알고 있다. 이 법칙은 자신이 소망하는 어떤 것을 구체적이고 생생하게 형상화시켜 마음 속에 품고 이것이 이루어질 것으로 확신하고 또 입으로 시인하면 실제로 이루어진다는 것이다. 성공학에서는 이러한 법칙을 긍정적 사고(Positive Thinking), 피그말리온(Pygmalion) 효과의 위력으로 가르치고 있다. 나는 팀장들에게 한 해의 팀 목표를 구체적으로 명문화시키는 작업을 자주 시킨다. 목표도 SMART 원칙에 의거 설정하도록 한다. SMART 원칙이란 목표 설정 시 ①구체적으로(Specific), ②측정할 수 있도록(Measurable), ③달성할 수 있는 수준으로(Achievable), ④결과가 나타날 수 있도록(Result oriented), ⑤기간을 명시하여(Time oriented) 목표를 설정하라는 것이다. 그리고 바라봄의 법칙을 적용하도록 한다. 적용 방법은 ①목표를 설정하고 나서, ②목표가 이루어지는 모습을 눈에 선하게 그려 시각화하고, ③시각화된 모습을 닭이 병아리를 품듯 늘상 마음 속으로 품고, ④목표가 이루어진다는 점을 입으로 자주 말하면 언젠가는 이 목표가 달성된다는 것이다. 나는 바라봄의 법칙에 대한 확신을 가진다. 당신도 당신과 당신 팀이 이루려는 목표에 대해 바라봄의 법칙을 적용해보기 바란다. 팀의 목표가 이루어지는 모습을 마음 속에 생생히 그리라. 그리고 그 모습을 항상 마음 속에 반복적으로 떠 올리면서, 그 모습이 이루어진다고 입으로 말하라. 그러면 당신은 당신 팀의 목표가 달성되는 것을 꼭 체험하게 될 것이다.

제 4 부

탁월한 팀장의 전략 과제

29. 글로벌화와 리스크 대응력 제고

팀장들은 팀이 나갈 방향을 설정할 때 내부 여건보다 외부의 환경 변화에 민감해 져야 하고, 이에 대한 대응책을 생각해야만 한다. 한국 사회가 맞고 있는 가장 큰 트렌드(Trend)인 글로벌화는 급속하게 이루어져 왔고 앞으로도 더욱 그럴 것이다. 사람, 돈, 서비스 등 모든 면에서 국내외 간 이동은 늘어날 것이다. 이민에서도 '더 나은 자녀 교육이나 삶의 질을 찾아' 외국으로 떠나는 현상이 증가할 것이다. 그리고 국내 거주 외국인 규모도 늘어날 것이다. 상위 계층 뿐만 아니라 하위 계층에서의 외국인 진출도 눈부시다. 한국에서 한 밑천 만들어 고국에서 잘 살아보자는 코리안 드림으로 외국인 노동자 유입세는 전혀 줄어들 기미가 보이지 않는다. 중국, 동남아뿐 아니라, 중앙아시아, 아프리카 등 전세계적으로 들어오는 점에서 외국인 타운의 생성과 확장이 이루어질 것이다. 이들 중 조선족 근로자들처럼 한국인으로서의 국적을 새로 부여 받는 이들도 늘어날 것이다. 이외에도 필리핀, 몽골, 베트남 등 동남아 국가에서 한국으로 시집오는 외국인 여성들도 계속 이어질 것이다.

해외변수로 인한 복잡성 증가

조직의 전략 설정에 있어 자유무역협정의 영향은 직격탄이라고 할 수 있다. 한미 FTA에 이어 다국간 자유무역협정은 더욱 광범위하고도 급속하게 전개될 것이다. 실제로 우리나라의 경제 성장률 결정은 미국, 일본, 유럽의 경기가 어떠한가가 최대 변수이다. 우리의 GDP가 그만큼 수출에 의해 결정되기 때문이다. 경기회복과 일자리 창출도 외국 투자 유치를 얼마큼 하느냐가 관건이다. 우리 사회가 겪는 집단 갈등의 문제만 해도 그렇다. 노동문제나 농업 문제 모두다 해외 변수와 연계되어 있다. 자본 이동 면에서도 해외여행, 유학, 의료 서비스 등의 체제비와 송금 제한이 이미 사라졌으며, 해외예금, 신탁, 증권 투자 규제도 사라질 것이다. 합법적 자금유출은 고수익 해외 투자상품이나 경쟁력 있는 해외 서비스 상품으로 흘러갈 것이다. 국내 부동산이나 주식, 채권의 수익율이 해외 상품에 비해 낮을수록 개인자금의 해외 유출, 해외 투자는 늘어날 것이다.

불확실성 증대에 따른 리스크 관리

급속한 글로벌화가 조직에 미치는 가장 큰 영향은 불확실성의 증대라고 할 수 있다. 개인이나 조직의 의사결정시에는 미래에 대해 어느 정도 예측을 필요로 한다. 가장 쉬운 방법은 과거의 경험으로 현재를 진단하고 미래를 전망하는 것이다. 그러나 정치, 경제, 사회, 문화, 기술 모든 측면에서 변수가 엄청나게 늘었다. 고려해야 할 요소도 한 두 가지가 아니다. 상호 관계도 워낙 복잡하게 얽혀있다. 그러니 현상 파악시 딱히 어떠하다고 판단하기 어렵고 미래 전망 시 어떻게 될 것이라고 결론짓기가 어렵게 되어간다. 도대체 어떤 방향으로 흘러갈지 전망이 안 서는 것이다.

이전에 대우경제연구소에서 근무할 때 환율, 금리, 주가 등의 주요 경제 변수들을 계열기업들에게 브리핑해 주는 역할을 한 때가 있었다. 민간경제연구소 나름대로 모델을 만들어서 기업들 의사결정에 중요한 역할을 하는 경제 변수 예측을 도와주는 일이었다. 당시 환율 예측을 잘 하면 기업은 환차손을 막거나 환차익을 얻을 수 있었다. 그래서 연구소 내에서는 원 달러 환율 예측만을 전문으로 하는 연구원도 있었다. 그러나 지금은 환율 변동을 제대로 예측하기란 불가능에 가깝다. 이처럼 글로벌화가 가속화될수록 국내 경제의 주요 변수들의 예측 정확도는 낮아질 수 밖에 없다. 고려해야 할 변수가 너무 많아 모델 설정도 어렵고, 예상치 못한 사건들이 터지기 때문이다. 과거의 경향들이 지속된다는 보장도 없다. 그리고 국내의 경제 변수들이 해외 변수들과 같은 방향으로 움직인다고 보기도 어렵다. 세계 경기와 국내경기, 국제 주가와 국내주가, 해외 금리와 국내 금리 등 해외 경제 변수와 국내 변수간의 증가, 감소 경향에서 같은 방향으로 움직이지 않고 역 방향으로 나아가는 탈동조화 (脫同調化, 디커플링, Decoupling)현상도 생겨날 수 있다. 국책 연구기관에서 내놓은 성장률, 물가, 수출입 등의 경제 지표 예측도 수시로 달라질 수밖에 없는 이유도 이런 점 때문이다. 그러니 공공이건 민간이건 향후의 예측과 전망이 점점 어려워지고 실효성도 낮아진다. 그래서 예측을 정확하게 해보려는 노력보다는 예측에 근거하여 계획을 하되, 상황변화에 따르는 리스크관리를 잘하는 것이 더 중요하다고 해야 할 것이다.

유연성과 상황대응력 제고

그럼에도 불구하고 조직은 일정 기간 단위로 사업 계획을 짤 수 밖에 없다. 중장기적으로 계획을 잡기도 하고 연간, 분기별로 단기 계획을 잡기도 한다. 그러나 계획의 정확도는 낮아질 수 밖에 없다. 정부 정책의 한계도 이런 데서 연유한다. 그리고 정치적 변수와 연계되어 있어 예측 불가능성은 더 커진다. 그러니 장기적인 대책 마련보다는 땜방식 단기 대책으로 쏠리게 되는 것 같다. 이처럼 글로벌화된 개방적 경제구조 하에서는 그만큼 의사결정이 어려울 수 밖에 없다. 각종 예기치 못한 변수에 영향을 받다 보니 과거의 경험을 일반화하기도 어렵다. 보편적인 경우 보다 특수한 경우가 더 많은 것이다. 보편적 사고에만 집착하다 보면 그것이 고정관념이 되고 선입견이 되는 것이다. 그래서 어느 경영학자는 21세기의 급변하는 환경 하에서 리더에게 제일 필요한 덕목은 유연성이라고 말한다. 그러니 유연하고 순발력 있게 상황에 대처하는 상황대응 리더십이 더욱 요구된다고 할 것이다.

▌시나리오 경영과 컨틴전시 플랜(Contingency Plan)

미래 불확실성이 점증하는 조직 환경 하에서는 미래에 발생할 수 있는 모든 상황을 조합한 시나리오를 만들어 봐야 한다. 그리고 이런 상황이 실제 발생할 경우 어떻게 대응한다는 대응 계획을 미리 만들어 놓아야 한다. 이것이 시나리오 경영이며, 대응 플랜이 바로 컨틴전시 플랜이다. 나아가 경우에 따라서는 대응 계획에 따른 모의 실행까지 해 볼 필요가 있다. 미래에 발생할 상황에는 모든 예측 가능한 경우와 발생 가능한 변수가 포함되어야 할 것이다. 예를 들자면 유가 상승이나 환율 절상, 금리 인상이 얼마 이상 될 경우 어떤 대응 조치를 취한다거나 하는 것이다. 이러한 경제 변수들은 얼마가 될지 아무도 장담 못하는 것이다. 예를 들면 유가가 얼마 이상으로 오를 경우 십부제 자동차 운행을 의무 실시한다거나, 더 나아가 미리 준비된 강력한

에너지 절감 대책을 실시한다는 것이 그런 예이다. 그러하기 때문에 낙관적인 경우, 비관적인 경우, 최악의 경우, 가장 현실성이 높은 경우를 미리 상정해 보아야 한다. 그리고 그러한 가정이 현실화되었을 경우, 어떠한 상응 조치를 취한다는 실행 지침까지 조직 어딘가에는 예비되어 있어야 한다. 요즈음에는 적기 가상 공습에 대비한 민방위 훈련을 하지 않지만, 조직경영자는 이러한 민방위 훈련적인 연습을 할 필요가 있다. 리더일수록 모든 가능성을 염두에 두고 최악의 경우까지를 예비하는 자세가 필요할 것이다. 이러한 모든 사전 준비 만이 갑자기 닥치는 불행한 사태를 최소화시킬 수 있을 것이다.

리스크(Risk) 대응력 제고

팀장은 팀의 전략 수립 및 목표 설정시 팀 업무에 관련된 리스크를 충분히 점검하여야 한다. 팀 업무 수행상 관련되는 리스크로서 어떤 것이 있는지를 우선 식별하도록 해야 한다. 해외로의 수출입이 발생하는 영업, 구매, 자재, 생산, 물류, 유통 관련 팀이라면 당연히 환율, 유가, 원자재가, 물류비 등의 변수 및 고객 클레임이 주요 리스크가 될 것이다. 자금, 경리, 기획팀에서는 국내외 금리, 주가도 리스크 요인으로 인식하여야 할 것이다. 이외에도 구매, 외주, 자재팀에서는 협력업체나 주요 거래처의 부도 및 결제 지연 가능성 등도 주요 리스크 요인이 될 것이다. 건설관련 팀의 경우는 부동산 정책, 부동산 가격이 주요 리스크 요인이 될 것이다. 리스크 식별은 팀원들과의 브레인스토밍 작업을 거쳐 발생 가능한 것으로 어떤 것이 있는지 폭넓게 점검해 보아야 한다. 이러한 식별은 정기적으로 자주 이루어질수록 좋다.

식별된 리스크에 대해서는 리스크 평가가 필요하다. 개별 리스크가 발생할 가능성이 어느 정도인지, 실제로 발생했을 경우 어느 정도로 심각한 영향을 미치는 지를 분석해 보아야 할 것이다. 분석의 방법은 리스크의 발생가능성과 심각성을 등급으로 평가하는 리스크 노출도 평가가 있다. 예를 들어 발생가능성과 발생시 심각성의 정도를 3~5 등급으로 구분하여 개별 리스크 노출도를 등급화시키는 것이다. 발생가능성도 높고, 발생시 심각도도 큰 리스크는 노출도가 매우 높은 리스크로서 신경 써야 할 것이다. 특정 팀원이 관리 담당자가 되게 함으로써 노출도 추이를 지속적으로 점검하도록 해야 한다. 이외에도 리스크 노출도를 숫자로서 계량화시키는 기법으로 감수성 분석(Sensitivity Analysis), 시뮬레이션(Simulation) 등이 있다. 노출도가 높은 리스크에 대해서는 예방 대책과 발생시 대책을 마련해야 한다. 실제 발생할 경우와 최악의 경우까지를 대비하는 컨틴전시 플랜이 필요하다. 이처럼 글로벌화된 업무를 담당하는 팀의 팀장일수록 목표 → 실행 → 평가 → 피드백에 이르는 싸이클에서 리스크 식별, 평가 및 대책 마련에 신경 써야 할 것이다.

30. 정보통신 혁명과 스피드 경영

　앞으로는 일상생활 곳곳에 스며든 마이크로 칩 형태의 컴퓨터가 유
무선 네트워크에 항상 접속하여 생활 편의성을 고도로 높이는 컴퓨
팅 환경이 이루어질 것이다. 반도체와 컴퓨터 분야의 첨단 기술개발
은 입고 다니는 컴퓨터, 자가 건강진단 시스템을 갖춘 침대, 진단 센
서를 내장한 인텔리전트 화장실, 홈 네트워크 자동 시스템, 네비게이
션 차량운행 시스템, 도로결빙 방지 시스템을 조만간 현실화시킬 것
이다. 나아가 생산지, 생산시기, 제품 특성 등의 정보가 담겨있는 전
자칩 식별장치(Radio Frequency Identification : RFID)를 제품에 붙
이면 이동 경로를 추적하게 되어 효율적인 물류, 배송, 재고관리가 가
능해질 것이다.

▌유비쿼터스(Ubiqutous) 시대의 모티즌 (Motizen, Mobile + Netizen)

유비쿼터스 시대에서는 언제 어디서나 이동 상태에서라도 인터넷
에 자유롭게 접속하여 정보를 주고 받을 수 있다. 이제는 유선 인터넷
시대가 아니라 무선 인터넷 시대이다. 그래서 요즈음은 네티즌이라
고 부르지 않고 모티즌이라고 부른다. 광케이블망과의 연결선이 없

어도 어느 곳에서든지 인터넷을 할 수 있는 시대이다. 유선을 넘어선 모바일 커머스(Mobile Commerce)도 확대될 것이다. 조만간 등장할 초고성능 복합단말기, 위성 DMB, 모바일 인터넷 서비스, 통신과 방송간의 쌍방향 서비스는 길을 걷거나, 교통 수단을 탄 채로 이동 중의 전자상거래를 가능하게 할 것이다. 그야말로 트랜슈머리즘 (Transumerism, 이동상태에서의 소비행위, Trans + Consumerism) 이 강화되는 것이다. 속도 경쟁은 더해질 것이다. 고객 불만 처리에서도 소요시간 단축이 중요해 질 것이다. 오래 끄는 것 자체가 경쟁력에서 뒤떨어지게 될것이다.

컨버전스 대응

디지털화의 진전은 컨버전스(융복합, Convergence)라 불리우는 현상을 가속시키고 있다. 융복합 현상의 대표적 제품이 휴대폰이다. 휴대폰은 아날로그 시대에서 디지털 시대로 접어들면서 전화기 기능을 수행하는 제품에서 출발하였다. 그런데 휴대폰이 보급되면서 통화 기능 외에 제일 먼저 부가된 기능이 카메라 기능이었다. 그리하여 폰카(Phone Camera)라는 것이 등장하게 되었다. 그러더니 카메라 기능에 추가하여 선명한 캠코더 기능까지 추가된 고단위 화소의 폰카로 발전하게 되었다. 이어서 전 국민으로 휴대폰 보급이 늘어나자 금융 카드 기능이 부가되게 되었다. 은행에서 발급하는 칩을 휴대폰 내에 끼워 넣으면 휴대폰이 카드 기능을 하게 되었다. 물건을 사고 나서 휴대폰으로 결제를 하는가 하면, 버스나 지하철 이용시 휴대폰으로 요금 결제를 하게 되었다. 10대들이 좋아하는 게임 기능도 휴대폰에 들어와 휴대폰에 첨단의 게임 소프트웨어 기능이 얼마나 다양하냐가 휴대폰의 경쟁력 요소가 되었다. 그리고 게임 이외에도 MP3,

무선인터넷, 네비게이션 기능이 추가된 휴대폰이 나오게 되었다. 나아가 홈 오토메이션 시스템을 원격 조정하는 기능까지 추가될 수 있게 되었다. 외출 시 집안에 있는 가전 장치들을 휴대폰을 통해 원격 조정할 수 있게 된 것이다.

DMB(Digital Mobile Broadcasting) 시대가 열리면서 DMB폰이 등장하여 이동 중의 모바일 상태에서 방송 프로를 시청할 수 있는 시대가 되었다. 이외에도 당뇨 측정 및 혈압 측정 칩이 내장되어 당뇨환자 및 노인들이 건강 상태를 수시로 체크할 수 있게 되었다. 데이타 수치를 무선으로 담당의사에게 송신하는 기능도 선보이기에 이르렀다. 이외에도 음주자들을 위한 혈중 알코올농도 체크 기능이나 전자사전 등이 부가된 휴대폰까지 등장하기에 이르렀다. 이처럼 전화 기능에서 출발한 휴대폰에 무수한 부가 기능이 추가되어 휴대폰 하나로 일상생활에서 필요한 각종 기능들을 다 소화하기에 이른 것이다. 이러한 융복합 현상은 휴대폰이라는 제품을 통해 각종 산업 간의 경계 내지 장벽을 무너뜨리는 결과를 만들어 내고 있다. 즉 과거에는 통신 분야에 한정된 상품이었으나 이제는 정보통신, 가전, 자동차, 건설, 영화, 방송, 음악, 의료, 출판, 주택, 건설 등 전 산업이 휴대폰을 통해 서로 연계되는 현상이 나타난 것이다.

위와 같은 융복합 추세에서 앞서가는 기업은 휴대폰, PMP, MP3 제품 등에서의 표준방식 선정을 통해 승자로서의 막강한 우월적 지위를 누릴 수 있을 것이다. 이는 다른 산업에도 영향을 미치게 될 것이며, 다른 산업에 속한 기업들을 지배하는 영향력까지 발휘할 수 있을 것이다. 향후 기능이 더 고도화될 와이브로 폰이나 고화질 DMB폰 등에서 누가 경쟁력을 확보하느냐는 선진 IT 기업으로서는 사활이 걸린 전략 과제가 아닐 수 없다. 이는 전세계적으로 치열한 첨단 제품

개발 경쟁을 가속화시킬 것이다. 여기에서 한발 앞서가는 것이 우리 IT 기업의 전략 과제라 할 것이다.

정보의 동시적 확산과 냄비 현상

인터넷 등 정보전달 매체의 속도 증가는 지식정보의 광범위한 전달과 동시적 확산을 만들어 내었다. 이는 단기간에 정보의 대중적 공유 현상으로 이어지고 있다. 2006년 봄 롯데월드에서 놀이시설이 오작동되는 바람에 고객이 사망하는 사고가 발생하였다. 이에 대한 사과의 일환으로 6일간 놀이시설을 고객들에게 무료 개방하겠다는 이벤트 행사를 발표하였다. 그러자 무료 개장 첫날에 10만명의 젊은이들이 몰려들었다. 더군다나 선착순으로 입장시킨다는 방침으로 인해 10대 청소년들이 입구로 몰려든 결과 30여명이 깔리고 다치는 부상 사고가 발생하였다. 롯데월드의 무료 행사는 인터넷, 문자 메시지 등으로 알려졌다. 당일 행사에 참여한 사람은 주최 측이 예상했다는 3만명 선을 훨씬 뛰어넘은 10만명 선이었다. 당시 행사 책임자는 TV 뉴스에서 "자신들도 이렇게 갑자기 많은 인원이 한꺼번에 몰려드리라고는 예상하지 못했다"는 얘기를 하였다. 그러나 휴대폰과 이메일의 문자 메시지는 단시간에 특정 정보를 대중들에게 확산 전달시키는 역할을 하고 있다. 광화문에서 이루어지는 교복불착용 및 두발 자유화 요구 시위에 참여하자는 메시지 하나로 수만의 고등학생이 몰려드는 현상이 정보통신 혁명 시대의 현상이다. 증권이나 부동산 등에서도 이런 현상이 나타나고 있다. 따라서 이런 점은 일시에 수요와 공급이 몰리게 하는 이상 현상을 발생시킬 수 있다. 어디가 좋고 무엇이 좋다하면 입소문 효과는 금새 나타닌다. 그만큼 정보 전달의 시간적, 공간적 제약이 사라진 것이다. 정보 전달에서의 동시적 파급확대 현상은 승자싹쓸이 현상을 발생시키기도 하고, 예측하지 못한 돌발 리스크의 피해를 확대시키는 요인으로 작용할 수 있을 것이다.

한국 사람들은 냄비현상에 익숙한 민족이라고 말한다. 해외 어디를 가나 한국관광객과 중국, 일본의 단체 관광객을 구분하는 데는 '빨리 빨리'라는 말을 잘 쓰느냐를 가지고 하면 된다고 한다. 양은 냄비에 물을 끌이면 빨리 뜨거워 지고, 불에서 내려 놓으면 다른 그릇보다도 빨리 식는다. 민족적 특성이라기 보다 스피드 시대에서 지식정보의 동시적 확산이 빚어낸 결과이기도 하다. 즉 정보 공유가 급속히 이루어지기 때문에 사람들 모두의 동시적이고도 즉시적인 반응이 등락 효과를 증폭시키는 것이다. 주식시장에서도 호재, 악재가 나타나면 주가가 급등락한다. 그러나 하한가, 상한가 제도를 두어 등락 폭을 조절한다. 그러나, 이런 등락 규제가 없는 부동산 시장 같은 곳에서는 급등도 있을 수 있지만 급락도 충분히 있을 수 있다. 급등락이 커지고 자주 발생할 수 있다는 점은 위험 요인도 되지만 기회 요인도 될 수 있을 것이다. 바닥장의 바닥에서 사서 상승장의 꼭대기에서 팔 경우 큰 돈을 벌 수 있는 기회가 된다는 말이다. 이런 급등락 및 등락 폭 확대 현상은 원유나 원자재 등 상품 시장 전반에 나타날 수도 있다. 등락의 폭이 커지는 반면 사이클 기간도 훨씬 짧아질 수 있다. 자영업 분야에서는 특정 업체로의 쏠림 현상을 심화시킬 수도 있다. 그야말로 리스크 폭이 커지는 것이다. 이러한 부정적 리스크에 대응하기 위해서는 신중한 시나리오 경영과 컨틴전시 플랜(Contingency Plan)을 통해 모든 가능성에 미리 대비하는 수 밖에 없다 할 것이다.

▌지구력 있는 스피드 경영
정보통신 혁명 시대에서는 한발 앞선 것이 엄청난 기득권이다. 모든 행동에는 해야 할 때가 있는 법이다. 그 때를 놓치면 버스 지나고 나서 손드는 격과 같은 것이다. 따라서 속도와 타임이 중요하다. 제품 개발도 아무리 좋은 것을 만들어 내 봐야 경쟁자 보다 한발 뒤지면 선점자 이익을 놓쳐 버리게 된다. 남보다 한 발 앞서 성능 좋은 제품을 시장에 출시하는 것 이것이 요즈음 IT 분야에서의 가장 중요한 경쟁력 요소이다. 따라서, 제품 개발 시간을 단축하고, 시장에서 제대로 반응을 보일 최고 적기에 광고를 때리는 마케팅을 통해 인지도를 높여야 한다. 이것이 같이 맞아 들어야 하는데 바로 신제품 성공의 핵심 요소라 할 것이다. 신제품 출시가 6개월만 빨라도 시장에서 고가격으로 선점의 기득권을 한껏 누린다. 그리고는 경쟁업체가 유사품을 만들어 낼 때쯤 되면 가격을 확 떨어트려서 경쟁업체가 따라오지 못하게 만든다. 요즈음은 일단 시장에 출시하면 후발자에 의한 제품 베끼기도 빨리 이루어져 버리기 때문에 선발자 기득권을 누릴 기간도 짧아지고 있다. 이처럼 제품 진화 속도가 워낙 빠른 것이 추세인 만큼 신제품 개발을 지속적으로 빠르게 해나는 것이 바로 지구력 있는 스피드 경영이다.

이러한 스피드 경영에 발맞추어 기업의 제품개발팀, 영업팀, 생산팀은 일정관리에 더욱 신경을 써야 할 것이다. 경쟁자보다 더 빨리 시장을 읽고, 신제품을 개발하며, 이를 빨리 시장에 출시하는 것은 팀 목표 설정시 핵심성공요소(Critical Success Factor)가 될 것이다. 기획, 총무, 인사, 홍보, 구매, A/S, 품질, 자재, 전산 등의 관리 분야 팀들도 내부와 외부 고객들의 요구에 신속한 대응을 하는 것이 핵심성공요소가 되어야 한다. 이는 공공기관에서 고객과 접점에 있는 팀에도 마찬가지가 될 것이다. 경쟁자보다 빨리 대응하는 것, 계획된 일정에 맞추어 성과물을 내는 것, 이것이야 말로 스피드 경영 시대에서의 핵심 목표인 것이다.

31. 지식정보화와 지식경영 구축

최근 들어 많은 기업들이 독서경영이라는 것을 실시하고 있다. 매달 읽을 서적을 공지하면 그 내용에 대한 독후감, 느낀 점, 우리 회사에 적용해 볼 점 등을 사내 지식경영시스템이라는 인트라넷에 접속하여 게시판 또는 토론방에 들어가 이를 직원간에 공유하는 것이다. 이곳에서는 최고경영진과 신입사원 간 대화와 토론이 일어날 수도 있다. 바로 열린 경영을 실현하는 매체가 되는 셈이다. 사내 인트라넷에서 경영진과 일선 직원이 수시로 만나서 회사 경영에 대한 이런 저런 애기를 주고 받는 것이다.

무형자산의 가치

지식정보화 시대에서는 기업 경영에서 기계, 건물, 재고 등의 유형자산보다 지식과 정보, 아이디어, 디자인 등 무형자산 가치가 중요해지고 있다. 무형자산은 드러난 물체로서 눈에 보이지 않는다. 사람 머리 속에 내장되어 있는 것이다. 남들이 생각 못한 앞서가는 아이디어는 새로운 사업 성공의 관건이다. 새로운 발명품들이 놀라운 기업 성장을 이루어내었다. 또한 남들보다 한 걸음 먼저 특정 정보를 아는 것

은 돈 버는 기회로 연결된다. 증권이나 부동산 시장에서 돈 버는 비결
이란 남들 하는 대로 따라 하지 않고 남들 보다 앞서 미래를 꿰뚫어
보는 안목에 달린 것이다.

브랜드 가치도 무형자산이다. 사람들 머리에 인식되어 있는 유명
제품의 브랜드 가치는 수 조원에 달한다. 최근에는 CEO 브랜드라는
것도 중요해지고 있다. 한 사람의 CEO 가치가 그 기업 주가를 결정한
다는 것이다. GE의 잭 웰치, 안철수 연구소의 안철수, 한국전기초자
의 서두칠 전 사장, 국민은행의 김정태 전 행장은 그 기업의 상징으로
통했다. 무형자산의 중요성이 강조될수록 창의적 조직 문화와 이를
뒷받침해 주는 지식경영의 중요성이 부각되고 있다. 특정 기술의 노
우하우나 제조 및 영업 비밀, 고객 정보 등은 한 회사의 흥망성쇠를
결정할 만큼 중요한 것이다.

프로튜어(Proteur, 전문가적 지식인) 시대

인터넷, 방송을 통한 정보 매체 발달은 국민들의 지식정보 수준을
전문가 수준으로 끌어올리고 있다. 개인 블로그를 보아도 그야말로
프로튜어(Professional Amateur, 전문가적 아마튜어)라 할 만큼 안
목이 예리하다. 각종 정책에 대한 분석 지식과 현장 정보가 수많은 방
송 채널, 인터넷 매체를 통해 실시간으로 전달되고 있다. 그야말로 모
든 국민이 거의 동시적으로 정책 결과를 투명하게 확인할 수 있는 시
대이다. 더 나아가 개개인들은 수많은 국내외 지식정보를 동원하여
정부 정책에 전문가 수준으로 훈수를 둔다, 그러니 이제 전문가들 조
차 자기 얘기를 소신 있게 말하기 어려운 분위기가 되어 간다고 할 수
있다. 전문가 티 내기가 어려워지는 시대라고 할 수 있다.

피라미드 조직 구조의 붕괴와 수평적 조직 도입

정보통신 혁명은 기업 내부에도 커다란 변화를 가져왔다. 기업들은 정보 홍수 속에서 신속한 정보, 투명한 정보를 조직원들 간에 상호 공유하는 구조로 바꾸고 있다. LAN 구축과 각종 통합 소프트웨어 시스템을 통해 이제는 인트라넷(Intra Net)이 기업 내 모든 정보의 통합 센터로 작용하고 있다. ERP(기업자원관리, Enterprise Resource Planning)라고 불리우는 시스템은 기업내 생산, 판매, 재고, 물류, 유통, 품질, 인력, 자금, 회계 등 전 분야에 걸친 데이터를 발생 실시간별로 파악할 수 있게 해 준다. 나아가 부문간 정보를 상호 연결시키고 통합시켜 매출, 비용, 손익, 시장 판매 등과 관련한 종합 현황을 실시간으로 파악하게 해준다. 그 결과로 고위층은 일선 조직에서의 발생 정보를 실시간으로 볼 수 있다. 회사 전체 및 부문별 발생 데이터가 실시간으로 집계되다 보니 의사결정이 보다 정확하고 신속하게 이루어지게 된다. 나아가 최고 경영자의 의지만 있다면 이런 정보를 전 직원이 볼 수 있도록 운영할 수 있다. 그야말로 조직의 상하, 수평에 걸친 모든 구성원들이 회사 운영 정보를 낱낱이 볼 수 있게 되는 것이다. 과거 실핏줄과 같은 현업 일선에 있는 직원들은 자기 분야 현황만 알 뿐이었지 회사 전체가 어떻게 돌아가는지 알 길이 없었다. 자신은 톱니바퀴와 같이 해당 데이터만을 입력하는 기능을 할 뿐이었다. 그러나, 통합 시스템을 공개적으로 운영하려는 의지만 있다면 이러한 시스템은 회사가 보다 공개적이고 투명하면서도 민주적으로 운영되도록 하는데 결정적 기여를 하고 있다.

이러한 지식정보 혁명은 기업 내 조직의 수평화, 민주화를 가속시키고 있다. 인트라넷 상의 게시판 등 열린 마당을 통해 조직 내부와 외부인 간에 서로의 의견과 아이디어가 자유롭게 개진되고 있다. 비판적인 얘기도 등장한다. 그러면서 건설적인 제안도 올라온다. 익명이나 실명으로 가능하다. 그러다 보니 과거에 소수의 사람들만이 밀실에서 의사결정하던 시스템으로는 조직 운영이 어려워지게 되었다. 외부인들도 게시판이나 열린 마당을 통해 각종 의견 제시를 하고 있다. 내부 구성원 간에도 이전 보다 의견 제안이 활발해지고 있다.

이런 구조에서 가장 큰 타격을 받은 것은 과거의 관료적 피라미드형 조직 구조이다. 특히 실무자와 최고 경영자 사이 중간 계층에 앉아서 도장 찍으면서 통제 중심의 관리를 하였던 중간관리자들에게 이러한 변화는 자신의 입지를 좁히는 결과를 가져왔다. 이미 회사 내 각종 경영 정보는 실무자나 최고위자를 불문하고 발생 실시간으로 공유되는 실정이다. 과거 중간관리자들이 했던 역할은 실무자들을 잘 지원하고 감독하면서 조정 통합하는 역할이었다. 그러나 이제 그 역할에는 긍정적이기 보다 부정적 효과가 커지고 있다. 그러다 보니 중간관리자 무용론이 확대되면서, 기업조직이 수직적 계층 조직에서 급격히 수평적 조직으로 변화되었다. 본부, 부서, 과 단위의 계층이 팀 단위로 개편된 것이다. 과거 5단계 이상에 걸치던 다단계 계층구조가 2~3단계의 플랫(Flat)형으로 바뀌고 있다. 나아가 도장 찍는 역할에 있었던 중간 관리자들이 실무자로 변화될 것을 요구 받고 있다. 그나마 실무자 역할을 감당하지 못하는 사람은 구조조정 대상으로 몰리고 있다. 선후배 간의 기수를 중시하던 공무원 조직에도 팀제 도입은 가속화되고 있다. 팀제 도입이 확산될수록 계층제 조직 하의 중간관리자들은 팀원으로의 역할 변화를 준비하지 않으면 안될 것이다.

지식경영

지식정보 사회에서는 육체 노동보다는 정신 노동이 중요해진다. 특히 기존 지식을 잘 활용하면서 창조적인 지식을 만들어 내느냐가 관건이다. 앨빈 토플러는 '부의 미래'에서 '쓰레기 지식' (Obsoledge, Obsolete + Knowledge)을 없애면서 새로운 지식을 계속 충전해야 지식근로자가 될 수 있다고 말한다. 그래서 몸으로 열심히 하기 보다는 머리를 잘 쓰는 것이 중요하다. 어떠한 지식을 가지고 있느냐, 그리고 그 지식을 어떻게 적용하고 활용하느냐가 중요한 것이다. 따라서, 정보를 남보다 빨리 얻으면서 그것을 시의적절하게 활용하는 팀원의 역량 계발이 팀 성과 혁신에 중요한 요소가 된다고 할 것이다.

지식경영의 대가로 불리우는 노나카(Nonaka)는 지식을 크게 암묵지와 형식지로 대별하였다. 암묵지란 자신만이 알고 있으며 자신의 머리 속에 내재되어 있는 지식이다. 이러한 지식은 시장에 대한 정보, 특정 프로젝트의 수행 데이터, 기술 노우하우, 특정한 비법 등이다. 그런데 이러한 지식들이 한 사람의 머리 속에만 존재하고 팀원들에게 공유되지 못할 경우 그 팀원이 사라지면 그 지식도 사라지고 말 것이다. 반면에 형식지는 공개된 형태의 지식이라고 할 수 있다. 어떠한 전달 매체를 통해서든 여러 사람이 그 지식을 공유하게 되면 전파됨과 더불어 적용, 발전될 가능성이 높아진다. 암묵지를 형식지로 바꾸어서 개인적 차원에만 머무르는 지식을 공개적인 공유 지식으로 바꿀 경우 여러 장점이 생기게 된다. 그 지식을 많은 사람이 공유하게 됨으로 활용도가 높아지고 더 높은 단계로 발전시킬 수 있으며, 나아가 이를 바탕으로 새로운 지식을 창출하는 것이 가능하게 된다. 이렇게 공개된 형식지가 교육 훈련 등을 통해 더 많은 사람에게 형식지로 전달된다면, 그 지식은 활용도가 높은 지식으로 성장하게 될 것이다. 또한 이러한 형식지를 자신만의 독특한 암묵지로 발전시킨다면 자신만의 노우하우, 비법으로 발전시킬 수 있을 것이다. 암묵지와 형식지

간 원활한 교류를 실현하는 팀 문화를 만들어 가는 것이야말로 지식
정보화 시대에서 팀의 주요 전략 과제라 할 수 있다.

지식경영 시스템 구축

지식정보화 사회에서 팀 조직의 주된 과제는 지식경영 시스템을 구
축하는 것이다. 지식경영이란 팀원들이 가지고 있는 고객과 기술, 정
보를 사내의 지식시스템을 통하여 서로 공유하는 것이다. 팀원 개인
이 알고 있는 지식, 정보를 개인 차원의 지식으로 머물게 하지 않고
공유화시키는 것이다. 이러한 공유 지식을 바탕으로 새로운 지식을
창출해 내는 것이다. 건설엔지니어링이나 시스템 솔루션(System
Solution) 분야에서 프로젝트 관리를 잘하는 회사는 특정 팀이 수행
한 프로젝트의 경험 및 데이터 베이스를 사내의 프로젝트 관리 시스
템을 통하여 등록시키고 있다. 이러한 지식, 정보, 데이터가 축적되어
가면서 유사한 프로젝트에 대한 표준적 방법론이 구축되는 것이다.
이러한 지식경영을 통하여 팀원들을 지식근로자로 성장, 개발시키는
것은 최근의 기업, 공공기관이 공통적으로 추구하고 있다. 이를 위한
전사적 지식경영 시스템 구축은 주요한 전략 과제로 설정될 수 있다.
이러한 목표를 설정할 경우 구체적인 시스템 구축 내용은 핵심성공
요소(CSF)로 이어질 것이다. 온라인상의 성과관리도 지식경영시스
템으로 구축되어야 하며, 전사적 자원관리(ERP)의 핵심 부분으로 자
리잡도록 해야 한다. 팀장들은 자신의 팀이 이러한 지식경영시스템
에 잘 적응하도록 팀원들을 이끌어야 할 것이다.

32. 가치혁신과 창의력 계발

내가 아는 어느 분으로서 목욕탕 사업을 오래 해 오신 분이 있다. 이 분은 사우나 사업의 전문가이다. 이 사업을 오래 해오시기도 했지만 이 분야에 엄청난 변화와 혁신을 불러오신 분이다. 이러한 변화가 가능할 수 있었던 것은 이분의 전문가로서의 자질 때문이다. 이 분은 엄청나게 공부하고 배우는 분이다. 그런데 이 분의 사업장을 처음 방문했을 때 나는 "아 ! 똑같은 목욕업을 하면서도 이렇게 다를 수 있구나! "라며 감동을 받았다. 그 분의 사업장을 벤치마킹하면서 다른 목욕업자들이 아이디어와 좋은 점들을 배워갔음에 틀림없다. 나는 이 분을 전국에 수없이 세워지고 있는 24시간 대형 사우나 사업의 원조라고 부른다. 물론 이 분도 일본 등지를 다니면서 보고 배웠음에 틀림없다. 그러나 한국적 분위기에 맞게 적용하고 수정한 것은 이분의 창의력의 결과이다.

가치혁신과 블루오션 (Blue Ocean)

블루오션이 국가적으로 경영혁신의 화두가 되고 있다. 선진국과의 기술 경쟁에서는 뒤처지고 중국 제품의 저가격 공격에도 당해내기 어려운 지금 우리나라가 살아갈 길은 블루오션을 통한 새로운 시장 창출 밖에 없다는 것이다. 블루오션이란 레드오션(Red Ocean)에 상반되는 개념의 신조어이다. 이는 새로운 가치 창출을 통해 경쟁자가 넘겨보지 못할 새로운 시장을 창출하는 전략이다. 그간 기업은 주어진 시장에서 경쟁자와 경쟁하면서 좀더 많은 점유율을 확보하는데 초점을 맞춰 왔다. 그러니 유사한 제품이나 서비스를 가지고 경쟁하는 시장으로서 레드오션에서 경쟁자와 피 터지게 싸울 수 밖에 없었던 셈이다. 그러나 블루오션이란 고객들에게 전혀 새로운 가치를 제공하는 새로운 제품이나 서비스를 제공함으로써 고객들로 하여금 푸른 대양에서 물고기 떼와 같이 몰려들게 하겠다는 전략이다.

블루오션을 주창하는 배경에는 글로벌 경쟁이 치열해지는 마당에 주어진 시장에서 기존 기술이나 제품의 점진적 개선에 치중하는 존속성 혁신으로는 살아남기 어렵다는 점이 있다. 기존 것들에 대한 개선이나 향상 차원이 아닌 전혀 새로운 차원에서 무엇인가를 만들어 내야 한다는 것이다. 즉 기존의 것을 깨트리는 와해성 혁신을 통해 기존과는 다른 차별적 접근을 해야 한다는 것이다. 이런 접근을 통해 새로운 고객 기대나 욕구에 부응하는 신시장 또는 틈새시장을 만들어 낼 수 있다는 것이다.

▌가치〉가격〉비용

기업 경영에 있어 생존부등식이란 것이 있다. 생존부등식에서는 가치와 가격, 비용의 세가지 요소를 상호 비교한다. 가치란 고객이 특정 제품이나 서비스의 구매를 통해 얻는 효용 내지 만족을 말한다. 가격이란 고객이 그것을 시장에서 구입하는데 지불하는 금액이다. 반면 비용이란 기업이 그 가치를 고객에게 제공하는데 드는 제품 또는 서비스의 공급 코스트이다. 기업이 시장에서 생존하기 위해서는 제공하는 상품 가치가 가격보다 높아야 한다. 이는 고객이 그만한 값을 지불하고 얻는 상품의 구매가치가 가격보다 못하다고 느낄 경우 판매가 이루어질 수 없기 때문이다. 가치가 가격보다 높은 만큼 고객의 구매 욕구는 확대될 것이다. 반면 기업이 그 상품을 지속적으로 공급하기 위해서는 가격이 비용보다 높아야 한다. 그래야만 이윤을 보고 지속적으로 공급할 수 있다. 그렇지 않으면 적자를 보는데 누가 계속 공급하려 하겠는가? 따라서 기업은 크기 면에서 가치> 가격>비용이라는 부등식 구조를 지속시키기 위해 전략을 짜내는 것이다.

전통적으로 기업은 비용을 낮추는데 중점을 두는 저비용 전략을 추구하거나, 높은 가치를 공급하는데 중점을 두는 차별화 전략 중 하나를 택하여야 했다. 두 가지 전략을 동시에 추구하는 것은 제품에 대한 고객들의 이미지나 정체성을 흐린다는 측면에서 바람직하지 않은 것으로 생각되었다. 그런데 블루오션 전략은 가치를 획기적으로 높이는 차별화와, 비용을 대폭 줄이는 저비용의 동시 추구가 가능한 전략이라고 제시된다. 가치혁신을 통해 특정 가치 요소를 증가 내지 창조함으로 차별화가 가능하다는 것이다. 반면에 기존 제품이 제공하던 가치 요소 중 불필요한 것들을 제거 내지 감소 시킴으로 비용 절감이 가능하다는 것이다. 이처럼 팀장은 자신의 팀이 제공하는 제품과 서비스에서의 가치혁신을 고심하여야 한다. 차별화할 수 있는 가치를 무엇으로 할 것인가, 비용 절감은 어떻게 할 것인가를 연구하여야 한다. 이러한 가치혁신을 이루기 위해서는 팀장 뿐 아니라 팀원들의 창의력 개발이 관건이다.

어느 사우나 이야기

서울의 S 사우나는 이런 점에서 가치혁신의 대표적 사례이다. 이곳은 지하 1층 지상 5층의 건물에 휴식과 관련된 모든 것이 완비된 종합 레져타운이다. 그래서, 이곳을 찾는 고객들에게 각종 쉴 거리, 놀거리, 휴식할 거리, 편안하게 시간 보낼 거리, 먹을 거리들을 제공한다. 이곳 시설의 특징은 찜질방이나 잠자는 공간, 드러눕는 곳, 음식점, TV 보는 곳이 제각기 크기와 모양이 다양하게 구성되어 있다는 점이다. 시설 전반에 크기와 모양, 온도, 실내 특징이 제각기 다른 다양한 공간들로 구성해 놓은 것이다. 그러니 이 군데 저 군데 다녀 보는 것이 재미있고 새로운 체험을 얻게 된다. 사람들끼리 모여 얘기할 수 있는 드넓은 오픈 공간이 있는가 하면, 소규모 방들은 개인적으로 조용히 잠잘 수 있게 되어 있다. 공간에 따라 조명을 차별화하여 개방성과 은밀한 폐쇄성을 공존시키고 있다. 이런 개념을 어디서 배워왔는지 정확히 알 수 없다. 일본에서 영향 받았을 것이다. 그러나 여기에다 한국적인 창의적 아이디어가 가미된 것이다. 이 곳에서 여기저기를 다녀 보면 재미를 느끼고 새로운 체험을 얻게 된다. 혼자서 쉬고 싶은 사람에게는 구석 구석에 조용한 곳들이 있다. 그렇지만 단체 고객에게는 떠들면서 심지어 회의와 세미나를 할 수 있는 공간까지 별도로 마련되어 있다. 회사 직원들과 함께 목욕 후 간편복을 입고 회의를 할 수 있는 곳! 이것이 바로 보이지 않는 고객 욕구까지 개발하여 고객만족을 제공해준다는 것이다. 그래서 이것을 가치혁신이라고 부르는 것이다.

조그만 차이가 경쟁력을 결정

이곳은 우선 곳곳이 참 깨끗하다. 사우나의 첫째 경쟁력은 청결이다. 대규모 시설을 유지하면서도 청결하게 관리한다는 것은 종업원 관리에 문제가 없다는 것을 말해준다. 목욕탕 내에는 다양한 특징을 가진 여러 탕들이 있다. 쑥땅, 숯탕, 안마탕, 황토탕, 자갈탕 제각기 나름대로의 특징이 있다. 한증실도 온도에 따라 세 곳으로 구분되어 있다. 탕 옆에는 수온을 명기해 놓고 있다. 그리고 직원이 와서 수시로 수온을 체크한다. 그리고 한증실에도 실내온도가 안팎으로 명기되어 있다. 땀 흘리고 싶은 만큼 골라서 들어가면 된다. 목욕탕 안에서는 수시로 감미로운 음악이 흘러 나온다. 클래식 음악이 흘러나오는 대중목욕탕! 전혀 새로운 이미지이다. 밝아야 할 곳과 어두워야 할 곳 장소 부위마다 조명이 틀리다. 각 층 휴게실에는 대형 TV가 여러 군데 놓여 있다. 2층에 있는 TV는 채널 9에, 3층 것들은 채널 11과 6에 맞추어 있다는 안내가 붙어있다. 고객들의 성향에 따라 선호하는 채널이 다르다는 점을 배려한 것이다. 채널 가지고 서로 싸우지 않도록 원하는 채널을 장소마다 차별화한 것이다. 영화방 입구에는 몇 시에 무슨 영화가 상영된다는 안내문이 붙어 있다. 넓은 스크린이 천정에서 내려오는 식이다. 누워서 보든 앉아서 보든 자기 마음대로다. 계모임으로 모인 아줌마들이 목욕과 식사 후에 누워서 영화를 보는 것이다.

▌차별화의 비결

계단 등 눈에 띄는 곳곳마다 좋은 격언과 속담, 성경 구절 등으로 장식된 액자가 붙어 있다. 그런데 그 글귀가 그렇게 쉽사리 선정된 수준이 아니다. 여기서 오너의 경영철학이 느껴진다. 단순히 돈만 버는 사업이 아니라 고객의 마음까지도 생각하는 비즈니스를 하겠다는 것이다. 피로를 푸는 중에도 인상적인 짧막한 글귀를 통해 뭔가 생각하는 휴식을 주겠다는 것이다. 이 점이 다른 사우나에서는 볼 수 없는 독특함이다. 이곳에서 일하는 종업원은 대부분 50~60대이다. 지금 우리 사회에서 일하고 싶어하는 노년층 실버 세대에게 일자리를 주겠다는 것이다. 목욕탕에서의 일이란 전문적 노동은 아닌 셈이다. 육체적 강도가 높지 않은 일들은 이들이 충분히 해낼 수 있다. 각 층마다 안전요원으로서 나이 든 직원이 상주하기 때문에 시설의 안전도에도 신뢰가 간다. 나아가 눈살 찌푸리는 불미스런 일도 방지해주는 셈이다. 이외에도 눈여겨 볼 것은 시설 전반에 지속적인 변화를 꾀하고 있다는 점이다. 새로이 가보면 지난 번에는 없던 조명등이 만들어져 있고, 샤워기 밑의 비누 받침대가 달라져 있다. 자갈, 모래찜질방이 새로 선보이는가 하면 안마 침대, 발마사지기가 새로 등장해 있다. 각 층마다 편안한 의자 옆에 만화책과 인기 소설류가 비치된 서가도 눈에 띈다. 그리고, 발바닥에 자극을 주는 특이한 통로를 만드는가 하면 음식점 메뉴도 다채롭다. 그래서 한 번 가본 고객이 다음에 또 가고 싶도록 만든다. 이 모두가 고객 입장에 서서 뭔가 새로운 호기심을 자극하도록 하는 끊임없는 창조적 발상을 하기 때문이다. 수 많은 불가마 사우나가 있지만 이처럼 세밀한 곳에 신경을 쓰는 조그만 배려가 바로 성공 비결인 것이다. 이 점이 업소의 서비스 수준을 차별화시켜서 다시 찾고 싶게끔 만드는 핵심 경쟁력이다. 서비스 분야의 사업을 어떻게 해야 하는지 이곳에 가보면 새삼스럽게 배울 수 있을 것이다.

니드(Need)와 원트(Want)

고객도 모르는 고객의 욕구를 찾아내어 그것을 제품과 서비스로 연결시키는 감각이 가치혁신을 만들어 내는 바탕이다. 가치혁신에서는 고객의 욕구를 니드와 원트로 구분한다. 니드란 고객의 드러난 욕구이다. 고객도 무엇인지 알고 그래서 당연히 요구하는 그런 욕구이다.

예를 들면 값이 싸다거나, 편리하다거나, 서비스가 만족스럽다거나 그런 것들이다. 그러나, 원트란 고객도 알지 못하는 고객 내면에 숨겨진 욕구이다. 이러한 욕구를 공급자가 상품 내지 서비스화하여 제공할 때 고객은 "아! 이런 것도 있었구나!" 라고 신선한 충격을 받게 되는 것이다. 내가 S사우나의 목욕탕에서 천정에서 흘러나오는 클래식 음악을 들었을 때 느꼈던 감동 같은 것이 바로 원트인 것이다. 결국 가치혁신이란 사람들 마음 속에 숨어서 보이지 않는 욕구까지 읽어서 그것을 상품이나 서비스로 만들어 제공하는 기법이다. 그러한 서비스를 제공 받을 때, 고객들은 "아! 바로 이것이었구나"하며 감탄을 하게 된다. 그러면 이러한 곳에는 블루오션과 같이 당연히 사람들이 몰려들게 된다. 이것이 바로 창의적 안목이다. 그러기 위해서는 사람의 속마음을 읽을 수 있어야 한다. 사람의 마음을 읽는 것은 그 사람의 드러난 필요만 보는 것이 아니다. 보이지 않는 욕구를 읽는 것이다.

33. 양극화와 복지 과제

40~50대의 나이에 명퇴하거나 직장을 나온 지인들 중 소규모 자영업을 시작한 사람들이 많다. 그런데 잘되는 경우도 있지만 아주 고전하거나 아예 포기하고 집에서 소일하는 경우도 흔치 않다. 이처럼 소규모 자영업으로 고전하다가 얼마 못 가 문을 닫고 전업하거나 다른 곳으로 옮겨가는 경우를 종종 본다. 요즈음 전 산업에 걸쳐 진입과 퇴출이 활발하다. 진입 장벽이 덜한 업종일수록 새로운 창업이 하루에도 수없이 많이 일어난다. 부동산중개업소, 자동차 정비업소, 옷 가게, 프랜차이즈형 음식점 등이 비교적 진입과 퇴출의 제약 조건이 덜한 것 같다.

승자 싹쓸이 현상

과거에는 소규모 자영 비즈니스 10군데가 새로 생겨나면 두 군데 정도는 잘되고 3-4 군데 정도는 현상 유지, 그리고 4-5개 정도는 장사가 안 되어 문을 닫는다고 한다. 그러나 요즈음은 이런 경향이 잘 맞지 않는 것 같다. 10개의 업체가 있다면 1군데 정도는 너무 잘 되고 2-3군데는 현상 유지, 나머지는 고전하는 것이다. 그런데 잘되는 업체의 잘되는 정도는 너무 잘되는 것이다. 그야말로 10% 정도는 펄펄 끓어서 열이 날 정도인데, 나머지는 차디찬 냉방으로 가는 것이다. 문제는 어느 정도 유지된다고 하는 중간층이 엷어지는 것이다. 그러면서 아예 중간층이 없거나 소수의 펄펄 끓는 층과 아예 안 되는 층으로 확연하게 구분되는 것이다. 그야말로 비즈니스 세계에서 양극화 현상이 심화되고 있다. 소규모 자영업뿐 아니라 여러 분야에서도 경쟁자간 양극화 현상은 나타나고 있다. 중간 부류가 사라지고 1등과 그렇지 못한 다수 업체 간에 현격한 격차가 생기는 것이다. 시장 점유율 면에서도 1등의 점유율은 급속하게 증가하는 반면 2, 3위 업체의 점유율은 줄어든다. 그야말로 1등의 승자가 전체 시장을 싹쓸이 해버리는 유사 독점 현상이 생겨나는 것이다. 전자 상거래 부분에 있어서도 잘 알려진 유명 사이트만 살아남고 다른 사이트는 안 되는 것이다.

승자 싹쓸이 현상을 만들어 내는 원인으로 경제의 글로벌화 및 정보의 급속한 전달, 1등으로서의 시장 선점 효과라는 점을 들 수 있을 것이다. 1등은 시장을 선점하게 되면 자기 모델을 시장 전체에 표준화시키거나 융단 폭격식 광고를 통해 시장 내에서의 독점적 기득권 지위를 강화시킨다. 그야말로 선점의 효과를 최대한 활용하는 것이다. 소비자 측에서도 마찬가지이다. 어디가 좋다고 하면 이제 그 소문이 입을 통해 급격하게 번져간다. 그러니 수요자들이 잘한다는 공급자를 찾아내서 온 라인(On Line)과 오프 라인(Off Line) 상으로 그 곳에 접근하는데 제약이 전혀 없는 것이다. 그러니 잘 되는 곳에는 계속하여 사람이 몰리고 안 되는 곳은 더더욱 파리만 날리게 된다. 음식점과 병원은 입소문이 잘 나야 한다는 말이 있다. 이제는 소문이 나서 잘 된다는 음식점 주변으로 동일 업종 음식점이 몰리게 된다. 그리하여 oo촌을 만들어 낸다. 입소문을 통한 특정 음식점으로의 물결에 편

승하여 함께 이득을 보려고 하는 것이다. 그런데 입소문을 듣고 그 부근으로 몰려 들어도 또 잘되는 업소와 안 되는 업소 간에는 격차가 벌어진다. 완전 경쟁에 가까운 비즈니스의 경우 극소수 잘 되는 곳은 정말 주체할 수 없을 정도로 돈이 몰려든다. 반면에 80-90%의 다수는 파리 날리다가 결국은 보따리 싸는 경우를 흔치 않게 본다. 그래서 이제는 창업 붐도 시들었다. 아예 퇴직금 날리지 않고 지키기만 해도 성공이라는 얘기가 나온다. 그러니 창업보다는 부동산 투자나 재테크 쪽으로만 사람들의 관심이 몰리는 것이다.

강자 셋의 지배 법칙(Rule of Three)

일반적으로 경쟁 시장에서는 80대 20의 법칙이 적용된다고 한다. 이는 20%에 해당하는 소수의 사업자가 시장 전체 규모의 80%를 점유한다는 얘기이다. 산업 분석에서는 이를 '강자 셋의 지배 법칙' (Rule of Three)이라고 말한다. 어떤 분야건 대체로 그 시장에서 선두를 달리는 3개의 사업자가 전체 시장의 대부분을 차지한다는 것이다. 즉 3개 업체가 시장의 80% 정도를 지배한다는 법칙이다. 한국의 경우 전자 산업은 삼성전자, LG전자, 대우전자가 그렇다. 자동차의 경우도 현대-기아자동차, GM대우자동차, 르노삼성 자동차가 그렇다. 백화점도 롯데, 현대, 신세계이며, 할인점은 이마트, 홈플러스, 롯데마트이다. 은행은 국민은행, 신한은행, 우리은행이 상위 3대 사업자이다. 이외의 나머지 20%의 시장은 틈새 시장을 겨냥하는 다수의 소규모 사업자가 점유하는 것이다. 그러니 1등은 못해도 2, 3등 정도만 되면 어느 정도 시장에서 살아남을 수 있었다.

80대 20과 90대 10

그러나 글로벌화, 급속한 기술 변화, 제품 라이프사이클 단축이 급속 진행되면서 많은 분야에 80대 20의 법칙이 적용되기 보다는 90대 10의 법칙, 나아가 승자독식 (The Winner takes it all)이 지배하는 현상이 나타나고 있다. '80대 20의 법칙'은 중요한 요소(Input) 20%가 성과(Output)의 80%를 차지한다는 법칙이었다. 일반적으로 20%의 국민이 전체 세금의 80%를 부담하고, 은행 고객의 20%가 은행 예금의 80%를 채운다고 한다. 반면에 '90대 10의 법칙'은 협상이나 프로젝트관리 분야에서 주로 적용되어 왔다. 중요한 요소 10%가 성과의 90%를 차지한다는 것이다. 협상에 있어서 최종 기한을 앞둔 10% 기간에 전체 협상할 내용의 90%가 결정된다는 것이다. 승자 독식이란 경쟁자간의 게임에서 1등이 모든 상품을 다 가져가는 결과를 지칭한다. 그래서 1등이 아니면 아무 소용이 없다는 것이다. 2등이나 꼴찌나 마찬가지라는 것이다. 2등이나 3등에게도 상이 돌아간다면 1등을 양보하는 미덕을 발휘할 수 있을 것이다. 그런데 한번 1등에서 밀려나면 1등 고지에 오르기란 쉽지 않다. 영원한 2등이 될 가능성이 높은 것이다. 그러니 죽기 살기로 1등을 해야만 하는 것이다. 10%나 20% 등 소수의 몇 퍼센트를 강조하는 이 논리는 핵심이나 중요한 몇 가지를 강조하는데 자주 인용된다. 독점 현상, 집중화 전략을 설명하는 데는 유효하다. 그러나 이 법칙은 형평이나 평등지향적인 사고와는 거리가 먼 것이 문제이다.

확산되는 양극화

비즈니스 사회에서야 어차피 경쟁의 법칙이 지배하기 때문에 성공하는 1등과 실패하는 2등 이하의 문제는 어쩔 수 없는 것이라고 하

자. 그러나 이러한 양극화 현상이 사회 전반으로 번져가는 것이 문제이다. 국민소득 분포에서도 최상위 소득 계층과 최하위 소득계층 간의 격차는 더 벌어지고 있다. 그리고 중간 정도의 소득 규모 인구가 차지하는 비율은 점차 엷어진다고 한다. 회사 내에서도 억대 연봉을 받는 사람과 비정규직으로서 낮은 임금을 받는 사람의 격차는 더 벌어지고 있다. 높은 연봉을 받는 사람은 계속 더 잘 받는다. 그야말로 몇 십억의 연봉을 올린다. 부동산도 마찬가지이다. 몰리는 지역의 부동산은 더 급격히 오른다. 반면 지방이나 지방도시의 미분양 아파트 시장은 썰렁하기만 하다. 버블 지역의 부동산 가격은 더 오르고, 그렇지 않은 지역의 부동산은 하락하는 차별화 내지 양극화가 발생하는 것이다. 교육 분야에서도 이런 현상이 나타난다. 아이들 시험 결과를 성적 순으로 세우면 점수대별 분포가 정상분포 곡선을 그리는 것이 일반적이라고들 한다. 정상분포는 상위점수와 하위 점수는 낮은 반면 중간 점수대가 불룩하게 튀어나오는 형태이다. 그런데 요즈음의 시험 결과 분포는 양극화로 나타난다고 한다. 중간 부류가 줄어드는 반면 잘하는 상위 그룹과 아예 못하는 하위그룹으로 2개 그룹으로 나뉘어진다는 것이다. 낙타 등 모습과 같이 2개의 봉우리 곡선을 그린다는 얘기다.

공동체로서의 복지 과제

국가적으로 양극화 현상 심화는 어제 오늘의 문제가 아니다. 기본적인 생활도 못 꾸려 가는 저소득층, 장애자의 문제는 늘상 심각하다. 기업에서도 한계선상에 있는 실패 기업의 문제가 있다. 결국 부도와 시장 퇴출로 이어진다. 직장 사회에서도 기대한 만큼의 성과를 내지 못하는 중간 아래의 직장인들이 있다. 한 가정 내에서도 공부 잘하는 아이와 못하는 아이, 형제들 중에도 자기 앞가림 잘하는 사람과 그렇지 못한 사람이 있다. 그럼에도 불구하고 같이 살아가야 할 한 공동체의 일원이라는 데 문제가 있다. 어느 시대 어느 사회에서도 잘하는 사람과 못하는 사람이 있기 마련이다. 그러나 문제는 양극화가 심화되면 공동체 전체가 깨질 수 있다는 점이다. 오늘 우리 사회 한편에서는 효율과 경쟁의 논리가 강조되는 반면, 한편에서는 형평과 균형의 목소리가 더욱 커져가고 있다. 그리고 이제 그 경쟁의 논리와 형평의 논리는 사회 각 분야에서 마찰의 소리를 심하게 내고 있다. 경영자 단체와 노동조합이, 보수 진영의 사회단체와 진보 성향의 사회단체가 상대방에게 삿대질을 해대고 있다. 서로간의 대립이 극단적인 상태로 가고 있다. 이러한 문제들을 해결할 정치권에 대한 기대는 계속 커져갈 것이다. 그러나 어느 정권이 들어서도 이러한 문제의 해결은 그리 쉽지 않을 것이다.

양극화 해소는 무엇보다 경제를 활성화시키는 데서 찾아야 할 것이다. 저성장 구조가 이어진다면 일자리 창출도 소득 증가도 어렵다. 결국 기업하기 좋은 나라가 되어야만 양극화 문제도 해소될 것이다. 이런 점에서 반기업 정서를 불식시키는 것이 중요하다. 경제가 활성화되려면 무엇보다 기업인들의 사기가 고무되어야 한다. 이들이 천민자본가로 계속 몰려진다면 이들은 기업 활동을 적극적으로 하려 하지 않을 것이다. 무엇이 이들의 발목을 잡는지 이들 입장에서 다시 바라보는 것이 필요할 것이다.

나눔과 사회봉사 문화

국민 정서 측면에서 나눔과 사회환원을 강조하는 분위기는 지속되어야 할 것이다. 최근 삼성그룹 이건희 회장이 재단에 기금 출연을 확

대한 것이나 사회봉사 활동을 강화시킨 것은 바람직하다 할 것이다. 그러나, 양극화 문제는 민간기업 차원에서는 풀기 어려운 과제이다. 결국 정부와 지자체 등 공공부문이 이 문제를 핵심과제로 삼아 국가적 차원에서 풀어야 할 것이다. 복지 정책, 부동산 정책, 교육 정책, 일자리 창출, 노동시장의 유연화 및 비정규직 문제에 있어서 양극화를 풀기 위한 전략과 정책 목표들이 활발하게 제시되어야 할 것이다. 공공기관의 팀장들은 자신의 팀에서 담당하는 공공서비스 분야에서의 복지 과제를 어떠한 성과관리 방법으로 풀어갈 것인지를 계속 고민해야 할 것이다.

34. 패러다임 변화에 따른 팀 문화 만들기

초중등학교 교장선생님들을 대상으로 '변화관리 리더십'이라는 주제로 강의할 기회가 있었다. 어느 교장 선생님이 이런 애기를 하셨다. "요즘 학생들이고 선생들이고 도무지 말을 듣지 않는다.''는 것이다. "선생의 권위가 땅에 떨어진지 오래라지만 이제는 학교 행정이 어려울 정도로 말을 듣지 않는다."는 것이다. 교장이 선생 눈치 봐야 되고, 선생은 학생 눈치 봐야 되는 시대라는 것이다. 그래서 요즘은 자기들끼리 이렇게 말한다고들 한다 "그 옛날 좋은 시절에 교장 못해보고 어째 지금 하십니까? 지금처럼 좋은 시절에 선생을 못해보고 어째 교장을 하십니까?"라는 것이다. 자조적인 농담이지만 이 시대 정신교육의 수장 역할을 하고 있는 분들의 애로를 한 마디로 나타내는 표현이 아닌가 싶다. 그 분의 경우 "이제는 그냥 별 탈없이 정년을 맞이했으면 한다"는 것이 솔직한 심정이라고 한다. 그러나, "교육 현장이 참 어렵겠구나!"라는 점에 공감은 되었지만, 그 분의 말에 그대로 동의되는 것만은 아니었다. 시대의 변화를 좇아가지 못하는 고정관념적인 모습이 느껴지기도 했다. 오늘을 사는 것이 이처럼 어렵게 느껴지는 것은 우리 사회의 패러다임이 과거와는 근본적으로 바뀌었기 때문이 아닌가 싶다.

표준화보다는 차별화

산업화 사회에서는 개인의 의식과 행동에 있어서 통일성을 요구했다. 특히 한국의 전통적 유교 가치에서는 한 개인이 집단 속의 한 개체로서 작용하기를 원했다. 그러다 보니 조직 내 팀원에게도 톱니바퀴와 같은 기능적 역할을 하기 원했다. 그러나 차별화 시대에서는 팀원의 의식과 행동 면에서 다양성이 장려되고 오히려 필요한 사회가 되었다. 제조업이 우리 경제의 주된 부가가치를 차지할 때는 표준화가 강조되었다. 소품종 대량생산체제 하에서는 규격이나 품질 등에서 표준화를 추구하는 것이 경쟁력 제고와 비용 절감의 길이었다. 그러나 오늘날은 제조업도 다품종소량생산으로 바뀌었다. 주문자별로 차별화된 맞춤 생산 성격이 강해졌다. 그리고 서비스 산업 분야에서는 뭔가 다른 것과는 다른 독특함, 특이함을 요구한다. 제품이 독특하던지, 서비스가 다르든지, 디자인, 품질 이런 면에서 뭔가 차별되는 점이 있어야만 경쟁력을 가질 수 있는 구조이다.

다양성 시대의 팀 문화

사람들의 가치관이나 행동 양태, 생활 양식 면에서 다양화 현상은 심화될 것이다. 지금 우리가 살고 있는 세상은 일반적으로 어떻다는 애기를 하기가 어려운 시대이다. 한 마디로 아울러서 이렇다는 애기는 틀릴 확률이 높다. 남녀별로 다르고, 세대별로 다르고, 지역별로 다르고, 직업에 따라 틀리다. 그야말로 생각하는 사고방식, 느끼는 감각, 행동하는 양태가 천태만상이다. N(Network)세대의 팀원들은 뭔가 자신을 다르게 연출하는데 관심을 쏟는다. 자신만의 독특한 것, 자신의 개성, 자신만의 특별함을 강조한다. 남과 같은 것은 싫어한다. 나만의 무엇인가를 찾고 싶어한다. 그러니 엄격한 팀 규율 하에서 일률적이고 획일적으로 사고하며 행동하라는 군대식 지시는 통하기 어렵다. 나이가 젊을수록 남들과 달리 뭔가 튀고 싶어한다. 옷차림도, 머리 모양도, 말투나 용어에서 뻔뜩거리는 끼를 발휘하고 싶어한다.

다양성 시대에서의 팀 문화는 팀원의 자율성과 다양성을 존중하는 방향으로 나아가야 한다. 그리고 그런 방향에 맞는 관리시스템이 구축되어야 한다. 과거 규율 중심으로 팀원들을 통제하려 했다면 이제는 보다 자율적인 근무 분위기를 만들어야 한다. 그것이 생산성 향상에도 도움이 된다. 자율근무시간제, 재택근무 등이 오히려 팀 성과 향상에도 도움이 될 수 있다. 일률적인 근태관리와 출퇴근 시간, 동일한 복장 착용, 억압적인 회사 규율 등은 팀원의 창의성 개발과 업무 성과 향상에 도움이 되지 않는다. 이는 표준화와 안전, 규율을 강조하는 제조업, 중화학 장치산업 분야 까지도 적용될 수 있는 애기이다. 최근 CJ그룹 계열사와 같이 캐쥬얼 차림으로 출근 하는 직장, 직위 호칭을 부르지 않는 기업 문화는 이런 개인 지향과 다양성 흐름을 잘 나타낸다. 성과 평가와 보상에 있어서도 팀 단위로만 할 것이 아니라 팀원 개인까지 내려가는 것이 필요하다. 팀원 개인의 창의성을 존중해 주고 튀는 행동이나 끼를 장려하는 조직 분위기를 만들어가는 것, 이는 블루오션 지향의 팀 문화 형성을 위한 주요 전략 과제라고 할 것이다.

수직적 상하 관계에서 수평적 네트워크 관계로

부모와 자식, 선생과 학생, 상사와 부하, 선배와 후배, 노인과 청년 간 관계에서 한 쪽은 가르치고 지시하는 반면, 한쪽은 가르침을 받고 명령을 수행하는 관계가 전통적 수직형 인간관계이다. 그러나 이제는 한 쪽은 위에 서고 상대는 밑에 서는 그런 관계라기 보다, 서로가 평등하게 상호 교류하는 관계로 흐름이 바뀌어지고 있다. 한 쪽이 일방적으로 가르치기만 할 수 없다. 그간 한국 사회에서는 장유유서(長幼有序)라는 질서가 보편적으로 받아들여져 왔다. 나이가 많은 사람이 윗자리의 역할을 하는 것을 당연시 하였다. 그러나 이제는 나이가 많다고 해서 당연히 대접 받아야 한다는 생각은 받아들여지기 어렵다. 어른이라고 해서 옳고 젊은이라고 해서 어른의 말에 따라야 한다는 생각도 이제 더 이상 통하지 않는다. 연장자라도 합리성이나 실력 면에서 떨어지면 이제는 연하(年下)의 사람 밑에서 그에게 따라야 하는 것으로 변화되고 있다.

이런 점에서 우리 조직이 수직적 계층 조직에서 수평적 팀 조직으로 이전하는 것은 불가피하고 당연한 선택이다. 과거의 수직적 계층 조직을 어떻게 팀 조직으로 바꾸어 가야 할 것인가는 공공부문에 있어서 주요한 전략 과제가 될 것이다. 팀장이 팀원에게 복종을 강요하는 식의 권위적 리더십은 사라지고 있다. 팀원에게 적극적으로 권한을 이양해주면서 팀원의 역량 개발을 위해 멘토링과 코칭을 하는 리더십이 강조되고 있다. 이러한 임파워링 리더십 개발은 팀장들이 계속적으로 개발해야 할 교육훈련 과제가 될 것이다.

분권과 통합의 균형

과거 기업에서는 비서실이나 기획실, 구조조정본부 등에서 '한 말씀' 하시면 전사적으로 따라야 하는 중앙집중 형태의 집권화를 추구하였다. 중앙의 본사에서 내리는 방침이 팀이나 지사, 지점, 현지 공장을 콘트롤하였다. 국가적으로도 중앙정부 지시가 지자체를 좌지우지하였다. 권력자의 기준과 입맛에 맞추어 전체 조직원이 한 줄로 맞추어 서야 했다. 집권화는 통일성, 표준화 내지 획일화를 조장하는 경향이 강했다. 그러나 이제는 달라졌다. 참여 정부가 이런 점에서 기여한 바는 긍정적으로 평가해야 할 것이다. 인터넷 혁명으로 웬만한 정보는 중앙이나 지방, 본사나 공장이 동시에 공유하게 되었다. 거리적 간격이 사라졌다. 사이버 공간 아래에서는 중앙이나 지방, 본사나 지사, 한국이나 해외나 차이가 없는 것이다. 실시간으로 정보를 주고 받는 마당에 과거의 지시형 구조가 그대로 존속하기는 어렵다.

그래서 이제는 의사결정 권한도 현지의 실행 주체에게 넘어가고 있다. 중앙부처가 가지는 권한도 더 많이 지자체로 넘어갈 수 밖에 없다. 기업도 더 많은 의사결정 권한을 팀장이나 현지 조직 책임자에게로 위양하고 있다. 힘있는 자리라고 해서 권한을 쥐고만 있을 수 없다. 오히려 더 많은 권한을 풀어 주어야 새로운 차원의 권한이 생긴다고도 볼 수 있다. 그리하여 최고경영자로부터 팀장에게로, 팀장에서 팀원으로, 본사 조직에서 현장 조직으로, 중앙정부에서 지자체로, 서울에서 지방으로 권력 이양은 지속될 것이다.

그러나, 한편에서는 지나친 분권화 내지 분산화가 각개 할거를 만들기 때문에 오히려 문제가 되는 점도 나타나고 있다. 혹자는 참여정부 후반 들어 국가행정 면에서 이러한 부정적 현상이 심화되고 있다고 지적한다. 국가 권력과 언론, 중앙정부와 지자체, 청와대와 정부부처, 청와대와 당 간의 관계에서 통합 기능이 약화되고 있는 것이 가장 큰 문제점이라고 말한다. 혹자는 이렇게 된 이유가 탈권위를 추구하는 지나친 분권형 리더십 성향 때문이라고도 말한다. 이런 점에서 분산을 하면서도 적절한 부분에서 통합을 해주는 역할도 무시되어서는 안될 것이다. "언제, 어떻게, 어떠한 지점에서 적절한 통합을 이룰 것인가?"는 향후 리더십의 과제가 될 것이다. 분산과 통합의 균형을 만들어내는 리더 역량의 강화가 더욱 요구될 것이다.

현장 중시 마인드

앞으로 조직은 의사결정 주체를 이원화시킬 필요가 있다. 전체 조직이 지향할 방향 면에서 통합시킬 부분은 중앙의 특정 조직에서 수행하는 것이 바람직하다. 그러나, 개별 팀 조직에 관련된 세부적이고도 특정한 사항은 개별 팀 조직이 자신의 상황과 형편에 맞는 방향으로 의사결정하도록 해야 한다. 기획팀은 중장기적인 전략과 전사적 목표를 제시해야 한다. 반면 생산, 영업, 관리, 기술 분야의 팀별 전략 및 목표 설정은 각 팀장이 수립하도록 해야 한다. 본사 내지 본청은 전사적 차원과 중장기적 측면에서 사명과 비전, 전략, 전사 목표를 제시하도록 해야 한다. 그리고 팀이나 단위 공장, 영업소, 지청, 지점 및 현지 법인 조직들은 각 조직 단위의 전략과 목표 설정을 자율적으로 하도록 해야 한다. 단, 전사 차원에서 사명과 비전, 중장기적 전략과 전사 목표를 먼저 제시해야 한다. 그렇게 한 후 팀별 전략과 목표 설정을 팀장이 하도록 해야 한다. 그리고 그 내용을 가지고 서로 협의, 조정하는 것이 바람직하다. 이러한 접근이 분권화 시대에 맞는 협력과 통합의 정신이라 할 것이다.

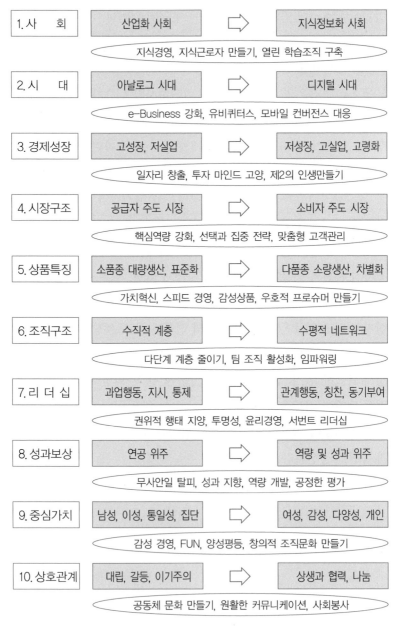

1. 사 회	산업화 사회	⇨	지식정보화 사회
	지식경영, 지식근로자 만들기, 열린 학습조직 구축		
2. 시 대	아날로그 시대	⇨	디지털 시대
	e-Business 강화, 유비쿼터스, 모바일 컨버전스 대응		
3. 경제성장	고성장, 저실업	⇨	저성장, 고실업, 고령화
	일자리 창출, 투자 마인드 고양, 제2의 인생만들기		
4. 시장구조	공급자 주도 시장	⇨	소비자 주도 시장
	핵심역량 강화, 선택과 집중 전략, 맞춤형 고객관리		
5. 상품특징	소품종 대량생산, 표준화	⇨	다품종 소량생산, 차별화
	가치혁신, 스피드 경영, 감성상품, 우호적 프로슈머 만들기		
6. 조직구조	수직적 계층	⇨	수평적 네트워크
	다단계 계층 줄이기, 팀 조직 활성화, 임파워링		
7. 리 더 십	과업행동, 지시, 통제	⇨	관계행동, 칭찬, 동기부여
	권위적 행태 지양, 투명성, 윤리경영, 서번트 리더십		
8. 성과보상	연공 위주	⇨	역량 및 성과 위주
	무사안일 탈피, 성과 지향, 역량 개발, 공정한 평가		
9. 중심가치	남성, 이성, 통일성, 집단	⇨	여성, 감성, 다양성, 개인
	감성 경영, FUN, 양성평등, 창의적 조직문화 만들기		
10. 상호관계	대립, 갈등, 이기주의	⇨	상생과 협력, 나눔
	공동체 문화 만들기, 원활한 커뮤니케이션, 사회봉사		

〈표 4 - 1〉 패러다임 변화에 따른 전략 과제

참고 문헌

■ 갈렙앤컴퍼니, 『혁신으로 가는 항해 』, 21세기북스, 2004.

■ 김성홍 · 우인호, 『이건희 개혁 10년』, 김영사, 2003.

■ 김위찬 · 르네마보안, 강혜구 역, 『블루오션전략』, 교보문고, 2005.

■ 김희경 · 성은숙, 『BSC 실천 매뉴얼』, 시그마인사이트, 2001.

■ 나승우 외, 『연봉제 인사평가와 운용 실무』, 미래와 경영, 1999.

■ 데이빗 오스본 & 테드 게블러, 삼성경제연구소 역, 『정부 혁신의 길』, 삼성경제연구소, 1994.

■ 로버트 S. 케플란 & 데이비드 P. 노톤, 웨슬리퀘스트 역, 『Strategy Maps』, 21세기북스, 2004.

■ 마틴 A. 레빈 & 메리 B. 생거, 삼성경제연구소 역, 『선진행정의 길』, 삼성경제연구소, 1996.

■ 박원우, 『임파워먼트 실천 매뉴얼』, 시그마인사이트, 1998.

■ 박해룡, "성과관리 혁신 활성화 방안", 『BSC기반의 공공부문 전략적 성과관리 도입 실무』, 한국생산성본부, 2006.

■ 배종석 외, 『기업이란 무엇인가』, 예영커뮤니케이션, 2006.

■ 백종욱, "핵심가치 실현을 바탕으로 형성된 개방적이고 유연한 CJ 조직문화", 『월간 인사관리5월호 』, p58~p61, 2005.

■ 손무권, "공공부문 성과관리 혁신", 『BSC기반의 공공부문 전략적 성과관리 도입 실무』, 한국생산성본부, 2006.

■ 신유근, 『인사관리』, 경문사, 1988,

■ 신철우, 『목표에 의한 관리』, 새로운 제안, 1999.

■ 에모토 마사루, 양억관 역, 『 물은 답을 알고 있다』, 나무심는 사람, 2003.

- 윤방섭, "리더십과 동기부여", 『기독경영 로드맵11』, p118~p148, 예영커뮤니케이션, 2004.
- 윤순봉 외, 『지식경영과 한국의 미래』, 삼성경제연구소, 1999.
- 이승주, 『경영전략 실천 매뉴얼』, 시그마인사이트, 1999.
- 이재규, 『빅뱅경영』, 21세기북스, 1998.
- 이찬근 외, 『한국경제가 사라진다』, 21세기북스, 2004.
- 이휘영, 『능력주의 임금과 연봉제』, 박영사, 1998.
- 임창희 · 가재산, 『한국형 팀제를 넘어서』, 삼성경제연구소, 1998.
- 조용기, 『사차원의 영적 세계』, 서울서적, 1994.
- 존 코터, 한정곤 역, 『Leading Change』, 김영사, 1996.
- 천상만, 『전략적 목표관리』, 한국생산성본부, 2006.
- 천상만, 『팀장능력개발』, 한국생산성본부, 2006.
- 천상만, 『프로젝트 매니저』, 한국생산성본부, 2006.
- 폴 R. 니븐, 삼일회계법인 경영컨설팅본부 역, 『BSC Step by Step』, 시그마인사이트, 2003.
- 폴 R. 니븐, 삼일Pwc컨설팅 역, 『정부와 공공부문 BSC』, 시그마인사이트, 2005.
- 하루야마 시게오, 박해순 역, 『뇌내혁명』, 사람과 책, 1997.
- 하워드 슐츠 & 도리 존스 양, 홍순명 역, 『스타벅스-커피 한잔에 담긴 성공신화』, 김영사, 1999.
- 한국생산성본부, 『다면평가특별세미나』, KPC, 2003
- 한국생산성본부, 『성과관리의 이해-성과관리 과정 1』, KPC, 2004.
- 한국생산성본부, 『전략적 목표관리-성과관리 과정 2』, KPC, 2004.
- 한국생산성본부, 『성과평가 시스템-성과관리 과정 3』, KPC, 2004.
- 한국생산성본부, 『성과향상 스킬 및 평가결과의 활용-성과관리 과정 4』, KPC, 2004.
- 한국생산성본부, 『전략적 사고와 계획-전략적 목표관리 과정 1』, KPC, 2004.

■ 한국생산성본부, 『목표 설정과 달성 – 전략적 목표관리 과정 2』, KPC, 2004.

■ 한국생산성본부, 『업무 계획과 실행 – 전략적 목표관리 과정 3』, KPC, 2004.

■ 한국생산성본부, 『성과 향상을 위한 코칭 기법 – 전략적 목표관리 과정 4』, KPC, 2004.

■ 한정화, "경쟁과 전략", 『기독경영 로드맵11 』, p194~p220. 예영커뮤니케이션, 2004.

■ 해양경찰청, "공공기관 BSC 도입 사례", 『BSC기반의 공공부문 전략적 성과관리도입 실무』, 한국생산성본부, 2006.

■ Collins, J. C. & Porras, J. I., 『Built to Last』, New York: Curtis Brown, 1994.

■ Peter Drucker, 『Managing in the Next Society』, New York: St. Martins Press, 2002.

■ Robert S. Kaplan, & David P. Norton , 『The Balanced Scorecard: Translating Strategy into Action』, Harvard Business School Press, 1996.

■ Vida Gulbinas Scarpello & James Ledvinka, 『Personnel/Human Resource Management』, PWS–KENT Publishing Company, 1987.

탁월한 팀장의 성과혁신

1판 1쇄 인쇄 · 2007년 7월 10일
1판 1쇄 발행 · 2007년 7월 20일

저   자 · 천상만
발행인 · 박우건
발행처 · 한국생산성본부 정보문화원
등록일자 · 1994. 9. 7
서울특별시 종로구 적선동 122-1 생산성빌딩 1층
전화 · 02)738-2036(편집부)
02)738-4900(마케팅부)
FAX · 02)738-4902
http : //www.kpc.media.co.kr
E-mail : kskim@kpc.or.kr

값 **12,000** 원